GABRIELLE BERNSTEIN

Das Universum schenkt dir alles

arkana

GABRIELLE BERNSTEIN

DAS UNIVERSUM SCHENKT DIR ALLES

In 11 Schritten zu einem freien, erfüllten und verbundenen Leben

Aus dem Englischen von Claudia Seele-Nyima

arkana

Die englische Originalausgabe ist 2019 unter dem Titel *Super Attractor – Methods for Manifesting a Life Beyond Your Wildest Dreams* bei Hay House, Inc., in New York, USA, erschienen.

MIX
Papier | Fördert gute Waldnutzung
FSC® C104608
FSC
www.fsc.org

Penguin Random House Verlagsgruppe FSC® N001967

6. Auflage
Deutsche Erstausgabe

in der Penguin Random House Verlagsgruppe GmbH,
Neumarkter Straße 28, 81673 München

Published by Arrangement with Gabrielle Bernstein, INC.
Lektorat: Dr. Diane Zilliges
Umschlaggestaltung: ki 36 Editorial Design, München, Daniela Hofner
Quellennachweis: In der deutschen Übersetzung wurden Zitate und sinngemäße Wiedergaben entnommen aus dem Werk *Ein Kurs im Wundern®*, © 1994, 2007, erschienen im Greuthof Verlag, www.greuthof.de, Herausgeber der Originalausgabe *A Course in Miracles®*: Foundation for Inner Peace, www.acim.org, *Ein Kurs in Wundern®*, *EKIW®*, *A Course in Miracles®* und *ACIM®* sind als Marken eingetragen. Die in diesem Buch vorgestellten Gedanken stellen die persönliche Meinung und Interpretation sowie das persönliche Verständnis der Autorin dar und nicht die der Rechteinhaber von *Ein Kurs im Wundern®*.
Satz: Satzwerk Huber, Germering
Druck und Bindung: Nørhaven Book A/S
Printed in Denmark
ISBN 978-3-442-34258-7

www.arkana-verlag.de

Für meinen Sohn
Oliver

INHALT

Einleitung: Du bist ein Super Attractor

Schon immer habe ich gewusst, dass es eine nichtphysische Präsenz jenseits dessen gibt, was ich mit den Augen sehen kann. Mein ganzes Leben habe ich mich intuitiv auf diese Präsenz eingestimmt und sie als Quelle für Gutes genutzt. Ich habe aus dieser grenzenlosen machtvollen Quelle geschöpft, um körperlich zu gesunden, meine Beziehungen zu fördern, meine Karriere zu lenken und in den Dienst anderer zu stellen und um mir meine größten Wünsche zu erfüllen.

Es gibt viele Bezeichnungen für eine solche geistig-spirituelle Präsenz. Ich nenne sie – die Begriffe sind austauschbar – Universum, Gott, *Spirit*, innere Führung, Liebe. Du hast vielleicht dein eigenes Wort, das dich anspricht. Oder vielleicht bist du ein Neuling im Bereich der Spiritualität und hast noch keine speziellen Begriffe dafür. Es spielt keine Rolle. Wie wir es nennen, ist unerheblich. Zwingend erforderlich ist dagegen, dass wir eine Verbindung dazu aufbauen. Die Tatsache, dass du dieses Buch gerade jetzt liest, ist ein Beweis dafür, dass du bewusst oder unbewusst auf die göttliche Führung gehört hast, die dich hierher geleitet hat. Es zeigt, dass du bereit bist, dich auf diese Verbindung zurückzubesinnen.

Für deine Bereitschaft möchte ich dir Anerkennung zollen. Dass ich meine Verbindung zur Präsenz dieser Macht in Anspruch nehme, hat den Lauf meines Lebens mitbestimmt. Die einfache Entscheidung, mich auf diese Quelle der Liebe einzustimmen, hat mir geholfen, Sucht und Abhängigkeit zu überwinden, eine posttraumatische Belastungsstörung zu heilen, ängstliche Glaubenssätze aufzulösen und mit einem klaren Ziel zu leben. Meine Verbindung zur Präsenz der Liebe hat mich geführt, beschützt und als Partner mein Leben mitgestaltet. Dass ich mich in meinem Leben täglich dieser nichtphysischen Quelle der Macht zugewandt habe – und noch zuwende – hat mich zu einem Super Attractor gemacht.

Ein Super Attractor zu sein bedeutet: Das, was ich glaube, empfange ich auch. Ich kann die Welt, die ich gern hätte, mitgestalten, indem ich mich mit positiven Gefühlen in Einklang bringe und diese wiederum auf meine Wünsche richte. Ich kann aus einer grenzenlosen Quelle kreativer Energie schöpfen und inspirierte Ideen einbringen, Weisheit weitergeben, Fülle empfangen und mich frei fühlen. Und das Beste von allem: Ich kann mir diese Kraft zunutze machen und sie in eine Kraft für das Gute in der Welt verwandeln.

Ein Super Attractor zu sein bedeutet nicht, dass ich mich nicht auch echten Herausforderungen hätte stellen müssen. Aber ich erkenne klar, dass meine Kämpfe Teil eines größeren Plans waren, der mir helfen sollte, mein Vertrauen in die Super-Attractor-Verbindung zu stärken. Ich habe beschlossen, schwierige Lebenserfahrungen als spirituelle Aufgabe aufzufassen, durch die ich persönlich wachse und heil werde. Ich habe akzeptiert, dass nichts zufällig geschieht. Und ich weiß: Solange ich nicht vergesse, dass ich ein Super Attractor bin, kann ich schwierige Erfahrungen als Gelegenheiten annehmen, meine innere Kraft feiner abzustimmen und bewusster zu werden. Hemmnisse und Widrigkeiten geben mir Gelegenheit, den Kristall, der ich bin, zum Leuchten zu bringen. Ein Super Attractor zu sein bedeutet zwar nicht, dass alles perfekt ist – doch es bedeutet, dass ich dem Leben vertrauensvoll entgegentrete, egal was passiert. Dass ich meine Super-Attractor-Macht in

Anspruch nehme, hat mir geholfen, schwierige Zeiten mit viel mehr Leichtigkeit, Ehrlichkeit und Mitgefühl durchzustehen, als ich es sonst vermocht hätte.

So zu leben hat mir das gebracht, was ich mir am meisten wünsche: Freiheit. Ich fühle mich frei in dem Wissen, dass in mir und um mich herum eine allgegenwärtige Energie der Liebe ist. Ich bin frei in dem Wissen, dass ich stets geführt werde und die Macht habe, die Welt, so wie ich sie gern hätte, mitzugestalten. Freiheit ist das größte Geschenk von allen. Nichts hält mich zurück. Ich gehe nicht mehr jedem kleinsten Risiko aus dem Weg. Seit über zehn Jahren lebe, liebe und lehre ich mit dieser Freiheit. Sie hat mir die Erfahrung ermöglicht, eine ungebundene Kraft des Lichts in der Welt zu sein.

Wenn du dich in Einklang mit deiner Super-Attractor-Energie bringst, hast du nicht mehr das Gefühl, von Angst blockiert zu sein. Du weißt wieder, dass du ein spirituelles Wesen bist, das eine menschliche Erfahrung macht. Der *Spirit* in dir ist die Präsenz der Inspiration, der Freude und deiner wahren Natur. Beim Praktizieren der dafür nötigen Schritte erinnerst du dich daran, dass du ein weiser, mächtiger, gesunder und heiliger *Spirit* bist. Wenn du das akzeptierst, kannst du frei sein. Das Gefühl der Freiheit stellt sich unweigerlich ein, wenn du deine Energie auf die Präsenz deiner wahren Natur einstimmst. Vielleicht bist du nicht die ganze Zeit mit dieser Wahrheit in Verbindung, aber je öfter du dich ihr zuwendest, desto einfacher wird es, dich frei zu fühlen.

Als spirituelle Lehrerin habe ich gesehen, wie Hunderttausende von Menschen auf der ganzen Welt allmählich zur inneren Freiheit erwachten. Ich sehe solche Transformationen täglich. Doch ein solches Erwachen ist zwar schön, aber nicht ausreichend. Zu oft behandeln wir es als Endpunkt, obwohl es in Wirklichkeit erst der Anfang ist. Vielleicht wissen wir: Wir können uns besser fühlen und deshalb auch mehr anziehen, aber wir müssen noch weiter gehen und diese Wahrheit ganz verkörpern, um frei zu sein. Das beginnt damit, dass wir die Glaubenssysteme der Angst auflösen, die uns daran hindern, ein Super Attractor zu sein. Wir müssen bereit sein und uns fest vornehmen zu ändern, wie wir denken, handeln und leben.

In meinem Fall musste ich diese Verbindung nicht im Außen suchen; ich brauchte nur langsamer zu werden und mich daran zu erinnern. Ich habe mein Leben dem Prozess gewidmet, langsamer zu werden und mich wieder mit der inneren Kraft in Einklang zu bringen. Bei jeder Meditation schwinge ich auf einer höheren Frequenz; bei jedem Gebet überantworte ich mich einer Macht, die größer ist als ich. Dass ich der geistigen Welt so zugewandt bin, hat mir die Freiheit gegeben, die ich mir wünsche. Ich bin keine Ausnahme. Auch du hast diese Verbindung, und es ist vergnüglich und auch leicht, sie in Anspruch zu nehmen. In diesem Buch will ich dir zeigen, wie du dich mit dieser Macht verbinden kannst.

Ich möchte, dass du weißt: Du bist ein Super Attractor.

Wenn dir das im Moment noch seltsam erscheint, ist das in Ordnung. Ich weiß jedoch, dass du diese Macht nach der Lektüre dieses Buches mit absoluter vertrauensvoller Zuversicht und mühelos geltend machen wirst. Du wirst ohne den Hauch eines Zweifels wissen, dass du ein Super Attractor bist.

Im Jahr 2016 habe ich ein Buch mit dem Titel *Das Universum steht hinter dir. Wie wir Angst in Vertrauen verwandeln* veröffentlicht. Leserinnen und Leser auf der ganzen Welt haben die Lehren des Buches befolgt, um ihr Vertrauen in das Universum zu stärken. Sie besannen sich wieder auf ihre Verbindung zu einer höheren Macht und stellten ihren Glauben an die Liebe wieder her. Als ich mich nun darauf vorbereitete, ein neues Buch zu schreiben, wusste ich intuitiv, dass es an der Zeit war, diese Lehren auf die nächste Stufe zu heben. Diese nächste Stufe ist das vorliegende Buch. Mit den Praktiken, die ich in den kommenden Kapiteln darlege, werde ich die spirituelle Grenze erweitern und dir beibringen, wie du deine spirituelle Verbindung feiner einstimmen kannst, um das, was du willst, mühelos in dein Leben zu ziehen. Wenn du *Das Universum steht hinter dir* nicht gelesen hast, sei unbesorgt. Es wird nicht vorausgesetzt. Vertrau darauf, dass du aus gutem Grund zuerst hierhergeführt worden bist.

Möglicherweise bist du schon auf einem spirituellen Weg, praktizierst das Manifestieren und lebst nach dem Gesetz der Anziehung. Oder aber diese Konzepte sind dir völlig neu. So oder so wird dir dieses Buch helfen, dass sie dir zur zweiten Natur werden. Im weiteren Verlauf stelle ich dir meine persönlichen Methoden vor, wie du dich mit deiner Super-Attractor-Präsenz in Einklang bringen kannst. Einige dieser Praktiken sind stark von meinen Lehrern Abraham-Hicks, Dr. Wayne W. Dyer und dem metaphysischen Text *Ein Kurs in Wundern* beeinflusst. Die größte Lehrerin von allen war und ist für mich jedoch meine Lebenserfahrung. Jeder Tag bietet neue Gelegenheiten, dem Universum näherzukommen und meine Super-Attractor-Macht zu stärken. Jede Schwierigkeit im Leben schenkt uns neue Wunder und Lektionen. Im Lauf des Buches werde ich immer wieder auf Beispiele meiner persönlichen Erfahrung zurückgreifen, um zu verdeutlichen, wie es ist, sich darauf auszurichten, ein Super Attractor zu sein, und entsprechend zu leben.

Sich wieder auf die Super-Attractor-Macht besinnen

Um mit unserer Super-Attractor-Macht umgehen zu können, müssen wir zunächst verstehen, wie wir – wahrscheinlich – von ihr getrennt worden sind. In nahezu fünfzehn Jahren als spirituelle Lehrerin ist mir sehr klar geworden, auf welche Weise Menschen diese Macht normalerweise missbrauchen und blockieren. Ich gehe davon aus, dass du dich in einigen (oder allen) der häufigsten Typen wiedererkennst.

Hast du deine Macht vergessen?

Selbst ein Mensch auf einem spirituellen Weg kann vergessen, dass er ein Super Attractor ist. Es ist allzu leicht, sich in die angstbasierten Geschichten der Welt hineinziehen zu lassen und das Vertrauen zu verlieren. Wenn Angst die Oberhand gewinnt, gerät man in eine Art Komazustand. Wir vergessen dann buchstäblich, wer wir wirklich sind, und bauen Glaubenssysteme des Getrenntseins, des Mangels, des Urteilens und der Negativität auf. All diese falschen Wahrnehmungen verleugnen die Macht in unserem Inneren und blockieren unsere Super-Attractor-Macht. Dieses Buch soll ein Weckruf sein, der dich daran erinnert, wer du wirklich bist. Allein dadurch, dass du diese Einführung mit einer offenen Einstellung gelesen hast, wachst du nun allmählich auf und erinnerst dich.

Bist du ein »manischer Manifestierer«?

Viele lesen Bücher über Persönlichkeitsentwicklung, besuchen Seminare, meditieren, beten – und haben trotzdem das Gefühl, sie seien festgefahren. Oft höre ich Äußerungen wie diese:

»Gabby, ich mache alles richtig und habe trotzdem immer noch das Gefühl, dass etwas nicht stimmt. Ich bete, meditiere und benutze positive Affirmationen, aber ich ziehe einfach nicht das an, was ich will. Was läuft da falsch?« Falsch ist, dass diese Leute das tun, was ich »manisches Manifestieren« nenne. Sie vertrauen zwar auf das Universum und verfügen über viele spirituelle Hilfsmittel, blockieren aber ihre Verbindung energetisch. Statt sich auf ihre wahre Macht auszurichten, wollen sie das Universum austricksen. Manisches Manifestieren findet statt, wenn jemand zwar alle geistigen Werkzeuge hat und die gängigen Termini beherrscht, aber vergisst, was am wichtigsten ist, um etwas anzuziehen: sich auf das Universum einzustimmen. Du kannst jeden Tag Affirmationen aufsagen, beten und meditieren und trotzdem nichts anziehen, weil deine Energie falsch ausgerichtet ist. Denn statt einfach zuzulassen, dass du empfängst, willst du etwas »haben«. Dieses Buch wird dir zeigen, dass das wichtigste Element, um mit dem Universum zu manifestieren, darin besteht, die Energie der Liebe zu verkörpern. Wenn du dich im manischen Manifestierer wiedererkennst, dann bist du hier richtig! In diesem Buch werde ich dich auf den Geschmack einer ganz neuen Daseinsweise bringen.

Bist du ein Pusher?

Pusher sind Menschen, die sich ins Zeug legen und alles zu kontrollieren versuchen, um ihre Ziele zu erreichen und sich sicher zu fühlen. Sie glauben, je mehr sie tun, umso mehr werden sie erreichen. Sie wollen »Dinge möglich machen«, statt zuzulassen, dass sie etwas ganz natürlich anziehen. Sie haben vergessen, dass es eine Unterstützung gibt, die über ihr eigenes Handeln und ihren eigenen Willen hinausgeht. Pusher glauben, sie müssten bewirken, dass etwas passiert. Sich auszurichten und Führung zu empfangen haben sie dabei nicht auf dem Schirm. Sie haben vergessen, wo ihre wahre Macht liegt. Das ist ein häufiges Charakteristikum – eines, das offenbar in vielen Kulturen belohnt wird. Pusher haben den angstbasierten Glauben, wenn sie sich nicht hyperproduktiv bemühten, täte sich nichts für sie. Sie sind sich kaum dessen bewusst, dass diese drängende Energie ihre Anziehungskraft blockiert. Das Universum reagiert nicht so gut auf eine solche fieberhaft bemühte Energie – vielmehr ist seine Schwingung positiv. Um mit dem Universum etwas kreieren zu können, muss sich deine Energie darum mit dieser Frequenz in Übereinstimmung bringen.

Die Übungen in diesem Buch werden dir helfen, langsamer zu werden, still zu sein und geschehen zu lassen. Ich werde dich die Kunst des Zulassens lehren, damit du nicht mehr zu pushen brauchst, dich sicher fühlst und ganz natürlich empfangen kannst.

Hat Angst dich fest im Griff?

Jeder Tag bringt neue Möglichkeiten, sich entweder der Angst oder der Liebe zuzuwenden. Und obwohl wir stets die Wahl haben, entscheiden wir uns oft (ganz unbewusst) automatisch für die Angst – und zwar in vielen verschiedenen Formen, angefangen bei den Fernsehsendungen, die wir schauen, über unsere Gespräche bis hin zu unseren Gedanken. Angst ist ein sicheres Zeichen dafür, dass wir uns von der liebenden Gegenwart des Universums abgekoppelt haben.

Im Lauf des Buches gebe ich dir praktische Werkzeuge und spirituelle Prinzipien an die Hand, um Angst aufzulösen und dich wieder auf die Liebe zu besinnen. Angst aufzulösen muss nicht schwer sein. Es kann sogar viel leichter sein, als du je gedacht hättest. Mach dich bereit, in kürzester Zeit radikale Veränderungen zu bewirken!

(Ver-)urteilst du?

Zu verurteilen, zu vergleichen, andere anzugreifen und uns selbst von ihnen getrennt zu sehen, koppelt uns vom Universum ab. Wenn du dich darin wiedererkennst, dass du urteilst (über andere oder dich selbst), dann nimm dir einen Moment Zeit, um zu erkennen, wie du dich damit fühlst. Sei dabei ehrlich und sanft zu dir. Du magst zwar das Gefühl haben, im Recht zu sein, oder dein Urteil rational begründen, doch es ist unbestreitbar, dass es sehr negative Gefühle in dir auslöst. Wenn du ein Super Attractor bist, geht es jedoch darum, dich gut zu fühlen.

In diesem Buch stelle ich dir viele wunderbare Hilfsmittel und spirituelle Übungen vor, die dir helfen, dich zu freuen und Spaß zu haben. Wenn du die Bereitschaft entwickelst, nicht mehr zu verurteilen, und dich stattdessen für Mitgefühl und Frieden entscheidest, kannst du dich wieder mit deiner Macht verbinden.

Dies sind nur einige der häufigsten Wege, wie wir unsere Super-Attractor-Macht blockieren. Die gute Nachricht ist, dass diese Macht dich nie verlassen hat. Du hast sie nur vergessen. Dieses Buch möchte dich anleiten, sie zu erkennen, einzufordern und zu nutzen, um das anzuziehen, was du willst, und eine Kraft für das Gute in der Welt zu sein.

Lass mich dich anleiten, ein Super Attractor zu werden – durch wirkungsvolle Schritte, die in den nächsten Kapiteln erklärt werden. Die darin präsentierten spirituellen Methoden und Lektionen bauen aufeinander auf, sodass dir am Ende deine Macht wieder ganz zugänglich ist. Jede Methode in diesem Buch kann unabhängig angewendet werden, doch ich habe sie in einer Reihenfolge angeordnet, die die Wirkung steigert. Übe jede Methode wie beschrieben, damit du das Beste aus diesem Transformationsprozess herausholen kannst. Vielleicht sprechen dich einige Lektionen mehr an als andere. Das ist in Ordnung. Sobald du alle Kapitel durchgegangen bist, kannst du die Übungen in beliebiger Reihenfolge und in deinem eigenen Tempo anwenden. Am wichtigsten ist der Spaß dabei! Je mehr Spaß du hast, umso mehr verstärkt sich deine Super-Attractor-Macht. Spaß verwandelt dich in einen Magneten für Wunder.

Und hier das Versprechen: Wenn du akzeptierst, dass du ein Super Attractor bist, wird das Leben fantastisch! Dann bist du voller Freude, inspiriert, zielstrebig und im Vollbesitz deiner Macht. Du hast nicht mehr das Bedürfnis zu kontrollieren, zu vergleichen oder zu pushen, und fühlst dich immer wohler und leichter. Und das Beste: Du wirst ein überzeugendes Vorbild für andere – und schwingst auf einer so hohen, liebevollen Frequenz, dass deine Energie weit und breit spürbar ist.

Hier die Aufteilung des Buches:

Kapitel 1: Das Universum liefert immer

Mit jedem Gedanken, den wir haben, schicken wir eine Botschaft an das Universum. Das Universum sagt immer Ja zu unseren Gedanken, Energien und Gefühlen. Deshalb kommt das, was wir aussenden, stets zu uns zurück – ob wir es wollen oder nicht. Im ersten Kapitel werde ich dich anleiten, dir bewusst zu machen, worum du bittest. Ich helfe dir zu erkennen, wie oft du um etwas bittest, was du *nicht* willst, und zeige dir, wie du deine Anfragen an das Universum bewusst kommunizieren kannst. Das ist ein unerlässlicher Schritt, um ein Super Attractor zu werden, denn dadurch entsteht ein klarer Dialog mit dem Universum. In diesem Kapitel erläutere ich dir meine Methode, wie du deine Super-Attractor-Macht nutzen kannst, statt auf die Stimme der Angst zu hören, und ich zeige dir, wie du das zu einer Gewohnheit machen kannst, die leicht aufrechtzuerhalten ist.

Kapitel 2: Es ist gut, sich gut zu fühlen

Eines der größten Hindernisse, um ein Super Attractor zu werden, ist unser Widerstand dagegen, dass es uns gut geht. Wir alle haben es uns im Lauf der Zeit in einem Zustand der Angst viel komfortabler eingerichtet als in einem der Freude und der Zuversicht. Wir haben gelernt, uns auf die Angst zu verlassen, um uns vor Enttäuschung, Verletzung oder davor, dass unangenehme Reaktionen in uns getriggert werden, zu schützen. Wir haben uns sehr an die angstbehafteten Projektionen der Welt gewöhnt und glauben deswegen nicht mehr daran, dass auch einfach mal alles gut sein kann. Unterschwellig haben wir das Gefühl, wir würden, wenn wir uns auf das Gute konzentrieren, die Kontrolle und die Sicherheit verlieren.

Im zweiten Kapitel lernst du, anders über deine Ängste zu denken, und erfährst, wie du es dir zur Priorität machen kannst, dich gut zu fühlen. Dieser Schritt bereitet dich auf das künftige Manifestieren vor, denn um alles, was gut ist, anzuziehen, musst du zuerst glauben, dass du es wert bist. Die Übungen in diesem Kapitel sollen dir helfen, dieses Gefühl, es wert zu sein und glücklich sein zu dürfen, anzunehmen. Es wird dich darauf vorbereiten, alles Gute, das du anziehst, auch tatsächlich für dich zu beanspruchen.

Kapitel 3: Es ist mehr als genug da

Die Angst, nicht genug zu haben, ist eine bedeutende Blockade für deine Super-Attractor-Macht. Die Energie des Mangels bewirkt, dass du auf einer niedrigen Frequenz schwingst und dadurch genau das, was du eigentlich willst, abwehrst – und so noch mehr Mangel erzeugst.

Deshalb werde ich dir im dritten Kapitel meine Methode zeigen, wie du Mangelgefühle und das Vergleichen mithilfe deiner positiven Absicht überwinden kannst. Diese Praxis führt dich dahin, dafür zu beten, dass andere mehr von dem haben mögen, was du für dich selbst willst. Du wirst schnell sehen, wie dich der Wunsch, andere mögen mehr haben, in eine Energie der Fülle versetzt. Es ist ein gutes Gefühl zu wollen, dass es anderen gut geht. Die einfache Praxis, dir zu wünschen, dass andere etwas empfangen, versetzt dich selbst in eine Energie der Empfänglichkeit, und dieses Gefühl der Fülle zieht schon sehr bald mehr von dem, was du willst, in dein Leben. Wenn du anderen wirklich Fülle wünschst, vervielfacht sich dein eigenes Glück.

Kapitel 4: Hab Spaß auf dem Weg

Hier sollst du die unglaubliche Macht kennenlernen, die im Spaß steckt. Freude ist die ultimative Schöpferkraft und die mächtigste Schwingung, die wir verkörpern können. Wenn du deine Energie auf das Gefühl der Freude einstellst, wirst du ein Magnet für alles, woran du denkst. In diesem Kapitel werde ich dich eine Methode lehren, die dir hilft, schnell von negativen Gedanken und Energien mit niedriger Schwingung zu einem positiveren Zustand zu gelangen. Ich werde dich anleiten, auf die Kraft deiner Gedanken und deiner Energie zu vertrauen, damit du Herausforderungen leichter bewältigen und dich dem Leben in einem Zustand der Freude stellen kannst. Mithilfe der Praktiken im vierten Kapitel wirst du erkennen, dass du geführt wirst, wenn du dich der Freude zuwendest.

Kapitel 5: Heb den Schleier

Hier werde ich dich anleiten, deine wahre Kraft zu verstehen und anzunehmen. Es handelt sich dabei nicht um irgendeine Qualifikation, einen Status oder eine Leistung. Ich werde dir zeigen, dass deine wahre Macht in deiner Fähigkeit liegt, dich auf die Energie der Liebe und die innere Vision des Lichts einzustellen. In *Ein Kurs in Wundern* heißt es: »Wunder werden im Licht gesehen.«[1] In diesem Kapitel erfährst du, was es bedeutet, im Licht zu sehen und Licht mitzubringen, wohin du auch gehst. Außerdem zeige ich dir meine Meditation »Den Schleier heben«, in der du die Energie dieser Welt transzendierst und an einen Ort der Liebe gelangst.

Kapitel 6: Eine unsichtbare Führung steht dir zur Verfügung

Im sechsten Kapitel weite ich die metaphysische Grenze aus und lade dich ein, dich für neue Formen des Geführtwerdens zu öffnen. Um dir zu helfen, eine spirituelle Beziehung *nach deinem Verständnis* aufzubauen, möchte ich dir meine eigenen Überzeugungen in Bezug auf geistige Führer vorstellen. Solche Führer sind weise, liebevoll und mitfühlend und können dir in jedem Bereich deines Lebens helfen. Ich werde dir verschiedene geistige Führer vorstellen, darunter Engel und Erzengel, dein Höheres Selbst, die Liebe des Universums und bereits verstorbene Familienmitglieder und Freunde. Ich werde dir zeigen, wie du dich mit diesen Geistführern verbinden und von ihnen Wegweisung und Hilfe erhalten kannst.

Kapitel 7: Weniger tun, mehr anziehen

Wie ich bereits erwähnt habe, ist das Pushen eines der größten Hindernisse, um ein Super Attractor zu werden. Ein Super Attractor zu sein bedeutet, dein Vertrauen zu stärken, dich auf die Energie der Liebe einzustimmen und zuzulassen, dass das Universum mit deinen Träumen gleichzieht. Um die Praxis des Zulassens zu beginnen, müssen wir den Weg frei machen und das Leben fließen lassen, sodass wir als Super Attractor wirklich Erfolg haben können.

Im siebten Kapitel zeige ich dir, wie du deine Wünsche in die Obhut des Universums geben oder sie einer höheren Macht nach deinem Verständnis überantworten kannst. Die tägliche

Praxis, deine Pläne einer höheren Macht zu übergeben, wird dir helfen, still zu werden und den gegenwärtigen Moment anzunehmen. In Stille empfangen wir. Du wirst eine immense Erleichterung, einen Rückgang der Angst und einen Anstieg der Energie spüren, wenn du all deine mentalen, emotionalen und sogar körperlichen Bemühungen nicht mehr in das Pushen und Kontrollieren investierst und aufhörst, krampfhaft bewirken zu wollen, dass etwas Bestimmtes geschieht. Ich helfe dir, darauf zu vertrauen, dass es genügt, dich auf das Universum auszurichten, um die Welt, die du sehen willst, mitzugestalten.

Kapitel 8: Handeln mit spiritueller Ausrichtung

Bis zum achten Kapitel hast du bereits tiefe Transformationen durchlaufen. An diesem Punkt schwingst du auf einer Super-Attractor-Frequenz und bist bereit zu lernen, wie du deine starke Energie auf deine Wünsche ausrichten kannst. Du bist bereit, zusammen mit dem Universum mithilfe vergnüglicher, kreativer und aufschlussreicher Praktiken etwas hervorzubringen. Ich zeige dir, wie du deine Wünsche durch die Kraft der Absicht klären kannst. Deine positiven, begeisterten Absichten bereiten dich in Kombination mit deiner frei fließenden Energie darauf vor, spirituell ausgerichtet zu handeln. Du wirst sehen, wie deine Wünsche Form annehmen – klar, konkret und manchmal überraschend schön. In diesem Kapitel wirst du in die tolle Praxis einsteigen, deine Wunder-Momente und Manifestationen zu feiern.

Kapitel 9: Dankbar wertschätzen – immer mehr

Sobald du dich daran begeben hast, dich mit Freude auf das Leben einzulassen und mit spiritueller Ausrichtung zu handeln, bist du bereit, alles in deinem Leben voll und ganz wertzuschätzen. Wertschätzung löst alles auf, was die Präsenz unserer Macht blockiert. In einem Zustand der Wertschätzung kreieren wir aktiv mehr von dem, was wir wollen. Wir befinden uns dann auch in einer Energie der Akzeptanz, ohne Widerstand. Und wenn kein Widerstand vorhanden ist, sind wir ein Super Attractor.

In diesem Kapitel führe ich dich durch die Übungen der Wertschätzung, die dein Herz mit Begeisterung und Freude am Leben erfüllen werden. Sobald du in einem Zustand der Wertschätzung bist, leite ich dich an, immer mehr davon hervorzurufen. Und sobald du in den Wertschätzungs-Flow gelangt bist, willst du sogar noch mehr Impulskraft dahinter erzeugen. Du lernst, wie du dir dankbare Wertschätzung zur Gewohnheit machst, sodass du mühelos einen starken positiven Anziehungspunkt aufrechterhalten kannst.

Kapitel 10: Lass das Universum deine Träume erfüllen

Das Geheimnis der Anziehung liegt darin, deinen Wunsch dem höchsten Wohl zu überantworten. Das zehnte Kapitel hilft dir, das Heft immer mehr aus der Hand zu geben und dich mehr und mehr darauf zu verlassen, dass dir eine höhere Kraft die nächste richtige Handlung zeigt. In diesem Kapitel erfährst du, wie du dich entspannen und den Prozess des Manifestierens genießen kannst. Das Beste am Super-Attractor-Dasein ist, dass man nicht alles herausfinden und verstehen muss. Du kannst deinen Fokus ausrichten, in der Spaßenergie verweilen und deine Wünsche dem Universum überantworten. Ich werde dich anleiten, auf deine innere Weisheit und die Zeichen des Universums zu achten. Vor allem geht es in diesem Kapitel darum, das, was du willst und dir wünschst, einer höheren Macht zu überantworten, sodass du es einfach geschehen lassen und erleben kannst, wie Wunder sich ganz natürlich entfalten.

Kapitel 11: Unerschütterliches Vertrauen in das Universum

In diesem Kapitel zeige ich dir, wie du die überbordende Liebe des Universums fließen lassen kannst. Du lernst, Angst als einen Weg zurück zur Liebe zu sehen, und machst Bekanntschaft mit Techniken, die dir helfen, im Fluss des Wohlbefindens zu bleiben und deine positiven, angenehmen Gefühle zu schützen. Du entwickelst ein vertrauensvolles Wissen und siehst, dass positive Erwartungen den Weg für Lösungen in allen Lebenssituationen frei machen, auch in schwierigen. Wenn wir unser Denken und unsere Energie mit spirituellem Vertrauen in Einklang bringen, können wir Wunder erwarten. Vertrauen hofft nicht, dass Gott hilft; Vertrauen *weiß*, dass Hilfe auf dem Weg ist.

Ein spirituelles Leben führen

Dieses Buch wird dir helfen zu verstehen, wie wichtig es ist, in Einklang mit dem Universum zu leben und nicht nur ein bisschen hier und da zu praktizieren, wenn es gerade mal passt. Ich möchte nicht, dass dein spirituelles Leben auf einen gesonderten Bereich begrenzt und von deinen alltäglichen Erfahrungen getrennt bleibt. Ich möchte, dass du immer ein spirituelles Leben führst. Ich möchte, dass du jeden Tag ein Gefühl der Ehrfurcht empfindest, wenn du siehst, wie sich Wunder entfalten. Ich möchte, dass du dich mit einer spirituellen Kraft verbunden fühlst, auf die du dich verlassen kannst. Ich möchte, dass du das anziehst, was du dir wünschst, und ein Leben voller Sinnhaftigkeit, Glück, Fülle und Frieden kreierst. Ich möchte, dass du dich frei fühlst.

Wenn du akzeptierst, dass du ein Super Attractor bist, ändert das alles. Du vertraust dann darauf, dass es sicher ist, die Vergangenheit loszulassen, und fürchtest die Zukunft nicht mehr. Du schöpfst aus einer unendlichen Quelle der Fülle, der Energie, der Freude und des Wohlbefindens. Dieses Wohlbefinden wird für dich zum Normalzustand, und du wirst es mit der Zeit als dein Geburtsrecht ansehen. Und am wichtigsten: Du weißt intuitiv, wie du dein Leben führen und mehr Licht in die Welt um dich herum bringen kannst.

Dieses Buch ist ein Weg, in dessen Verlauf du dich erinnerst, wo deine wahre Macht liegt. Du lernst, das Leben, das du willst, mitzukreieren. Du akzeptierst, dass das Leben fließen kann, dass es Spaß macht, Dinge anzuziehen, und dass du gar nicht so hart zu arbeiten brauchst, um das zu bekommen, was du willst. Und das Beste: Du fühlst dich gut.

Werde zu einer Kraft der Liebe in der Welt

Sobald du auf deine Super-Attractor-Macht zurückgreifen kannst, stellt sich die Frage: *Was fängst du damit an?* Wenn du dich gut fühlst, verströmst du Freude, die jeden um dich herum positiv beeinflusst. Dadurch, dass du dich auf deine wahre Macht besinnst, hilfst du anderen, das ebenfalls zu tun. Die hier vorgestellten Übungen versetzen dich in die Lage, deinen Lebenssinn zu verwirklichen, und sie vermehren für jeden, mit dem du in Kontakt kommst – und noch darüber hinaus – Fülle, Glück, Gesundheit und Frieden. Am Ende dieses Buches wirst du deinen höheren Lebenssinn besser verstehen. Du wirst wissen, wie du deine Aufgabe erfüllen kannst: eine Kraft der Liebe in der Welt zu sein.

Es ist an der Zeit, deine Macht geltend zu machen. Gehen wir zum ersten Kapitel und fangen wir an.

1

DAS UNIVERSUM LIEFERT IMMER

Ich freue mich so, an meinem Schreibtisch zu sitzen und dieses Buch zu schreiben! Mitten in der Nacht wache ich auf und überlege mir, was ich dir alles sagen möchte. Ich will diese Worte unbedingt zu Papier bringen. Ich finde es toll, dass du hier bist, freue ich mich aber genauso auch für mich. Denn, weißt du, ich brauche dieses Buch mehr, als du dir vorstellen kannst. Bei einem Vortrag, den ich kürzlich gehalten habe, sagte jemand aus dem Publikum zu mir: »Gabby, ich bin ein Life Coach und fühle mich, als würde ich die Leute betrügen. Ich bin voller Angst, mache mich wegen jeder Kleinigkeit verrückt und habe immer noch an vielen persönlichen Problemen zu arbeiten. Wie kann ich denn anderen helfen, ihre Träume zu verwirklichen, wenn ich selbst so viele Baustellen habe?«

Ich lachte und sagte: »Schatz, ich schreibe mein siebtes spirituelles Buch und bin immer noch ziemlich verdreht!« In diesem Moment gestand ich mir selbst und einem öffentlichen Publikum ein, dass ich nicht mit meiner Super-Attractor-Macht in

Einklang stand. Ich gab zu, dass ich, obwohl mein Name und mein Gesicht auf Buchcovern zu sehen sind und ich diejenige mit dem Mikrofon in der Hand bin, immer noch dringend einen spirituellen Tritt in den Hintern brauchte. Und deshalb freue ich mich so, dieses Buch zu schreiben. Wenn ich hier in meinem Büro sitze, geht es mir schon besser. Ich fühle mich gestärkt durch die Worte, von denen ich weiß, dass sie sich einstellen werden. Ich bin voller Energie, weil ich mir vorgenommen habe, diese Seiten zu schreiben, und fühle mich einfach deswegen wohl, weil ich weiß, dass die Antworten in mir sind.

Dass mich dieses Buchprojekt so begeistert, ist für das Universum eine massive Aussage. Es ist meine Art zu sagen: Ja, ich will mich gut fühlen. Ja, ich möchte von meinen falschen Auffassungen geheilt werden. Und ja, ich möchte wirklich frei sein und mich am Leben freuen. Das Universum nimmt immer das auf, was wir aussenden. Und heute strahle ich eine Energie der Freude aus – Freude über alles, was sich auf diesem wunderbaren Weg des Schreibens, der vor mir liegt, noch ergeben wird.

Während ich dieses Buch schreibe, kommt die spirituelle Cheerleaderin in mir zum Vorschein, und ich bin so dankbar. Denn die vorhergehenden Monate waren alles andere als erfreulich. Ich war überhaupt nicht mehr mit der Energie der Freude in Einklang und völlig von meiner Super-Attractor-Macht abgekoppelt. Es war mitten in der Phase, in der ich mein Buch *Judgement Detox* der Öffentlichkeit vorstellte. Das Schreiben des Buches war eine schöne Erfahrung, doch als es an der Zeit war, es zu lancieren, ließ ich mich dadurch völlig unter Stress setzen. Angstvolle Gedanken überwältigten mich, weil ich meinem Empfinden nach keine Kontrolle hatte, keine Unterstützung erhielt und unter Druck gesetzt wurde zu »funktionieren«. Immer wieder geriet ich ins manische Manifestieren und versuchte, das Universum zu zwingen, mir die Ergebnisse zu liefern, die ich haben wollte. Meine Arbeit und meine persönlichen Beziehungen litten unter meiner falschen Ausrichtung. Und es ergaben sich viele negative Situationen, die sich ständig wiederholten. Diese negativen Geschichten entwickelten eine starke Dynamik, so stark, dass ich körperlich krank und depressiv wurde. Das Schlimmste war, dass ich mich sehr schuldig fühlte, weil ich so sehr von der wahren Quelle der Macht getrennt war, auf die zu vertrauen ich doch inzwischen gelernt hatte. Jeder negative Gedanke, jede kontrollierende Handlung und jede angstbasierte Reaktion sagte dem Universum weiterhin, dass ich das Chaos bejahte.

Wir verlieren unsere Ausrichtung, wenn wir uns von angstbasierten Gedanken mit niedriger Energie mitreißen lassen. Der metaphysische Text *Ein Kurs in Wundern* lehrt: »Es gibt keine nichtigen Gedanken. Alles Denken bringt Form auf irgendeiner Ebene hervor.«[2] Von jedem Gedanken, den wir haben, geht Energie aus. Diese Energie bringt uns entweder dem unterstützenden Fluss des Universums näher oder steht ihm entgegen. Die Energie hinter unseren Gedanken wirkt sich unmittelbar auf unsere Erfahrungen aus. Wenn sich ein angstbasierter Gedanke mit niedriger Schwingung immer aufs Neue wiederholt, erzeugt er energetische Impulse, die sich schließlich in unserem Leben manifestieren. Zum Beispiel wiederholte ich während der Buchvorstellung von *Judgement Detox* immer wieder den Gedanken: »Wenn ich es nicht tue, tut es niemand.« Solche Reaktionen kenne ich nur zu gut von mir. Ich wiederholte diesen Gedanken bis zum Geht-nicht-mehr, und schließlich wurde er zu meiner Realität. Ich kontrollierte jedes Detail und fühlte mich nicht unterstützt, weil ich mich von niemandem unterstützen ließ. Meine Gedanken, nicht unterstützt zu werden, wurden zu meiner Erfahrung.

Dass ich nicht mehr richtig ausgerichtet bin, erkenne ich immer, denn dann konzentriere ich mich auf äußere Ziele und Anliegen und nicht auf Freude am Leben. Wenn ich falsch ausgerichtet bin, versuche ich, die Umstände zu kontrollieren. Ich bin verärgert, meine Energie ist niedrig, und ich fühle mich körperlich krank. Es ist ein Kampf, Dinge zu erledigen, und ich bin vom Fluss der Inspiration abgeschnitten.

Im Gegensatz dazu fühle ich mich, wenn ich im Einklang mit dem Universum bin, wohl und voller Enthusiasmus, unabhängig von den äußeren Umständen. Ich bin hoffnungsvoll und positiv gestimmt, selbst angesichts von Schwierigkeiten. Ich bin nicht besorgt, gestresst oder auf Probleme fokussiert. Gutes fließt mir zu, und ich fühle, wie Kreativität mich durchströmt. Andere wollen mich unterstützen, und ich finde einen Weg durch jede Blockade.

Zwei Wochen vor Ende meiner Buchtour für *Judgement Detox* wurde mir klar, dass ich die Ausrichtung ganz und gar verloren hatte. Mit meinen negativen Gedanken und Verhaltensmustern war ich an einem Tiefpunkt angelangt. Es war, als würde ich die Buchpräsentation energisch abwürgen. Ich versuchte, den Prozess zu kontrollieren, fixierte mich wie besessen auf das Ergebnis und ließ zu, dass Stress die treibende Kraft hinter allem war, was ich tat. Ich fühlte mich elend und konnte so nicht weitermachen. Mir blieb keine andere Wahl als eine Kehrtwende. Eines Abends sagte ich zu meinem Mann: »Ich bin durch mit dem Drama. Jetzt ändere ich die Geschichte. Ich erhalte mehr Hilfe und schaffe Platz, um mich auf meine eigentlichen Begabungen zu konzentrieren. Ich möchte mehr schreiben, mehr Vorträge halten und in meiner kreativen Kraft leben. Ich begrüße es, dass das Universum diesen Wandel jetzt unterstützt.«

Das waren mehr als nur Worte – ich bemerkte eine regelrechte Energieverschiebung. Ich akzeptierte, dass ich in nur einem Augenblick eine neue Wahl treffen und meinem Leben eine andere Richtung geben konnte. Ich nahm die Wahrheit an: In dem Moment, in dem wir uns wieder auf die Liebe ausrichten, reagiert das Universum mit Macht. In jedem beliebigen Moment können wir unsere Geschichte ändern und Ja sagen zu dem, was wir wirklich wollen. Und sobald wir das tun, liefert das Universum.

Schon wenige Sekunden, nachdem ich mein Gebet gesprochen hatte, ging es mir besser. Ich ließ mich vom Schwung dieser positiven Gefühle tragen. Ich träumte davon, welche Personen ich einstellen könnte, damit ich mehr Freiraum hatte, um mich auf meine kreative Arbeit zu konzentrieren. Ich entspannte und erholte mich ganz bewusst. Tage später reiste ich nach Kalifornien, um die Lesereise abzuschließen, und es war fantastisch. Die Veranstaltungsplanung lief perfekt, die Medien verbreiteten die Information, und die Zuschauer hatten ihren Spaß. Auf der Bühne ließ ich zu, dass ich mich meiner Kunst überantwortete und die kreative Kraft des Universums mich durchdrang. Mein Mann bemerkte, dass ich mich verändert hatte, und fragte: »Was ist passiert? Dir geht es ja viel besser!«

»Ich habe dem Universum gesagt, dass ich bereit bin, mich neu auszurichten«, erklärte ich.

Der Schlüssel, um wieder in Einklang zu kommen, besteht darin, es zu wollen. In nur einem Moment können wir uns unsere Angst verzeihen und eine neue Wahl treffen. Wir können eine neue Geschichte beginnen, unsere Wahrnehmungen verändern und zulassen, dass Wunder ihre Wirkung entfalten. Gedanken mit niedriger Schwingung machen mit der Zeit süchtig, und wie bei jeder Sucht müssen wir das Muster unterbrechen, um es zu heilen. Dieses Buch bietet wirkungsvolle Hilfsmittel, die dich dabei unterstützen, negative Energien und Gedanken zu durchbrechen, sodass du deinem Leben eine neue Richtung geben kannst. So kann es auf das zufließen, was du dir wünschst – und vor allem kannst du dich gut fühlen, die Kontrolle lockern und auf das Universum vertrauen.

Im gesamten Buch werde ich auf einen meiner liebsten spirituellen Lehrer, Abraham-Hicks, hinweisen, vielfach auch einfach als Abraham bekannt. Abraham ist das Werk einer Frau namens Esther Hicks, die ein Kanal für Lektionen und Lehren zum Thema »Gesetz der Anziehung« ist. Sie ist eine der wirkmächtigsten Praktizierenden auf diesem Gebiet. Der Name »Abraham« wird als Plural aufgefasst, denn er steht für eine kollektive spirituelle Energie, die sich selbst als »Gruppenbewusstsein aus der nichtphysischen Dimension« bezeichnet hat. Meine Lehren und mein persönliches Leben sind stark von Abraham beeinflusst, und ich bin stolz darauf, ihre Lehren in diesem Buch weiterzugeben. Abraham-Hicks sagen, dass es einfach einen fließenden Strom des Wohlbefindens gibt – wir können ihn zulassen oder dagegen ankämpfen, er fließt in jedem Fall genauso weiter. Der Strom des Wohlbefindens ist ein allgegenwärtiger Strom der Liebe, der Kreativität, der Inspiration und des Friedens. Wenn unsere Energie liebevoll schwingt, sind wir in Übereinstimmung mit der schöpferischen Kraft des Universums. In diesem Flow weißt du, dass es unabhängig von deiner Situation eine spirituelle Lösung gibt. Du fühlst dich frei und vertraust darauf, dass das, was du dir wünschst, unterwegs ist, auch wenn du es noch nicht sehen kannst. Du hast mehr Spaß und fühlst dich besser. Unsichtbare Türen öffnen sich für dich, und kreative Möglichkeiten präsentieren sich mühelos. Du kannst weniger tun und mehr empfangen. Wenn du mit dem Fluss des Universums in Einklang bist, dann bist du ein Super-Attractor, der das Leben kreiert, das du willst, und mehr anzieht, als du dir normalerweise vorstellen kannst – einfach, indem du dich entscheidest, dich gut zu fühlen. Das Leben ist viel einfacher, wenn du dich wieder mit dem Universum in Einklang bringst.

Deshalb stelle ich dir heute diese wichtige Frage: Bist du bereit, dich wieder mit dem Universum in Einklang zu bringen?

Ich weiß, die Antwort lautet Ja. Aber ich möchte doch noch etwas nachbohren.

Lautet die Antwort »Na klar, Gabby, ich bin bereit!« oder eher »Ja, aber ...«?

Das ist ein wesentlicher Unterschied, denn schon ein geringer Widerstand blockiert den Fluss.

Wenn du beim Beantworten dieser Frage einen inneren Widerstand spürst oder zögerst, kommt hier die Lösung: Lass uns deinen Widerstand gleich jetzt beim Namen nennen. Denn mit großer Wahrscheinlichkeit bist du in irgendeiner Weise nicht mit dem Gefühl der Freude in Einklang, also nur keine Panik! Vergib dir jetzt einfach selbst. Sprich dieses Gebet innerlich oder laut: *Ich vergebe meiner Vergangenheit, ich lasse die Zukunft los, und ich erkenne an, wie ich mich in der Gegenwart fühle.* In dem Moment, wenn du deiner Vergangenheit vergibst, schaffst du Raum für die Gegenwart, und es kommt zu einer energetischen Veränderung. Und hier das Tollste: Genau in diesem Moment bist du wieder ganz auf Kurs. Das Universum sagt immer Ja, auch wenn es sich nicht unbedingt danach anfühlt. Schon allein, dass du dieses Buch liest, bedeutet, dass du ein Ja bist – für Freude, Fülle, Wohlbefinden, Romantik und alles andere, was auch immer du dir vielleicht wünschst. Dass du dieses Buch aufschlägst, ist eine deutliche Botschaft an das Universum, dass du bereit bist, dich wieder mit einer höheren Macht in Einklang zu bringen und ein Super Attractor zu sein. Wenn es also im Moment viele Probleme in deinem Leben gibt, fang damit an, dass du dich dafür bedankst. Die Probleme in unserem Leben geben uns die Möglichkeit zu wählen: Wir können ihnen die Oberhand überlassen oder aber zulassen, dass sie uns helfen, umzuschwenken und uns der Leichtigkeit zuzuwenden. Die Methoden in diesem Buch helfen dir, diesen »Schwenk« zu vollziehen.

Sobald das getan ist, beginnst du dein neues Leben – eine neue Art, die Welt, dich selbst, deine Beziehungen und deinen physischen Körper wahrzunehmen. Und für dieses Umschwenken, hin zu einer guten Ausrichtung ist nichts weiter erforderlich als der Wunsch, dich besser zu fühlen. Also los!

Selbst die härtesten Erfahrungen haben uns viel Weisheit und Orientierung zu bieten. Sei dankbar für Unangenehmes, denn es zeigt dir, was du noch heilen musst. Nimm dir einen Moment Zeit und bedanke dich für die Situationen in deinem Leben, die sich unangenehm anfühlen. Segne diese Themen, damit du sie freilassen kannst. Nimm dir jetzt eine Minute Zeit, um den Verlust des Arbeitsplatzes als eine Gelegenheit für eine berufliche Wende zu sehen und eine Arbeit zu finden, die dir Freude macht. Sieh eine Trennung als Gelegenheit, dich selbst mehr zu lieben. Sei offen dafür, eine körperliche Krankheit als Chance wahrzunehmen, Gott näherzukommen. In dem Moment, in dem wir uns entscheiden, unseren Schmerz als Katalysator für großartige Heilung und Wachstum aufzufassen, richten wir uns wieder auf die Kraft des Universums aus. Diese Dankbarkeit ist hilfreich, um nicht mehr das Gefühl zu haben, ein Opfer zu sein, und in einen positiven Zustand zu gelangen.

Du denkst vielleicht: »Wenn ich für solche Sachen dankbar bin, schicke ich dann nicht die Nachricht an das Universum, dass ich damit einverstanden bin?« Nein, ganz im Gegenteil: Wenn du dein Leben von schwierigen Situationen dominieren lässt, gibst du diesen Situationen Macht und Impulskraft. Sobald du dich entscheidest, das Licht in den dunklen Ecken zu sehen, lenkst du deine Kraft wieder auf das, was du willst. Schwierige oder unschöne Situationen vermitteln dir Klarheit in Bezug darauf, was du nicht willst, und helfen dir so herauszufinden, was du wirklich willst. Das ist der erste Schritt zurück zur richtigen Ausrichtung.

Solche einfachen Veränderungen haben mir im Lauf meines Lebens immer wieder geholfen, Dunkelheit in Licht zu verwandeln. Eines der eindrucksvollsten Beispiele war für mich der 2. Oktober 2005. Das war der Tag, an dem ich beschloss, den Alkohol abzusetzen, »trocken« zu werden und auch sonstige Drogen wegzulassen. Diese Veränderung rettete nicht nur mein Leben, sondern letztendlich auch das Leben vieler Menschen. In meinem Buch *Spirit Junkie. Mein Weg zum Leben in Wundern* habe ich den Heilungsweg beschrieben und meine Arbeit hat Leserinnen und Leser auf der ganzen Welt inspiriert, ihrerseits einen Weg zur Genesung zu finden. Meine Bereitschaft, die Sucht als Lehrerin zu betrachten, mir selbst zu vergeben und mich für die Liebe zu entscheiden, hat unzähligen Menschen geholfen.

Wenn du mit irgendeiner Sucht kämpfst, sei es nach einer Substanz, einem Verhalten oder sogar nach angsterfüllten Gedanken, dann mach dir klar, dass du genau in diesem Moment eine neue Wahl treffen kannst. Deine Entscheidung, Liebe zu sehen, hilft dir, dein Leben in eine neue Richtung zu lenken. Sei jetzt bereit, dir selbst alles, was war, zu vergeben, und feiere alles, was du werden wirst.

Ich fühle mich stärker, wenn ich für Unangenehmes dankbar bin. Selbst traumatische Ereignisse und Phasen der Abhängigkeit kann ich als Hilfsmittel zum Lernen sehen und nicht als dunkle, beschämende Zeiten. Jede schwierige Situation in meinem Leben, egal wie schwer sie zu ihrer Zeit war, hat mir als Kehrseite Gnade geschenkt. Ich habe die Wahl getroffen, durch Leid zu wachsen und in allem, was ich durchgemacht habe, etwas Anerkennenswertes zu finden. Die Entscheidung, schwierige Zeiten willig anzunehmen, hat mir geholfen, die Opferrolle zu verlassen. Und sie machte mich stolz darauf, dass ich so bereitwillig wachse.

Natürlich ist das Ziel nicht, sich erst nach einem Zusammenbruch neu auszurichten. Vielmehr geht es darum, die Ausrichtung zur täglichen Priorität zu machen. Am Anfang des Weges stellst du vielleicht fest, dass eine falsche Ausrichtung dein Normalzustand ist. Mach dich deswegen nicht verrückt! Sobald du feststellst, dass du von der richtigen Ausrichtung abgekommen und nicht mehr in Einklang bist, kannst du für die Lektion, die dir erteilt wird, dankbar sein und dir selbst schnell vergeben.

Du musst nicht dein ganzes Leben in Ordnung bringen, um dich jetzt besser zu fühlen! Eigentlich brauchst du überhaupt nicht viel zu tun. Du kannst einfach umschwenken, zurück zur guten Ausrichtung, und zwar zunächst mit einer Methode, die ich »Eine neue Wahl treffen« nenne.

Die Drei-Stufen-Methode »Eine neue Wahl treffen«

Wenn du mit dieser Praxis beginnst, empfehle ich dir, jeden Schritt in deinem Super-Attractor-Tagebuch zu dokumentieren (siehe auch unter www.gabbybernstein.com/superattractor). Je häufiger du diese Methode praktizierst, desto mehr wird sie dir zur zweiten Natur. Mit der Zeit kannst du sie, wann immer du sie brauchst, schnell im Kopf ablaufen lassen. Bis dahin solltest du auf deinem Weg aber zur Unterstützung dein Tagebuch nutzen.

Schritt eins: Erkenne den Gedanken

Wenn du merkst, dass du in Negativität oder Angst gefangen bist, tritt bewusst beiseite. Das kannst du tun, indem du aktiv wahrnimmst und erkennst, dass deine Gedanken und deine Energie nicht mehr in Einklang mit Freude sind. Frag dich selbst: »Wie fühle ich mich gerade?« Schreib die Antwort in dein Tagebuch.

Schritt zwei: Vergib den Gedanken

Vergib dir selbst deine falsche Ausrichtung und feiere deinen Wunsch nach Veränderung. Danke deinen negativen Gefühlen und Gedanken dafür, dass sie dir gezeigt haben, was du nicht willst und was du willst. Schreib neben jeden negativen Gedanken, den du in deinem Tagebuch festhältst: *Danke, dass du mir offenbart hast, was ich nicht will, damit ich klar erkennen kann, was ich will.*

Schritt drei: Triff eine neue Wahl

Beantworte diese Frage in deinem Tagebuch: »Welcher Gedanke, den ich jetzt gerade finden kann, fühlt sich am besten an?« Bitte dann das Universum, dich zu diesem Gedanken zu führen. Schreib das folgende Gebet in dein Tagebuch oder sprich es: *Danke, Universum, dass du meine Gedanken zu angenehmen Emotionen geführt hast.*

Vergiss bei diesem Schritt nicht, dass du lediglich das nächstbeste Gefühl suchst. Du brauchst nicht direkt bei der ultimativen Lösung zu landen. Hast du also beispielsweise mit finanziellen Problemen zu kämpfen, dann würde der Gedanke »In einer Woche bin ich schuldenfrei« die falsche Ausrichtung wahrscheinlich noch *verstärken*, weil du ihn vermutlich nicht glauben würdest. Wähle stattdessen einen Gedanken, der dir realistisch und möglich erscheint. Damit dieser Schritt funktioniert, musst du an diesen nächstbesten Gedanken glauben. Falls irgendein Zweifel besteht, wird deine Energie das Gebet nicht unterstützen. (Denk daran, dass das Universum deine Gebete stets hört. Doch deine

Energie muss diese Gebete unterstützen, damit du *deinerseits* die Führung, die das Universum dann gibt, hören kannst.)

Nun wollen wir gemeinsam betrachten, wie wir die drei Schritte der »Eine neue Wahl treffen«-Methode anwenden können: Stell dir jemanden vor, der unter finanziellen Nöten und Unsicherheit leidet. Verständlicherweise konzentrieren sich die vorherrschenden Gedanken dieser Person auf seine Schulden und die lähmende Angst, Rechnungen nicht bezahlen zu können. Sie ist von diesen ängstlichen Gedanken besessen, weil die innere Stimme der Angst (auch bekannt als das Ego) sie davon überzeugt hat, sie könne ihre Situation umso mehr kontrollieren, je mehr sie darüber nachdenke. In diesem Stadium kann sie den ersten Schritt – Erkenne den negativen Gedanken – anwenden. Natürlich ist es normal anzunehmen, eine Lösung fände sich am besten dadurch, dass wir wie besessen über ein Problem nachdenken. In Wirklichkeit bewirkt es jedoch genau das Gegenteil: Je mehr unsere geistige Einstellung von Angst und Mangel geprägt ist, umso weiter sind wir davon entfernt zuzulassen, dass uns eine Lösung in den Sinn kommt. Wir lenken Energie auf das Objekt in unserem Fokus. Diese Energie beeinflusst unseren emotionalen Zustand, und dieser wiederum ist unser Anziehungspunkt. Furchtsames Denken bewirkt, dass wir nicht mehr mit positiver Energie in Einklang sind. Und dann sind wir von der Unterstützung des Universums abgekoppelt. Das Universum kann kreative Lösungen des Geldverdienens hervorbringen, kann für uns neue Wege des Umgangs mit Geld und andere Ideen finden, auf die der angstbasierte logische Verstand nicht kommt. Wir müssen jedoch in einem empfänglichen Zustand sein, um diese Antworten zu hören.

Der Weg heraus aus der Negativschleife führt über Schritt zwei: den falsch ausgerichteten Gedanken vergeben. Durch Vergebung können wir die Vergangenheit loslassen und akzeptieren, dass der gegenwärtige Moment eine Gelegenheit zum Umschwenken bietet. Schon ein kleiner Moment der Geistesgegenwart genügt, um unsere Energie umzuleiten und einen positiven Impuls für das Auswählen eines besseren Gedankens zu erhalten. Wenn wir zu Schritt drei übergehen, denken wir: »Welcher Gedanke, den ich gerade jetzt finden kann, fühlt sich am besten an?« Eine gute Möglichkeit, damit das gelingt, könnte eine Aussage wie »Ich bin offen für kreative Möglichkeiten der Fülle« sein. Diese Aussage wird zu einem Gebet. Dadurch, dass wir eine solche Affirmation leise oder laut sagen, erklären wir dem Universum nachdrücklich, dass wir bereit sind, eine neue Wahl zu treffen. In derselben Sekunde, in der wir uns für einen liebevollen Gedanken entscheiden, verändern sich unsere Emotionen und unsere Energie. Das ist eine Neuausrichtung in Einklang mit dem Universum.

Die Methode »Eine neue Wahl treffen« mag zunächst allzu simpel erscheinen. Du fragst dich vielleicht, wie es möglich sein soll, dass du dich einfach so aus negativen Gedanken, die dich jahrelang geplagt haben, hinauskatapultieren kannst. Ich versichere dir, dass es nicht schwierig sein muss, deine Gedanken bewusst zu ändern. Es spielt keine Rolle, ob du diese negativen Gedanken seit zwei Wochen oder seit zwanzig Jahren hast. Die einfache Entscheidung, dich besser zu fühlen, genügt schon, um dich auf den Weg zu bringen, hin zu dem, was du dir wünschst. Wende darum diese drei Schritte an, um deiner Energie eine neue Richtung zu geben und den Fluss der Negativität zu verlangsamen.

Die Tatsache, dass diese Methode so einfach ist, könnte dazu verleiten, sie als wertlos abzutun. Um es ganz klar zu sagen: Wir haben keine Zeit, uns noch weiter mit unserem Drama aufzuhalten. Einem spirituellen Weg verpflichtet zu sein bedeutet, dass wir bereit sind, schnell aufzuwachen. Wir müssen es zu unserer obersten Priorität machen, dass es uns gut geht, und alles daran setzen, ein Super Attractor zu sein. Wenn wir uns fest vornehmen, mit der richtigen Ausrichtung zu leben, hilft uns das, in der heutigen Zeit psychisch gesund und ausgeglichen zu bleiben. Denn ganz unabhängig davon, in welchem Teil der Welt wir sind, vor der negativen Energie der täglichen Nachrichten, des politischen Klimas und von Gefühlen der Uneinigkeit können wir uns nicht verstecken. Selbst wenn wir die Welt um uns herum ignorieren könnten – zum Beispiel durch Vermeidungstaktiken oder indem wir der Realität entfliehen –, geschähe dies auf Kosten dessen, was das Beste für die Allgemeinheit ist. Du würdest die Welt deiner positiven Energie berauben, was nicht nur dich, sondern jeden trifft, mit dem du in Kontakt kommst.

Ich lebe in einer kleineren Ortschaft mit nur wenigen hundert Nachbarn. Doch selbst hier, in der friedlichen Ruhe auf dem Land, bin ich nicht gefeit vor der negativen Energie der Welt. Ich brauche nur die Nachrichten einzuschalten oder durch Social Media zu scrollen, um mich von niedrigen Schwingungen angegriffen zu fühlen. Doch statt mich herunterzuziehen, bietet mir das die Möglichkeit, die »Eine neue Wahl treffen«-Methode zu praktizieren und meine Verbindung zum Universum zu stärken. Wenn uns bewusst wird, wie äußere negative Schwingungen uns beeinflussen, können wir die drei Schritte anwenden und schnell umschwenken. Der einzige Weg, in die liebevolle Ausrichtung zurückzukehren, ist der, uns bewusst zu machen, wie wir davon abkommen. In diesem Buch werde ich dich ermutigen, die Methode »Eine neue Wahl treffen« immer wieder anzuwenden, um dir deine Fehlausrichtung bewusst zu machen und schnell zur Liebe zurückzukehren.

Es ist wichtig zu verstehen, dass diese Methode nicht dazu konzipiert ist, Probleme zu umgehen. Vielmehr soll sie dir helfen, Lösungen anzuziehen. Denk daran: Der beste Gedanke, den du finden kannst, mag vielleicht nicht die endgültige Lösung sein, aber er bewirkt trotzdem, dass es dir besser geht. Jedes positivere Gefühl führt dich zu den Lösungen, die du suchst, und zu der schönen Wahrheit, wer du wirklich bist. Bring mithilfe dieser Praxis deine Energie sanft zurück zum Einklang mit dem Universum, sodass du eine energetische Entsprechung der Heilung und Führung bist. Je mehr du dir diese Methode zur Gewohnheit machst, umso besser fühlst du dich. Und je besser du dich fühlst, umso leichter ziehst du die Gefühle und Erfahrungen an, die du in deinem Leben haben willst.

Jedes Kapitel in diesem Buch stellt dir neue Methoden vor, die dir helfen, deine Verbindung zum Universum zu stärken, deine Wünsche sinnvoll zu lenken und ein Super Attractor zu werden. Bevor du mit den restlichen Lektionen beginnst, ist es hilfreich, immer mit »Eine neue Wahl treffen« zu beginnen. Jeder Schritt dieser Methode ist entscheidend für deine Ausrichtung und birgt ein Versprechen. Lass uns noch einmal rekapitulieren:

In Schritt eins *erkennst* du deine Fehlausrichtung – man kann eine schlechte Angewohnheit nicht ändern, ohne zuzugeben, dass sie vorhanden ist. Jede spirituelle Praxis muss mit Bewusstheit beginnen, also mach dir deine falsche Ausrichtung bewusst und danke deinen Gedanken und Gefühlen – und zwar deswegen, weil sie dir offenbaren, was du nicht willst, und dich zu dem führen, was du dir wirklich wünschst.

Schritt zwei besteht darin, dir selbst zu verzeihen, dass du dich falsch ausgerichtet hast. Geschieht das nicht, hältst du an der Vergangenheit fest und bleibst im negativen Verhaltensmuster stecken, wie sehr du auch versuchst umzuschwenken. Vergib dir selbst, deinen Gedanken und allem, was dich an diesen Punkt gebracht hat. Akzeptiere, dass selbst die schwierigsten Erfahrungen in deinem Leben dir die Möglichkeit geben, zu wachsen, sofern du dich dafür entscheidest. Wir können Opfer der Welt »da draußen« sein, oder wir können uns entscheiden, schwierige Erfahrungen der Vergangenheit als Katalysator für Veränderung wahrzunehmen.

Und schließlich hast du die Möglichkeit, eine neue Wahl zu treffen. Indem du dich dem besten Gefühl zuwendest, das dir zugänglich ist, wirst du sofort in einen neuen Schwingungszustand versetzt. Dieser neue Gedanke ist ein Gebet. Damit schickst du eine Botschaft an das Universum, dass du dich besser fühlen willst. Auf diese neue Schwingung reagiert das Universum, indem es dich zu deiner nächsten richtigen Handlung führt. Die nächste richtige Handlung kann als ein angenehmerer Gedanke, eine neue Idee oder als Wunsch, ein schädliches Verhaltensmuster zu beenden, zu dir kommen. Als ich mich im Oktober 2005 entschied, meine Sucht zu überwinden und »clean« zu werden, wies mich das Universum sofort an, eine Freundin anzurufen, die mir half, zu einem Selbsthilfetreffen zu kommen. Sobald ich um Hilfe bat, lieferte das Universum.

Denk daran, dass wir die intuitive Führung des Universums erst hören können, wenn wir bereit sind, um Hilfe zu bitten.

Spirituelle Führung zu empfangen erfordert, dass wir uns auf die Energie des Universums einstimmen. Stell dir vor, du beklagst dich bei einer guten Freundin ständig über deine Arbeit. Sie versucht, dich in die richtige Richtung zu führen, aber deine unaufhörliche Negativität und Angst blockieren dich so, dass du noch nicht einmal hörst, was sie sagt. Du widersetzt dich ihrer Führung, weil du dich so sehr auf das konzentrierst, was nicht funktioniert. Schließlich – wenn die Situation zu schwierig wird und nicht mehr zu bewältigen ist – brichst du zusammen. Du rufst deine Freundin an und bittest sie um Hilfe. Sie antwortet und gibt dir eine äußerst klare Wegweisung, Mitgefühl und Führung. Du sagst: »Das ist genau das, was ich brauche.«

Und sie antwortet: »Das habe ich doch die ganze Zeit gesagt.« Ihre Führung war dieselbe. Der einzige Unterschied war der, dass du dich entschieden hast, ihr zuzuhören.

Nicht anders verhält es sich mit der Beziehung zum Universum. Das Universum wirkt darauf hin, dich zu unterstützen, anzuleiten und dich mitfühlend zu dem zu führen, was dem höchsten Wohl dient. Wenn du dich auf Chaos und Angst konzentrierst oder versuchst, alles zu kontrollieren, lenkst du diese Unterstützung und Führung von dir weg. Doch in dem Moment, in dem du dich überantwortest, ist das Universum da, um dich vom Boden aufzuheben und dir den Weg zu zeigen.

Du brauchst jedoch nicht abzuwarten, bis du verzweifelt bist, um dich zu überantworten. Du musst der Abwärtsspirale nicht so lange folgen, bis du ganz unten angelangt bist und dort liegen bleibst. Du kannst es zu deiner Gewohnheit machen, »eine neue Wahl zu treffen« (und dich für die Liebe zu entscheiden). Dich überantworten sollte das *Erste* sein, was du tust, nicht dein allerletzter verzweifelter Versuch. Die Methode »Eine neue Wahl treffen« ist dein Weg zu einer klareren Kommunikation mit dem Universum.

Ich möchte dir helfen, in einen ständigen Kontakt mit dem Universum zu treten. Ich habe festgestellt, dass es mir in bestimmten Bereichen meines Lebens leichtfiel, Führung vom Universum zu empfangen, während ich mich in anderen dagegen gesträubt habe. Die Bereiche voller Widerstand sind diejenigen, in denen meine vorherrschenden Gedanken noch immer auf Angst ausgerichtet sind. Ich habe viel Therapie, Entzug, Traumaheilung und verschiedenste andere Praktiken hinter mir, die mich dabei unterstützt haben, diese vorherrschenden Überzeugungen umzubilden. Doch nichts ist wirkungsvoller, als sie dem Universum zu überantworten, um Hilfe zu erhalten. Sobald ich dem Universum erlaube, meine angstbasierten Überzeugungen durch neue Auffassungen zu ersetzen, empfange ich ein Wunder. Unser analytischer Verstand sträubt sich gegen diese Einfachheit. Wir wollen glauben, dass Jahrzehnte der Genesung erforderlich sind, um unsere Überzeugungen zu ändern. Aber Abraham-Hicks sagen, dass ein Glaube nichts anderes als ein Gedanke ist, den wir immer wieder denken. Wählen wir jedoch einen neuen Gedanken, dann kommt es zu einer Veränderung.

Ich möchte, dass du eine neue Wahl triffst – und zwar schnell – und der Führung des Universums folgst, die dir stets zur Verfügung steht. Wenn du eine neue Wahl triffst, wird dir eine Lösung angeboten. Das bedeutet nicht, dass keine weitere Heilung erforderlich ist. Die Lösung kann immer noch einige Schritte entfernt sein. Aber auch wenn das Problem jetzt offenbar noch nicht vollständig gelöst ist, kannst du dich darauf verlassen, dass du in die richtige Richtung geführt wirst. Du kannst darauf vertrauen: Wenn du dich vom Universum führen lässt, erhältst du eine sinnvolle und wertvolle Wegweisung. Dir werden intuitive Ideen eingegeben, wohin du dich wenden und was du sagen sollst. Und du wirst müheloser zu einem Weg durch alle Blockaden hindurchgeführt.

Wenn wir eine neue Wahl treffen, senden wir ein Gebet ans Universum, dass wir bereit sind, uns gut zu fühlen. Als ich den Entzug machte, sagte mir die Mentorin, die mich auf meinem Weg der Genesung begleitete, ich solle niederknien und Gott bitten, mir zu helfen, clean zu bleiben. Wenn ich den Drang zum Rückfall verspürte, so sagte sie, solle ich niemals die Dinge selbst in die Hand nehmen und nicht versuchen, mich krampfhaft und verbissen davon abzubringen. Stattdessen solle ich mein Suchtproblem an eine höhere Macht abgeben, damit diese mich unterstützte und wieder zurückführte. Damals hatte ich noch kaum eine Beziehung zu Gott oder zum Universum. Ich identifizierte mich zwar damit, ein spiritueller Mensch zu sein, hatte aber noch nicht herausgefunden, was das Konzept einer höheren Macht für mich überhaupt bedeutete. Dennoch befolgte ich ihre Anweisung. Sie sagte: »Tu so, als ob, und du wirst geführt werden.« Also kniete ich täglich nieder und begann zu beten. Zu jener Zeit betete ich darum, clean und nüchtern zu bleiben. Wann immer ich versucht war, mir einen Drink zu holen oder eine Droge zu nehmen, kniete ich nieder und betete. Wenn ich auf Dinnerpartys oder bei Verabredungen in Versuchung geriet, entschuldigte ich mich und zog mich ins Bad oder in den Waschraum zurück, um zu beten und mich wieder zu zentrieren. Beten wurde zu meiner unmittelbaren Antwort auf jegliche innere Unruhe oder Suchtattacke. Beten wurde zur

Gewohnheit. Und bis heute ist es so geblieben: Wenn ich merke, dass ich nicht mehr mit Frieden in Einklang bin, ist das ein Zeichen, dass ich mich auf meine eigene Stärke verlasse und nicht auf die Stärke einer höheren Macht. In solchen Momenten wende ich die Methode »Eine neue Wahl treffen« an: den Gedanken erkennen, ihn vergeben, neu wählen.

Beten muss nicht zwangsläufig heißen, auf Knien neben dem Bett mit Gott zu sprechen. Ein Gebet kann auch durch einen einfachen Gedanken kommen – du überantwortest dich, wenn du zu dem Schluss gelangt bist, dass dein Wille nicht mehr funktioniert, und eine höhere Macht einlädst, die Führung zu übernehmen. In dem Moment, wenn du dich entscheidest, einen besseren Gedanken zu denken, hast du darum gebeten, dich wieder mit einer höheren Macht in Einklang zu bringen. Ob du sie Universum, Engel, *Spirit*, inneren Führer oder Gott nennst, spielt keine Rolle, ruf sie einfach an.

Die Methoden in diesem Buch werden durch dein Gebet unterstützt. Sie sollen dir helfen, deine Kümmernisse und Ängste an eine höhere Macht abzugeben. Praktiziere die Übungen dieses Buches mit Hingabe und stärke dein Vertrauen in die Universelle Energie der Liebe. Mit diesem Vertrauen wirst du dich sicher fühlen, egal was passiert. Befolge diese Methoden, um dich in Einklang mit dem Universum neu auszurichten und Gefühle von Trennung und Zweifel aufzulösen. Mein verstorbener Mentor und Freund Dr. Wayne Dyer sagte, dass du deine Verbundenheit mit jedem und allem spürst, sobald du die Idee von Trennung aus deinen Gedanken und deinem Handeln eliminierst. Diese Verbundenheit ist deine Super-Attractor-Macht.

Du brauchst nur die Blockaden aufzulösen, die verhindern, dass sie sich einstellt. Die Übungen in diesem Buch ermöglichen dir jeweils, dich allmählich für diese Energie zu öffnen, die dir allezeit zur Verfügung steht. *Allmählich* ist dabei das Zauberwort. Ich erwarte nicht, dass du auf Anhieb vom Mangel zum Überfluss oder von Krankheit zu Gesundheit übergehst. Ich hoffe aber, dass du die einzelnen Schritte befolgst und deine Wahrnehmungen, Gedanken und Energien allmählich, nach und nach, änderst. Diese allmähliche Neuausrichtung ermöglicht dir eine dauerhafte Veränderung. Wenn du deine Einstellung zu einer Erfahrung änderst, ändert sich die Erfahrung. Das ist eine subtile, aber sehr starke Veränderung, zu der es kommt, wenn du von der Dunkelheit zum Licht umschwenkst.

Halte alles möglichst einfach, folge meiner Anleitung und lass dich von Emotionen, die sich gut anfühlen, sanft zurück in die Ausrichtung auf deine wahre Natur führen.

Jede Methode in diesem Buch hilft dir, dich wieder auszurichten. Ich hoffe, dass du diese Techniken, wenn du sie erst einmal gelernt hast, flexibel verwendest und sie zu einem Teil deines Alltags machst. Je mehr du sie in deinem Leben anwendest, umso schneller werden sie dir zur zweiten Natur. Wir brauchen Praktiken, die bewirken, dass es uns gut geht, damit uns Wohlbefinden zur Gewohnheit wird. Bislang haben wir mehr Vertrauen und Energie auf die Negativität in unserem Geist verwendet. Jetzt aber ist es an der Zeit, unseren Fokus neu auszurichten. Wenn du diese Methoden praktizierst, bist du bald in der Lage, schnell von Angst zu Freude zu wechseln und dich wieder mit deiner Super-Attractor-Natur in Einklang zu bringen. Viel Spaß mit diesen Hilfsmitteln – nutze sie so oft wie möglich!

Es gibt keinen richtigen oder falschen Weg, diese Methoden anzuwenden. Amüsier dich einfach damit! Lass deine spirituelle Praxis nicht zu einer lästigen Pflicht werden. Lass sie eine Verschnaufpause vom Drama der Welt und deinem inneren Aufruhr sein. Ich habe diese Techniken bewusst einfach gehalten, damit du sie mühelos sofort durchführen kannst, egal was gerade in deinem Leben geschieht. Diese Hilfsmittel katapultieren dich zurück in deine wahre Natur, die voller Freude ist. Uns auf das Universum auszurichten muss eine bewusste Entscheidung sein, die wir den ganzen Tag über immer wieder treffen.

Beginne den Tag damit, dich auszurichten

Wenn wir morgens die Augen öffnen, haben wir zwei Möglichkeiten: Entweder wir bringen uns durch spirituelle Praxis, Meditation, Gebet, Affirmation oder körperliche Bewegung in Einklang mit dem Universum – oder wir nehmen unser Handy zur Hand, lesen Nachrichten, trinken eine Tasse Kaffee und starten sofort mit der Tageshetze.

Wenn wir die zweite Option wählen, beginnen wir unseren Tag oft mit negativen Schwingungen, Reiz- und Aufgabenüberflutung. Es ist also unerlässlich, dass wir unsere morgendlichen Gewohnheiten ändern. Der Morgen ist eine heilige Zeit und sollte wertgeschätzt werden. Genau dann entscheiden wir, wie wir den Rest des Tages verbringen wollen. Eine einzige Veränderung in unserem Verhalten kann unserem gesamten Tagesverlauf eine andere Richtung geben.

Mach dich bereit für einen erfolgreichen Tag – beginne ihn mit einer Praxis, die dich direkt nach dem Aufwachen gut ausrichtet! Ich habe festgestellt, dass das der optimale Zeitpunkt ist, um unsere Energie mit der Liebe in Einklang zu bringen. Die Nacht hast du schlafend in einer Verfassung ohne Widerstand verbracht. Abraham-Hicks zufolge lassen wir im Schlaf allen Widerstand gegen negative Gedanken los. Das bedeutet, beim Aufwachen haben wir ein unbeschriebenes Blatt Papier vor uns – die Gelegenheit, ohne die Negativität des Vortags einen Neuanfang zu machen. Deshalb sind die ersten Momente des Morgens so kostbar. Wir können den Vorteil nutzen, in einem Zustand der Widerstandslosigkeit zu sein, und den Tag mit einer frischen, neuen Einstellung beginnen. Leg dir eine regelmäßige morgendliche Praxis zu, um mit der richtigen Ausrichtung in den Tag zu starten und deine positiven Gefühle den ganzen Tag über aufrechtzuerhalten.

Ich habe eine Fülle spiritueller Übungen aufgebaut, die ich sofort nach dem Aufwachen praktizieren kann. Ich habe die Spirit-Junkie-App erstellt, die so eingestellt ist, dass sie mir als Erstes eine positive Affirmation zeigt (die App ist unter www.gabbybernstein.com/superattractor zu finden). Dann schalte ich den Flugmodus meines Handys ein und meditiere. Doch vor allem eine Morgenpraxis hat mein Leben verändert: Sobald ich mir die Zähne geputzt habe, rezitiere ich positive Mantras! Die Worte führen mich zurück zur Liebe des Universums, dazu, mich selbst anzunehmen und mir jede Fehlausrichtung des Vortags zu verzeihen. Ich wiederhole in Affirmationen, wie ich mich fühlen, wer ich sein und wie ich mich der Welt stellen will, bejahe Selbstliebe und Mitgefühl. Ich bejahe meine Bereitschaft, mich gut zu fühlen. Diese Praxis war und ist für mich ein Rettungsanker. Sie bringt mich sofort spirituell, körperlich und emotional in Einklang. Positive Affirmationen stärken meine

Verbindung zum Universum – den ganzen Tag über werde ich dann von diesem positiven Schwung geleitet.

Nach dem Aufwachen kannst du die folgenden Mantras innerlich oder laut rezitieren. Oder du lädst unter www.gabbybernstein.com/superattractor meine Audiomantras herunter, die von inspirierender Musik untermalt werden. Du kannst sie gleich morgens und auch den ganzen Tag hindurch immer wieder verwenden. Unabhängig davon, wie du dich beim Aufwachen fühlst, helfen dir diese Affirmationen, dich auszurichten. Diese Worte können eine großartige Unterstützung für dich sein, selbst wenn du nicht an sie glaubst. Sprich sie einfach laut und lass dich von der Macht deiner Absichten wieder in Einklang bringen. Ich habe diese Praxis zu meiner täglichen Routine gemacht und hoffe, du hast ebenso viel Freude daran wie ich.

Deine Morgen-Mantras

Mein Körper ist ausgeruht und mein Geist klar.
Ich beginne meinen Tag mit positiven Gedanken
und positiver Energie.
Ich bin entspannt, ohne Widerstand und klar.
Mein Tag verläuft leicht und mühelos.
Den ganzen Tag über erhalte ich Unterstützung
von anderen.
Das Universum unterstützt meine Wünsche heute.
Ich bin offen dafür, Großes zu empfangen.
Ich bin voller Energie und inspiriert.
Kreative Möglichkeiten stehen mir zur Verfügung.
Nichts hält mich zurück.

Ich handle mit Vertrauen und Klarheit.
Ich bin gesund, dynamisch und voller Leben.
Heute ist ein großartiger Tag.
Ich habe heute Spaß.
Ich bringe anderen Freude.
Wohin ich auch gehe, bringe ich Licht.
Ich bin ein positiver Einfluss auf die Welt.
Alles ist gut.

Wenn du diese Mantras allein oder mit dem Audio-Download von meiner Website wiederholst, wirst du sofort in eine starke Energie und eine positive Schwingung versetzt. Ich lade dich ein, diese Methode in deinen Tagesablauf einzubauen. Sie wird dir helfen, mentale Blockaden aufzulösen, Widerstand loszulassen und dich startbereit für einen wunderbaren Tag zu machen. Selbst fünf Minuten mit Affirmationen reichen aus, um deinem Tag eine andere Richtung zu geben.

Wenn du Kinder hast, lass sie ebenfalls mitmachen! Stell dir vor, wie sehr es ein Kind stärkt, positiv in den Tag zu starten. Keine Übung könnte deinem Kind besser eine Einstellung vermitteln, mit der es sich gut fühlt.

Durch die »Eine neue Wahl treffen«-Methode und die Mantras geht es dir allmählich immer besser. Doch gerade am Anfang dieses Prozesses passiert möglicherweise etwas Heimtückisches: Dein Ego (die innere Stimme der Angst) sträubt sich gegen deine guten Gefühle. Die Stimme des Egos beherrscht schon so lange deinen inneren Dialog, dass sie dein Unterbewusstsein unter Umständen wie eine Festung verteidigt. Das ist in Ordnung, und im nächsten Kapitel wollen wir uns darum kümmern. Dort möchte ich dir helfen zu erkennen, mit welchen Methoden das Ego sich dagegen wehrt, dass es dir gut geht. Ich helfe dir zu akzeptieren, dass es gut ist, sich gut zu fühlen. Positive Gefühle zu haben ist unser Geburtsrecht, und im nächsten Kapitel lernst du, in Bezug auf dein Lebensgefühl keine Kompromisse mehr einzugehen. Fürchte dich nicht vor dem Ego, denn dein Engagement für die Liebe ist stärker als die Angst. Und ich stehe bei jedem Schritt hinter dir.

2

ES IST GUT, SICH GUT ZU FÜHLEN

Die größte Blockade unserer Super-Attractor-Macht ist unser Widerstand, den wir unserem Wohlbefinden und guten Gefühlen entgegensetzen. Du glaubst mir nicht? Dann frag dich: Hast du dir angewöhnt, dich als Schutz vor Enttäuschungen oder Verletzungen auf deine Angst zu verlassen? Wir verfallen so leicht in eine solche Denkweise, dass es uns vielleicht noch nicht einmal bewusst ist. Angst kann sich anfühlen wie ein natürliches Mittel, um sich zu schützen und die Kontrolle zu behalten. Wir alle haben gelernt, uns in einem Zustand der Angst viel sicherer zu fühlen als in einem freudigen, zuversichtlichen Gemütszustand. Du denkst vielleicht: »Aber ich laufe doch nicht die ganze Zeit herum und habe Angst. Wie kann es denn sein, dass ich mich auf Angst verlasse?« Die Antwort ist, dass Angst viele Formen annimmt, und Emotionen, die du wahrscheinlich kennst – wie Abwehr, der Drang, dich selbst und andere zu verurteilen, und der zu kontrollieren –, in Wirklichkeit einem Gefühl der Angst entspringen. Stell dir Angst als das Gegenteil von Liebe vor. Wenn du dich auf Angst stützt, wie die meisten von uns, bist du von der frei fließenden Liebe des Universums abgetrennt.

Die traurige Wahrheit ist, dass viele von uns süchtig nach Angst sind. Wir haben uns sehr an die angstvollen Projektionen der Welt gewöhnt und vertrauen nicht mehr darauf, dass eine Situation auch gut sein kann. Wenn wir uns auf das Gute konzentrieren, so meinen wir unbewusst, könnten wir die Kontrolle verlieren, nicht mehr in Sicherheit sein oder Gefahr laufen, enttäuscht zu werden. Das Ego hat uns davon überzeugt, »Gutes« sei nur begrenzt vorhanden und irgendwann sei unser Glück ausgeschöpft. Wir gehen davon aus, dass etwas wirklich Gutes wahrscheinlich zu schön ist, um wahr zu sein. Die Gesellschaft hat uns davon überzeugt, alles, was zu haben sich lohnt, erfordere Kampf, heroische Ausdauer und Opfer. Deshalb sind wir süchtig nach Leiden geworden – und diese Denkweise verstärkt im Grunde unseren Kampf. Wenn wir glauben, dass wir leiden müssen, sagen wir dem Universum damit, dass wir genau das wollen. Denk an die Botschaft des ersten Kapitels: Das Universum liefert immer. Wenn wir an Leiden glauben, werden wir leiden.

Was ich gleich sagen werde, wird dich vielleicht erschrecken. Doch bitte lies diesen nächsten Satz so oft wie nötig, damit er richtig einsinkt:

Um wirklich als Super Attractor zu leben,
müssen wir akzeptieren,
dass Gutes leicht zu uns kommen kann.

Wahrscheinlich entspricht das dem Gegenteil all dessen, was dir je beigebracht wurde! Das liegt daran, dass die meisten von uns alles vom falschen Ende her angehen. Unser ganzes Leben lang haben wir an angstbasierten Glaubenssystemen festgehalten, um uns sicher zu fühlen. Wir glauben an Gedanken wie »Ich muss unglaublich hart arbeiten, um erfolgreich zu sein«, »Ich bin zu alt, um ein Baby zu bekommen« oder »Ich bin eine völlige Niete in Beziehungen«. Siehst du, dass hinter all diesen Gedanken eine Energie des Widerstands steht? Unser Widerstand dagegen, dass es uns gut geht, blockiert das Gute, das wir anziehen wollen. Von dem Moment an, wenn wir diesen Widerstand aufgeben und zulassen, dass es uns gut geht, kommt das, was wir uns wirklich wünschen, ganz natürlich zu uns. Wenn es uns gut geht, ziehen wir Lösungen an statt Probleme. Dann fließt das Leben ganz natürlich.

Ich weiß, es ist schwer, das nachzuvollziehen. Viele Schüler spiritueller Praktiken (ich selbst eingeschlossen) glauben zwar an dieses Konzept, doch die praktische Umsetzung fällt nicht leicht. Die Angst hat uns fest im Griff. Wir sträuben uns so sehr dagegen, dass es uns gut geht, dass wir ein hartes Leben sogar erwarten.

Als Beispiel möchte ich dir erzählen, wie sich die Angst in der Anfangsphase meiner Karriere gezeigt hat. In den ersten zehn Jahren, als ich mein Business aufbaute, empfand ich oft Freude und hatte viel Vertrauen. Doch hinter dieser Freude und diesem Vertrauen war eine allgegenwärtige unterschwellige Angst vorhanden. Ich fürchtete, wenn ich mich bei der Arbeit nicht bis zur Erschöpfung abrackerte, fiele meine Karriere in sich zusammen. Dieses Glaubenssystem stammte aus der Kindheit. In meiner Jugend verinnerlichte ich den Glaubenssatz »Wenn ich es nicht tue, tut es niemand.« Ich verbrachte mein Leben in dem Glauben, mich unheimlich anstrengen und bis zum Geht-nicht-mehr arbeiten zu müssen, um das zu erreichen, was ich will. Mit meiner Karriere ging es trotzdem vorwärts, weil die Freude und das Vertrauen stärker waren als die Angst. Doch obwohl ich Spaß hatte und erfolgreich war, hatte ich stets das Gefühl, es müsse unbedingt beschwerlich sein, andernfalls würde es nicht mehr funktionieren. Egal, wie inspiriert ich mich fühlte oder was ich leistete, es fühlte sich immer an wie ein Kampf, *immer* gab es noch mehr zu tun. Der Glaubenssatz »Wenn ich es nicht tue, tut es niemand« blockierte meine Super-Attractor-Macht. Und obwohl mir das Universum viele Chancen und Erfolge bescherte, lief es niemals ohne Kampf ab. Tief im Inneren wusste ich zwar, dass es einen besseren Weg geben musste, doch ich war lange Zeit nicht bereit, ihn wirklich einzuschlagen.

Erst 2016 langte ich mit meinem Workaholismus an einem Tiefpunkt an. Die Kämpfe und der Stress trugen schließlich den Sieg davon. Mein Glaube, ich müsse das alles tun, hatte eine Welt erschaffen, in der ich das Gefühl hatte, ohne jegliche Unterstützung, voller Angst und ganz allein zu sein. Ich war körperlich am Ende, hielt mein Geschäft kaum noch zusammen, und auch meine Beziehungen litten. Schließlich war ich völlig am Boden. Oft ist der Tiefpunkt ein Moment der völligen Ergebung, und so war es auch für mich. In diesem Zustand sagte ich laut: »Es muss einen besseren Weg geben.« Ich konnte mich nicht mehr gegen die Hilfe anderer und vor allem nicht mehr gegen die Unterstützung des Universums sträuben.

An diesem Tiefpunkt angelangt erhielt ich ein Geschenk: Endlich erkannte ich, dass es mir Angst machte, mich gut zu fühlen. Mir wurde klar, dass ich »sich gut fühlen« mit Kontrollverlust gleichsetzte. Am schlimmsten war, dass ich Angst hatte, mich der höheren Macht des Universums zu überantworten. Ich glaubte, ich müsse mich auf mich selbst verlassen und leiden, um erfolgreich zu sein. Doch obwohl dieses Glaubenssystem tief in meiner Psyche verwurzelt war, hatte das Universum sich schon daran gemacht, eine spirituelle Lösung zu präsentieren.

In dem Moment, als ich auf die Knie ging und mich dem Universum überantwortete, wurde mir eine klare Weisung präsentiert. Sobald ich willens war, meinen Glauben, es gebe für mich keine Unterstützung, zu ändern, drang die Unterstützung zu mir durch! Sie zeigte sich zunächst als Intuition. Wenn wir uns wieder auf das Universum ausrichten, können wir liebevolle Wegweisungen als inneres Wissen erhalten. Manchmal kommen sie als plötzliche Eingebung oder als Download von Informationen. Diesmal hörte ich eine sehr klare, intuitive Weisung. Eines Morgens schrieb ich in mein Tagebuch, und meine Hand begann sich schneller als sonst zu bewegen. Meine Handschrift änderte sich, und die Worte auf der Seite nahmen einen anderen Ton an. Ich wusste, dass ich Führung von einer Universellen Präsenz erhielt. Diese Worte erschienen auf der Seite: *Achte auf Orte, an denen du dich unterstützt fühlst. Fühl dich unterstützt und empfinde diese Gefühle weiterhin, immer mehr.*

Diese spirituelle Führung berührte mich so stark, dass ich sie sofort in die Tat umsetzte. Ich fragte mich: »Wo fühle ich mich unterstützt?« Sofort kam mir ein Gedanke über meine Eventplanerin Anette in den Sinn. Der einzige Bereich in meiner Karriere, in dem ich jemals Unterstützung zugelassen hatte, war das Organisieren von Veranstaltungen. Seit mehreren Jahren arbeitete ich mit Anette zusammen, um meine Lesereisen und Großveranstaltungen zu planen. Anette ist ein Energiebündel und schafft immer alles! Sie ist sehr souverän, voller Einsatzfreude, und ihre Energie ist so einnehmend, dass man keine andere Wahl hat, als sich von ihr unterstützen zu lassen. Wie sehr ich mich auch bemühte, die Dinge zu kontrollieren, Anette erinnerte mich immer daran, den Weg frei zu machen und ihr zu vertrauen. Wenn ich mit Anette arbeitete, hatte ich immer vollstes Vertrauen, dass alles in guten Händen war. Ich fühlte mich großartig unterstützt und war ruhig und gelassen. Ich wusste, dass Anette mir den Rücken freihielt.

Ich begann, das Gefühl, unterstützt zu werden, umzusetzen. Nachdem ich in mein Tagebuch geschrieben und besagte plötzliche Eingebung notiert hatte, verbrachte ich einige Minuten mit Tagträumereien darüber, wie sehr ich Anette mochte und mich von ihr unterstützt fühlte. Dann schrieb ich in mein Tagebuch: »Wenn ich mit Anette arbeite, habe ich das Gefühl, dass alles um mich herum seinen Gang geht und ich wirklich gut aufgehoben bin.« Ich muss sagen, es war ein *tolles* Gefühl, diese Worte aufzuschreiben. Diese Aussage drückte genau aus, wie gut ich mich fühlen wollte! Und es war ein so gutes Gefühl, mich gut zu fühlen. Die Führung des Universums, die ich in meinem Tagebuch erhalten hatte, war genau das, was ich brauchte, um meine Energie umzuleiten und mich wieder mit der Unterstützung des Universums in Einklang zu bringen.

Monatelang wiederholte ich: »Alles um mich herum geht seinen Gang, und ich bin wirklich gut aufgehoben.« Ich sagte es beim Fahren, beim Kochen, vorm Zubettgehen und nach dem Aufwachen. Es wurde zu meinem Mantra. In Momenten, in denen ich den Drang verspürte, irgendetwas – von einem großen Projekt bis hin zur kleinsten Aufgabe – auf mich zu nehmen und alles selbst zu tun, griff ich auf dieses Mantra zurück.

Ich habe nicht nur im Alltag dieses Mantra wiederholt, sondern auch während meiner Stille-Übung darüber meditiert, wie es sich anfühlte, mit Anette zu arbeiten. Ich sah mich selbst hinter der Bühne, ganz entspannt, weil ich wusste, dass sie sich um alles kümmerte. Ich stellte mir vor, wie ich auf die Bühne ging, alle zufrieden auf ihrem Platz saßen und ich mich frei fühlte, in dem Wissen, dass alle wichtigen Elemente und unzählige kleine Details gleichermaßen geregelt waren. In den nächsten Monaten verbrachte ich Stunden in Meditation, um dieses Gefühl zu spüren und die Erfahrung, von Anette unterstützt zu werden, immer neu in mir hervorzurufen. Ich brachte Energie, Visionen und Begeisterung in dieses Gefühl ein. Ich schwelgte darin. Ich überließ mich meinen guten Gefühlen!

Innerhalb weniger Monate nach Beginn dieser Praxis merkte ich, dass sich die Situation in meinem Unternehmen drastisch änderte. Ohne dass es mir überhaupt bewusst war, hatte ich zwei neue Leute angezogen, die mithalfen. Ich ließ meinen Mann endlich seine Rolle einnehmen und delegierte Verantwortung nach allen Seiten. Schon wenige Monate später gab ich den Weg frei und machte anderen Platz. Das war ein Wunder! Mich gut zu fühlen führte mich zu dem, was ich wirklich wollte. Ich konnte mich endlich darauf konzentrieren, eine spirituelle Lehrerin zu sein, die ermutigte und stärkte – und vor allem konnte ich die Angst, nicht unterstützt zu werden, und den Glauben, alles selbst tun zu müssen, loslassen.

Ob wir uns gut oder schlecht fühlen, ist eine Entscheidung

Um dich gut zu fühlen, musst du beschließen, dich nicht mehr schlecht zu fühlen. So einfach ist das – und so tief greifend. Es gibt keinen anderen Weg. Viel zu lange haben wir uns gegen eine solche Entscheidung gesträubt, weil wir darauf gewartet haben, dass uns die Umstände unseres Lebens einen *Grund* geben, uns wohlzufühlen. Viele von uns erkennen nicht einmal, dass Sich-schlecht-Fühlen etwas ist, für das wir uns entschieden haben. Wir denken so etwas wie »Mir wird es dann gut gehen, wenn ich wieder gesund bin« oder »Ich werde mich gut fühlen, wenn ich Geld auf der Bank habe«. Doch auf diese Weise stellen wir das Ergebnis vor das Gefühl. Wir haben es umgedreht!

Wir sind der Ansicht, in Angst leben zu müssen, um etwas zu erhalten, das wir gern haben wollen; und anschließend, so glauben wir, ginge es uns dann gut. In Wahrheit ziehst du jedoch, sobald du dich gut fühlst, mühelos das an, was du dir wünschst! Wenn wir unser Wohlbefinden zur Priorität machen, kann alles andere fließen.

Viele Menschen sind wie besessen von dem einschränkenden Glaubenssatz, sie seien es nicht wert, sich gut zu fühlen und das zu haben, was sie wollen. Kämpfen wird ihnen damit zur Gewohnheit und Freude zu etwas Nachrangigem. Meine Bitte ist: Sieh die Dinge ganz anders! Wenn du glaubst, es nicht wert zu sein, dass du dich wohlfühlst, dann bist du nicht mit deiner wahren Natur in Einklang. Die liebevolle Energie des Universums, Gott in seiner Größe, die heitere Gelassenheit des *Spirit* – all das ist in uns. Keine Quelle außerhalb unserer selbst kann uns vor Selbstzweifeln bewahren. Wenn wir wirklich akzeptieren, dass wir die Macht der Liebe verkörpern, können wir uns erneut auf die innere Überzeugung ausrichten, dass wir es wert sind, uns gut zu fühlen. Sich *gut* fühlen heißt *Gott* fühlen. Damit meine ich: Wenn wir uns gut fühlen, denken wir wieder an den Gott in uns. Unsere Größe zu akzeptieren ist der Schlüssel, um ein Super Attractor zu werden. Mach dir mithilfe dieser Methoden bewusst und sei dir dessen gewiss, dass du gut bist und dass dir – sofern du diese Wahrheit verkörperst – Gutes ganz natürlich zufließt.

Dich gut zu fühlen ist schon allein um seiner selbst willen gut! Das habe ich von Deepak Chopra bei einer Veranstaltung gelernt, die ich 2016 gemeinsam mit ihm und Eckhart Tolle abhielt. Zwischen meinen Aufgaben als Moderatorin und Sprecherin stand ich hinter der Bühne und hörte zu, wie Deepak und Eckhart über ihre spirituellen Überzeugungen sprachen. Irgendwann sagte Deepak, nur aus einem bestimmten *Grund* glücklich zu sein bedeute, dass man immer noch im Elend ist – denn dieser Grund kann einem schon am nächsten Tag genommen werden. Seine Worte erinnerten mich daran, dass wir unseren Glauben an das Universum schwächen, wenn wir uns auf das konzentrieren, was uns unserer Meinung nach fehlt.

Die Entscheidung, sich gut zu fühlen, ist einfacher, als du denkst! Das Universum wartet geduldig auf deine Entscheidung, dich gut zu fühlen, und insbesondere in deinen dunkelsten Momenten ist diese Entscheidung notwendig. Das Universum führt uns, auch wenn wir uns dagegen wehren. Im selben Moment, in dem wir unseren Widerstand aufgeben, werden wir von Unterstützung und Liebe überflutet. Es ist wichtig, das zu akzeptieren. Es handelt sich nicht um eine »Fake it until you make it«-Übung (»Tu so, als ob, dann wird's irgendwann Realität«). *Das Universum möchte, dass du dich gut fühlst, und es will dich zu genau dem führen, was du willst und brauchst.* Denk daran, dass du eins bist mit der Universellen Energie der Liebe – es ist dein Geburtsrecht, dich gut zu fühlen.

Nimm mich nicht einfach nur beim Wort! Lass mich dir helfen, das Universum in Aktion zu sehen. Nimm irgendeinen Bereich deines Lebens, in dem du zu kämpfen hast und dich besser fühlen willst. Ergänze dann folgenden Satz:

Ich erkenne, dass ich nicht mit ________________ (Person, Situation, Glaubenssystem etc.) in Einklang bin. Ich treffe die Wahl, meine Erwartungen in Bezug auf das Ergebnis loszulassen und mich jetzt gut zu fühlen. Danke, Universum, dass du mich führst.

Diese Aussage ist ein Gebet. Du übergibst deine Angst demütig dem Universum und bekräftigst deinen Wunsch, dich gut zu fühlen. Du solltest nicht darauf warten, dass sich deine Umstände ändern, damit du dich gut fühlst. Je mehr du in deine aktuelle Situation das Gefühl hineinbringst, dass es dir gut geht, umso schneller entwickelt sich alles so, wie du es dir wünschst, und umso schneller fühlst du dich noch besser.

Die Methode »Denk daran, um dich so zu fühlen«

Mithilfe der »Denk daran, um dich so zu fühlen«-Methode kannst du die Vorstellung eines glücklichen Moments auf eine Situation übertragen, in der du ansonsten zu kämpfen hast.

Vergegenwärtige dir als Erstes eine Lebenssituation, in der das gewünschte Gefühl in dir aufkam. Vielleicht ist es eine Begebenheit aus deiner Vergangenheit, es kann aber auch ein Bild sein, das du dir von deinem zukünftigen Selbst machst. Oder du stellst dir jemanden vor, den du kennst und der die Eigenschaft hat, die du dir für dich selbst wünschst.

Hier ein Beispiel, das diese Methode veranschaulicht. Ein großer Wunsch und ein Bereich, in dem ich zu kämpfen habe, ist die Entspanntheit, und zwar auch dann, wenn die Dinge nicht wie geplant laufen. Ich habe in meinem Leben nicht oft erlebt, dass ich ruhig geblieben bin, wenn in einer Situation etwas schieflief, darum fällt es mir schwer, mich selbst an eine solche Erfahrung zu erinnern und dieses Gefühl aus meinem eigenen Gedächtnis heraus abzurufen. Wenn ich jedoch darüber nachdenke, wie ich mich vielleicht fühlen möchte, fällt mir sofort meine Freundin Elisa ein. Selbst unter den chaotischsten Umständen bewahrt sie eine entspannte, ruhige Einstellung. Ich habe bildlich vor Augen, wie sie sagt: »Okay, alles läuft gut.« Egal was um sie herum passiert, stets kann sie in einen solchen Zustand der zuversichtlichen Gewissheit gelangen. Ich liebe das an ihr und wäre gern selbst dazu in der Lage. Obwohl ich diese gute Eigenschaft in mir selbst noch nicht finden kann, weiß ich, wie es ist und sich anfühlt, mit jemandem zusammen zu sein, der sie hat. Elisa repräsentiert eine Haltung, auf die ich kreativ als mein gewünschtes Gefühl zurückgreifen kann.

Der wichtigste Teil an dieser Methode ist, dass die Umstände, auf die du dich konzentrierst, bewirken müssen, dass *du dich gut fühlst*! Wenn der Gedanke an deinen ersten Freund romantische Gefühle in dir weckt, die du heute auch gern erleben willst, dann denk an ihn, um dich so zu fühlen! Wenn dich der

Gedanke an eine Zeit, in der du deine Arbeit geliebt hast, zuversichtlich und glücklich macht, dann denk an diese Zeit, um dich so zu fühlen! Es ist gänzlich ungefährlich und sicher, sich gute Erinnerungen oder Erfahrungen ins Gedächtnis zu rufen. Und es ist ungefährlich, auf andere zu schauen, die uns widerspiegeln, was wir wollen. Wir vergleichen dann nicht, sondern finden gute Gefühle in einer Situation, in der es uns andernfalls nicht gut ginge.

Oft meinen wir, wir könnten nicht noch einmal haben, was wir in der Vergangenheit hatten. Wir fürchten uns vielleicht, in solchen guten Gefühlen zu schwelgen, weil wir uns doch nicht nach dem sehnen wollen, was früher einmal war. Und auch über die Fülle und das Glück anderer Menschen denken wir nicht so gern nach. Wir meinen, es sei nicht genug für alle da, und der Erfolg einer anderen Person sei gewissermaßen ein Hinweis darauf, dass wir selbst versagt hätten. Das Gegenteil ist jedoch der Fall. All diese Erfahrungen spiegeln einen Teil dessen wider, der wir sind. Sie spiegeln unseren Wunsch wider, uns genauso zu fühlen. Und jegliches Manifestieren beginnt mit einem Wunsch.

Drück in einer Affirmation aus, wie du dich fühlen willst

Jetzt, da du eine klarere Vorstellung davon hast, wie du dich fühlen willst, bist du bereit, es in deinem Alltag umzusetzen.

Bestätige zuerst in deinem Tagebuch, wie du dich fühlen willst. Erinnere dich an meine Affirmation: »Alles um mich herum geht seinen Gang, und ich bin wirklich gut aufgehoben.« Diese Worte bewirkten, dass es mir sehr gut ging. Auch deine Affirmation sollte dir ein *gutes* Gefühl vermitteln. Drück unmissverständlich aus, wie du dich fühlen willst, und bekräftige es jetzt in einer Affirmation.

Schreib sie in dein Tagebuch.

Nun lass uns überprüfen, wie du dich durch deine Affirmation fühlst. Wo befindest du dich auf einer Gefühlsskala von null bis zehn (zehn ist das beste Gefühl)? Wenn es unterhalb der Sieben ist, empfehle ich dir, deine Affirmation in einer einfacheren Formulierung neu zu schreiben. Du musst an deine Affirmation glauben, damit sie wirkt. Wenn du zum Beispiel Probleme mit deinem Körperbild hast, deine Affirmation aber »Ich liebe alles an meinem Körper« lautet, dann könnte es zu einer Abspaltung kommen. Im Moment konzentrierst du deine Energie so sehr darauf, deinen Körper abzulehnen (oder sogar zu hassen), dass es schwierig ist, die Affirmation darauf abzustellen, ihn zu lieben. Stattdessen könntest du eine Affirmation wählen, die dem, was du glaubst, näher kommt, zum Beispiel so etwas wie »Ich respektiere meinen Körper« oder »Ich möchte meinen Körper lieben«. Was zählt, ist, an die Affirmation zu glauben, auch wenn sie noch keine konkrete Form angenommen hat. Ich glaubte an meine Affirmation, auch wenn nicht ich selbst, sondern nur Anette sie mir widerspiegelte. Die Worte fühlten sich für mich gut an, und deswegen wusste ich, dass ich die Aussage dazu nutzen konnte, mir eine neue Wirklichkeit zu schaffen.

Falls du dich auf der Skala von null bis zehn unterhalb der Sieben wiedergefunden hast, formuliere die Affirmation in deinem Tagebuch so um, dass du sie glaubst und sie bewirkt, dass du dich großartig fühlst.

Bist du mit deiner Affirmation einverstanden, ist es an der Zeit, sie zu verwenden. Mach sie zum Wecker oder zum Sperrbildschirm deines Smartphones. Schreib sie auf eine Haftnotiz und bring diese an deinem Computer, Kühlschrank, Spiegel oder am Armaturenbrett deines Wagens an. Rezitiere sie morgens, mittags und abends. Wann immer du merkst, dass du wieder in negative Gedanken verfällst, wiederhole deine Affirmation ein paarmal, um die Dynamik der niedrigen Schwingungen durch eine andere zu ersetzen. Das ist sehr wirkungsvoll! Deine Affirmation kann deine negative geistige Dynamik verlangsamen und dir ermöglichen, dich schnell auf das auszurichten, wie du dich wirklich fühlen willst.

Die Methode »Denk daran, um dich so zu fühlen« ist wie jede andere Methode in diesem Buch so konzipiert, dass sie deine Schwingung erhöht. Sieh deine Affirmation als Verpflichtung und nimm sie ernst. Greif regelmäßig darauf zurück. Wenn du dazu neigst, sie immer wieder zu vergessen oder leicht in alte Gewohnheitsmuster zurückzufallen, solltest du die genannten Tipps unbedingt befolgen und deine Affirmation durch Handybildschirm, Haftnotizen und andere sichtbare Gedächtnisstützen verstärken. Mach sie zu einer Gewohnheit, und du wirst bald schon sehen, wie effektiv und stark sie ist.

Gefühle bewusst spüren

Der nächste Schritt, um energetisch so zu werden, wie du dich fühlen möchtest, besteht darin, dich gut zu fühlen und es zu genießen. Verbringe zehn Minuten täglich mit einer Sitzmeditation und lass zu, dass du dabei die Gefühle deiner Affirmation spürst. Falls du ein Meditationsneuling bist, freu dich! Diese Übung ist auch für komplette Anfänger ganz einfach. Alles, was du brauchst, ist ein ruhiger, bequemer Platz zum Sitzen. Achte nur darauf, dass du entspannt bist und in einer aufrechten, aber natürlichen Haltung sitzt. Diese Meditation beginnt mit einer Tagebuchübung, also leg das Tagebuch neben dich.

Sobald du bequem sitzt, schlag dein Tagebuch auf und schreib deine neue »Ich will mich gut fühlen«-Affirmation oben auf die Seite. Beschreib dann ein paar Minuten lang, welche Gefühle dieser Wunsch in dir hervorruft. Sprich nur über die positiven Aspekte dieses Wunsches. Lenke das, was du schreibst, auf Vorstellungen und Visionen, die gute Gefühle in dir hervorrufen. Wenn dir ein anderer – negativer – Gedanke oder eine andere Vorstellung in den Sinn kommt, halte schnell wieder Ausschau nach einem besseren Gefühl und schreib es auf. Führe dich ganz bewusst zu einer positiven Vision deines Wunsches. Wenn du mit dem Schreiben fertig bist, nimm dir einen Moment Zeit, um das Geschriebene noch einmal zu lesen. Nimm deinen Text als Anregung und wecke Gefühle des Wohlbefindens in dir.

Nun ist es Zeit, über diese positiven Gefühle zu meditieren. Schließe sanft die Augen und atme die erfreulichen Gefühle ein, die du durch diese Schreibübung entwickelt hast. Atme lange und tief durch. Spüre bei jedem Einatmen tiefer in das positive Gefühl hinein.

Meditiere, solange du willst, und lass zu, dass deine Psyche ganz von den guten Gefühlen durchdrungen ist. Wenn du einen negativen Gedanken hast, ersetze ihn einfach sanft durch deine Affirmation.

Wenn es dir schwerfällt, dich auf die beschriebene Weise in deine gewünschten Gefühle hineinzuversetzen, kannst du auch zehn Minuten sitzen und deine Affirmation dabei innerlich wiederholen. Lass deine positive Affirmation auftauchende negative Gedanken ersetzen. Wenn du bei dieser Übung gern Unterstützung hättest, geh auf www.gabbybernstein.com/superattractor und lade meine geführte Meditation und die Musik herunter.

Diese Meditation ist eine Übung, mit deren Hilfe du dich in die Energie des von dir gewünschten emotionalen Zustandes versetzen kannst. Denk daran: Das Universum reagiert auf deine Energie! Ein Super Attractor zu sein erfordert, dass wir uns auf die Energie dessen, was wir anziehen wollen, ausrichten. Dieser Schritt ist entscheidend. Bist du glücklich, ohne einen besonderen Grund dafür zu brauchen, dann wirst du ein Magnet für das, was du dir wünschst! Wenn du dich von deinen festen Erwartungen in Bezug auf das Ergebnis löst und dich darauf konzentrierst, dich gut zu fühlen, kommt Gutes ganz von selbst zu dir. Du bist nicht mehr darauf angewiesen, etwas haben zu müssen oder irgendwohin zu gelangen, um dich gut zu fühlen. Es geht dir einfach gut, und du lässt es zu. Ich empfehle dir nachdrücklich, das täglich zu praktizieren, damit du die Dynamik der hohen Schwingung auf das lenkst, was du empfangen willst.

Lass den Flow der höheren Führung zu

Sobald du deine Affirmation wiederholst und dich darauf konzentrierst, dass es dir gut geht, wirst du merken, dass das Universum dich unterstützt. In nur einem kurzen Augenblick kann das

Universum eingreifen und deine Perspektive völlig verändern. Sobald du deine Angst dem Universum überantwortest, übernimmt die Liebe. Deine einzige Aufgabe ist jetzt die zuzulassen, dass Liebe dich durchdringt. Heiße jedes einzelne Gefühl der Unterstützung, jeden Moment der Synchronizität willkommen und vertrau darauf. Je mehr du das Wunder annimmst, vom Universum geführt zu werden, umso mehr wird sich diese Führung in deinem Leben bemerkbar machen. Das, was du glaubst, wirst du wahrnehmen. Triff die Wahl, dich auf die Führung, Intuition und Wegweisung zu konzentrieren, die zu dir durchdringt.

Immer wenn ich Gedanken und Emotionen, die sich gut anfühlen, in Affirmationen bejahe, lenkt das Universum meinen Tag in eine positive Richtung! Es eröffnen sich kreative Möglichkeiten für Probleme, die ich sonst nicht lösen könnte. Ich habe intuitive Eingebungen, wie ich mit Situationen umgehen kann, die mich zuvor überforderten. Ich empfinde Frieden und Zuversicht. Wenn wir uns gut fühlen, sind wir mit dem Universum in Einklang. Eine solche Ausrichtung schenkt uns Gesundheit, geistige Klarheit und Selbstvertrauen und reduziert Stress und Angst. Uns gut zu fühlen bedeutet, wir sträuben uns gegen nichts – ganz im Gegenteil. Wir sind empfänglich.

Mach es dir zur Praxis, dich gut zu fühlen

Um uns durchweg gut zu fühlen, müssen wir es zu einer Praxis werden lassen. Wahrscheinlich bist du es gewohnt, darauf zu warten, dass dir die äußeren Umstände diktieren, wie du dich fühlst. Das vorliegende Buch begleitet dich durch einen Prozess, in dessen Verlauf du diese Gewohnheit verlernst. Ich möchte dir helfen, dir angenehme Gefühle auch dann zugänglich zu machen, wenn die Dinge nicht nach Plan laufen. Nimm dir jeden Tag Zeit, dich bewusst auf Wohlbefinden zu konzentrieren, sodass es mit der Zeit zu deinem Normalzustand wird.

Neben dem Wiederholen deiner Affirmation und dem Meditieren über gute Gefühle solltest du noch mehr das tun, was dich glücklich macht. Ganz richtig: Ich erteile dir die Erlaubnis, Spaß zu deiner obersten Priorität zu machen! Das bedeutet nicht, dass du deine Arbeit aufgeben und nur noch am Strand liegen sollst. Denk stattdessen an all die Aktivitäten im Alltag, die dich froh machen. Finde heraus, woran du Freude hast, und tu es öfter.

Mach es zu deiner Priorität, dich gut zu fühlen, so wie du es vielleicht auch mit dem Sport oder der Familie getan hast. Falls dir das völlig fremd ist oder du vermutest, dass du in ein paar Tagen wieder in alte Gewohnheiten verfällst, empfehle ich dir, diese Aktivitäten wie ein Meeting in deinen Kalender einzutragen und zu planen. Natürlich soll Spaß nicht in eine weitere Verpflichtung verwandelt werden; vielmehr geht es darum, ihn zu einer Priorität zu machen. Wenn du weißt, dass du eine Struktur brauchst, um dieser Priorität Geltung zu verschaffen, ist das in Ordnung! Mit der Zeit wird sie zur Gewohnheit werden. Denk daran, entschlossen zu sein und dich ganz bewusst gut zu fühlen. Wenn wir ehrlich sind, müssen wir zugeben, dass wir normalerweise allem anderen Vorrang einräumen – unser Wohlergeben steht an letzter Stelle. Die meisten von uns stellen das nicht unbedingt infrage. Oder sie halten es vielleicht sogar für verdienstvoll. (Falls du jemals einen Anflug selbstgerechter Befriedigung empfunden hast, weil du mehr gearbeitet hast und gestresster warst als deine Freunde oder Arbeitskollegen, dann kennst du dieses Gefühl!) Doch die Wahrheit ist: Wenn wir allem anderen Vorrang vor unserem Wohlbefinden geben, dann stellen wir damit auch alles andere vor unsere Verbindung zu unserer Super-Attractor-Macht. Und was auch immer wir vor unsere spirituelle Verbindung stellen – sie wird stark darunter leiden. Du magst dann zwar viel leisten und erreichen, aber dennoch wirst du dich dabei hundsmiserabel fühlen. Dem steht eine ganz neue Art zu sein gegenüber: Vorrang hat, dass man sich gut fühlt. Alles andere ist nachrangig.

Du hast jetzt mehrere Methoden, um dich auf gute Gefühle auszurichten:

- Du kannst deine Affirmation aufsagen, um deine Gedanken zu ändern.
- Du kannst in deiner Meditation sitzen, um deine Energie zu verändern.
- Du kannst etwas tun, das dir Freude bereitet, um dich so wieder mit dem Universum zu verbinden.

Nutze diese Methoden, um Wohlbefinden zu deiner obersten Priorität zu machen!

Ich möchte einen wichtigen Punkt hervorheben: Hab keine Angst, dich auch dann gut zu fühlen, wenn etwas nicht klappt. Wenn etwas nicht so läuft, wie wir es gern hätten, reagieren wir oft so, dass wir sofort in Negativität verfallen. Wir können uns noch nicht einmal vorstellen, uns gut zu fühlen, wenn um uns herum etwas schiefgeht. Dennoch ist genau das der schnellste Weg heraus aus dem Debakel. Probier es selbst aus, wenn das nächste Mal etwas nicht wunschgemäß läuft. Tu etwas, damit es dir schnell wieder gut geht. Hör dir deine bevorzugte geführte Meditation an. Ruf eine Freundin an, die dich immer zum Lachen bringt. Geh an der frischen Luft spazieren. Lass zu, dass du auch in einer schwierigen Phase Zugang zum Glücklichsein findest. Diese Freude führt dich heraus aus der negativen Erfahrung. Es ist völlig in Ordnung, unangenehme Gefühle zuzulassen – du kannst sie unbesorgt mit Freude ausgleichen. Die guten Gefühle richten dich neu auf das Universum aus, und das Universum ist deine Führung. Mach Wohlbefinden zu deiner Priorität, und du wirst geführt.

Erlaube dir, dich gut zu fühlen

Es kann nur zu leicht geschehen, dass wir uns selbst keine Gefühle des Wohlergehens zugestehen. Vielleicht hat dich meine Geschichte angesprochen, in der ich thematisiert habe, dass ich überarbeitet war, und du bist dir sicher, dass man kämpfen muss, um erfolgreich zu sein. Vielleicht denkst du, der einzige Weg, sicher und vor Risiken gefeit zu sein, sei der, alles zu kontrollieren. Vielleicht fühlst du dich deinen Beziehungen nicht gewachsen. Oder vielleicht glaubst du einfach nicht, dass du es wert bist, dich gut zu fühlen. An welchem Punkt auch immer du gerade bist, du hast mein Mitgefühl. Die Welt, auf die zu bauen wir gelernt haben, hat uns gelehrt zu kämpfen. Jeden Tag werden wir mit schlechten Nachrichten überflutet, mit Gründen, uns mit anderen zu vergleichen, und mit einer allgegenwärtigen Konzentration auf das Negative. Viele von uns haben außerdem persönliche körperliche oder psychische Beweggründe, die sie zum Kämpfen verleiten, zum Beispiel ihren Gesundheitszustand oder vergangene Traumata, die dem Wohlbefinden im Wege stehen.

Doch jetzt ist es an der Zeit, dieses Muster zu ändern. Geh lockerer an das Leben heran, lass dir selbst bei diesen Übungen freien Lauf und verurteile dich nicht, weil du die Kontrolle abgibst. Wenn wir uns selbst erlauben, uns gut zu fühlen, verändert das unsere Wahrnehmung. Es erfordert vielleicht Übung und Wiederholung, aber wenn du dir vornimmst, dass es dir gut gehen soll, wird sich dein Leben auf wunderbare Weise verändern. Möglicherweise musst du dich regelmäßig daran erinnern, dass es in Ordnung ist, positive Gefühle zu haben. Sogar gerade jetzt, während ich dieses Buch schreibe, muss ich mir immer noch hin und wieder die Erlaubnis geben, einen Gang zurückzuschalten und besser für mich zu sorgen, auch wenn das bedeutet, Nein zu persönlichen oder geschäftlichen Chancen zu sagen.

Bevor ich überhaupt irgendetwas tue, nehme ich mir bewusst vor, mich gut zu fühlen. Und wenn das bedeutet, dass ich Nein zu etwas sagen muss, dann tue ich das. Dieses neue Verhaltensmuster ist für mich zwar unbequem, weil ich Jahrzehnte damit verbracht habe, zu viel zu arbeiten und Superleistungen vollbringen zu wollen. Doch mit jedem Tag, der vergeht, fühle ich mich wohler mit meinem neuen Normalzustand. Ich akzeptiere allmählich: Je weniger ich tue, desto mehr Erfolg werde ich haben. Denn je weniger ich tue, umso besser fühle ich mich, und dieses gute Gefühl bringe ich in die Projekte ein, die ich – dann ganz bewusst – übernehme. Manchmal ertappe ich mich dabei, dass ich wieder in mein früheres Verhalten zurückfallen will, doch ich gerate dadurch nicht aus dem Fluss. In solchen Momenten kehre ich zu meiner Affirmation zurück. Meine Entschlossenheit, mich gut zu fühlen, ist stärker als der Sog meiner alten Gewohnheitsmuster. Je mehr Zeit ich meinem Wohlbefinden widme, umso leichter wird mein Leben. Ich gebe mir weiterhin täglich die Erlaubnis, mich vor allem anderen gut zu fühlen – und es zahlt sich auf wunderbare Weise aus! Ich fühle mich unterstützt, ich habe die nötige Zeit und den geistigen Raum, um kreativ zu sein, und meine Familie und mein Unternehmen gedeihen.

Achte auf deine Worte und die Worte anderer

Es ist sehr wichtig zu erkennen, welche Macht in deinen Worten liegt. Schon einfache Worte können dich auf den richtigen Weg bringen oder aber in eine Spirale der Angst geraten lassen, die deine Ausrichtung verfälscht. So hatte sich beispielsweise in meinem Unternehmen, während ich dieses Buch schrieb, Hektik breitgemacht. Wir wuchsen schnell und mussten dringend mehr Mitarbeiter einstellen. Mein Team war zwar super und hatte alles im Griff, fühlte sich aber dennoch überfordert. Ohne es zu merken, war das Firmenmantra zu »Wir haben so viel zu erledigen und kommen einfach nicht hinterher« geworden. Dieses Mantra begann bei mir selbst. Bei jedem Anruf befürchtete ich, alle hätten zu viel zu tun oder wir müssten besprechen, wie viel noch anstand. Meine Worte infiltrierten das Team allmählich. Nach wenigen Wochen hörte ich nur noch: »Ich habe einfach nicht genug Zeit, das alles zu schaffen. Es ist zu viel für mich.« Dann merkte ich, dass mir der Widerstand der Teammitglieder das Gefühl gab, nicht mehr mit meiner gewohnten positiven Ausstrahlung in Einklang zu sein. Das führte zu niedriger Energie, einem negativen Mantra und zu schlechter Stimmung. Doch eines Nachmittags, als ich an diesem Kapitel arbeitete, hatte ich einen großen Aha-Moment – genau an der Stelle, wo ich über die Schwingungen der Worte schreiben wollte. Ich rief: »Du meine Güte, nein, das will ich nicht tun!« Innerhalb weniger Minuten leitete ich einen Teamanruf in die Wege und versammelte alle zu einer Videokonferenz. Ich erklärte, dass ich sie mit meinem Drängen und meinen Äußerungen negativ beeinflusst hatte, und wies sie behutsam darauf hin, dass sie das, was von mir ausgegangen war, aufgegriffen hatten. Ich richtete an uns alle die Bitte, den Dialog über das, was vor sich ging, zu ändern. Ich übte die Methode »Eine neue Wahl treffen« in Echtzeit und begann, nach Gedanken Ausschau zu halten, die sich gut anfühlten. So sagte ich zum Beispiel: »Wir sind gesegnet. Wir haben eine Botschaft, die sich schnell verbreitet, und wir wachsen schnell. Das ist eine wirklich großartige Position! Ich vertraue auf unsere Fähigkeit, zusätzliche Unterstützung zu gewinnen. Wir tun unsere Arbeit mit Leidenschaft und finden jeden Tag Erfüllung darin. Das Universum gibt uns mehr Zeit, wenn wir beschließen, zwischendurch Spaß zu haben.«

Gleich nachdem ich diese neue Richtung vorgegeben hatte, bemerkte ich, dass sich die Energie der Teammitglieder änderte. Ihre Augen leuchteten, auf ihrem Gesicht lag ein breites Lächeln, und ich spürte, wie erleichtert sie waren. Wir hatten die falschen Worte gewählt, um unsere Situation zu beschreiben, und waren alle bereit, eine neue Wahl zu treffen. Mit unserer neuen Sprache kamen wir richtig in Fahrt und bewegten uns mit Power, Begeisterung und einer Super-Attractor-Energie vorwärts.

Wie diese Geschichte zeigt, ist es wichtig, dass wir uns bewusst machen, wie sich unsere Worte auf andere auswirken. Wenn du tratschst, klagst, urteilst oder andere niedermachst, bist du mit deinen Schwingungen weniger in Einklang mit dem Universum. Achte auf deine Worte, selbst wenn du das, was du sagst, für hilfreich hältst. Denn die Sprache, die du verwendest, kann Schaden anrichten.

Bei der Feinabstimmung deiner Super-Attractor-Verbindung ist es auch wichtig, deine eigene Energie vor den Worten anderer zu schützen. So ging ich zum Beispiel während meiner Babywunsch-Phase auch in der Öffentlichkeit sehr offen mit meinen persönlichen Erfahrungen um. In meinem Buch *Das Universum steht hinter dir* habe ich geschrieben, dass die Phase des unerfüllten Kinderwunsches meine größte Lehrerin in Bezug darauf war, mich zu überantworten. Ich wusste, dass meine Offenheit Frauen half, die dasselbe durchmachen. Ich fühlte mich dadurch gestärkt, dass ich öffentlich über meine Erfahrungen schrieb und sprach. Als ich mich auf diese Weise mitteilte, öffneten sich viele Frauen und erzählten mir ihrerseits ihre Geschichte. Ich erhielt E-Mails, Texte und Social-Media-Nachrichten von Frauen auf der ganzen Welt, die mir von ihren Wundern und ihren Kämpfen erzählten. Ich war zwar sehr dankbar dafür, dass sie den Kontakt zu mir gesucht hatten, merkte aber auch, dass ich niedergeschlagen war. Mehrere Frauen mailten mir Geschichten über ihre persönliche Not und ihren Kummer. In all meinen Jahren als spirituelle Lehrerin waren mir die Geschichten anderer stets willkommen, und ich habe bei jeder einzelnen tiefes Mitgefühl empfunden. Diesmal ging es mir jedoch allzu nah. Ich spürte, wie mein Vertrauen allmählich dahinschwand und mein positiver Schwung nachließ. Ich geriet zunehmend in Sorge wegen mancher Geschichten, die ich hörte, und übertrug sie auf mich. Mir wurde bewusst, wie sehr mich die Worte anderer beeinflussten. Darum beschloss ich umzuschwenken, sobald ich merkte, dass es mir nicht gut ging. Von da an interpretierte ich solche Informationen anders. Wenn eine Frau eine negative Erfahrung im Zusammenhang mit ihrem unerfüllten Babywunsch mit mir teilte, half ich ihr sofort, zu einem positiveren Zustand zurückzufinden. Oder wenn ich eine E-Mail erhielt, die den Schluss nahelegte, dass die Frau nicht schwanger werden konnte, sprach ich ein Gebet für sie und rief mir sanft in Erinnerung, dass ihre Geschichte nicht meine war. Ich tat alles, was ich konnte, um meine positive Dynamik aufrechtzuerhalten.

Nach mehreren Monaten, in denen ich negative Geschichten sanft umgelenkt und immer wieder bewusst die Wahl getroffen hatte, mich gut zu fühlen, geschah etwas Interessantes. Mir fiel auf, dass ich überhaupt keine negativen Nachrichten oder Kommentare mehr erhielt. Es war fast so, als sei ich immun dagegen. Meine Entschlossenheit, mich gut zu fühlen, übermittelte dem Universum die Botschaft, dass negative Berichte über den unerfüllten Wunsch nach einem Kind nicht mehr zu mir passten. Nicht nur, dass ich die negativen Geschichten nicht mehr hörte, sondern ich zog auch sehr viele glückliche Geschichten an. Jede Frau, von der ich nun hörte, berichtete über einen positiven Verlauf ihres Kinderwunsches. Es war erstaunlich zu sehen, dass mich meine Entschlossenheit, mich gut zu fühlen, zu einem Super Attractor für Geschichten machte, die meine Absicht unterstützten.

Wenn du mit der Praxis, dich gut zu fühlen, beginnst, wirst du merken, dass von der Außenwelt viel Widerstand kommt. Gib anderen nicht die Schuld. Sie spiegeln dir lediglich deinen eigenen Restwiderstand, der noch vorhanden ist. Nutze solche Momente als Gelegenheit, dich dem Wohlbefinden zu überantworten. Du kannst zwar nicht kontrollieren, was andere sagen oder tun, aber du kannst deine Wahl, wie du es wahrnimmst, kontrollieren. Übe, deine positiven Gefühle um jeden Preis zu schützen. Dunkelheit kann in deinem Licht nicht existieren, also leuchte weiter! In bestimmten Situationen musst du möglicherweise Gesprächen eine andere Wendung geben, Personen auf Social Media nicht folgen oder sogar den Raum verlassen. Sei freundlich und liebevoll zu anderen und zieh klare Grenzen, die deine guten Gefühle schützen. Du kannst dir aussuchen, wie du deine Welt wahrnimmst. Du bist der Träumer deines Traums.

Sabotiere den Fluss der guten Gefühle nicht

Im Lauf meiner Karriere bin ich Tausenden von Menschen begegnet, die ihr Leben mithilfe einer spirituellen Praxis verändert haben. Sie berichten, dass sie ihre Gedanken und Energien verändert und dadurch allmählich das angezogen haben, was sie in ihrem Leben haben wollten. Sobald sie ihren Anziehungspunkt änderten, wurden sie zu einem Super Attractor für das, was sie sich wirklich wünschten. Viele dieser Menschen erzählten aber auch Folgendes: Sobald es ihnen besser ging und sie zunehmend Erwünschtes anzogen, meldete sich aus dem Nichts eine ängstliche Stimme und fragte: »Ist das nicht zu schön, um wahr zu sein?« Die Stimme der Angst begann ihre Gefühle zu sabotieren. Ihr Glaube an die Angst gewann die Oberhand, und sie fielen zurück in alte Gewohnheitsmuster des negativen Denkens und angstbasierten Anziehens.

Ich betone das an dieser Stelle deutlich, damit du bei dir selbst kontinuierlich darauf achtest. Wenn du alle Methoden in diesem Buch anwendest, wirst du wunderbare Veränderungen erleben und atemberaubende Ergebnisse erzielen. Das ist keine Übertreibung. In derselben Sekunde, in der du dich auf gute Gefühle einstellst, entfaltet deine Super-Attractor-Macht ihre Wirkung. Aber genauso schnell, wie sich diese Kraft einschaltet, kann auch Angst aufkommen und sie blockieren. Darum möchte ich offen darauf hinweisen: Deine Angst wird alles nur Erdenkliche tun, um den Glauben an deine Super-Attractor-Gabe zu sabotieren. Aber hab keine Angst vor deiner Angst! Nimm sie einfach bewusst wahr. Wenn die Angst versucht, dich von deiner Ausrichtung abzubringen, kehrst du zu deiner Methode »Eine neue Wahl treffen« aus dem ersten Kapitel zurück, um im Fluss deiner guten Gefühle zu bleiben.

So kannst du die Methode »Eine neue Wahl treffen« verwenden, wenn du Angst hast, deinen Fluss zu sabotieren:

Schritt eins: Erkenne die Angst

Achte darauf, wann deine ängstlichen Gedanken deinen positiven Fluss sabotieren, und frag dich: »Wie fühle ich mich jetzt gerade?« Lass zu, dass du fühlst, was auch immer gerade in dir hochkommt.

Schritt zwei: Vergib dir den Gedanken

Vergib dir selbst, dass du dich vor den guten Gefühlen fürchtest. Sag laut oder leise: »Ich vergebe mir diesen Gedanken und entscheide mich, stattdessen an die Liebe zu glauben.« Feiere dann deinen Wunsch, dich wieder gut zu fühlen.

Schritt drei: Triff eine neue Wahl

Beantworte diese Frage: »Was ist der beste Gedanke, den ich momentan in mir finde?« Danke dann dem Universum, dass es dich zu diesem Gedanken geführt hat.

Verwende die Methode »Eine neue Wahl treffen«, um schnell wieder zurückzukehren und Nein zur Selbstsabotage zu sagen. Um ein Super Attractor zu werden, musst du regelmäßig neue positive Verhaltensweisen wiederholen. Es ist für dich an der Zeit, positive Gefühle zu einer Gewohnheit zu machen. (Es erwartet dich noch mehr davon. In den kommenden Kapiteln werde ich dir eine sehr wirkungsvolle Methode an die Hand geben, die dir hilft, dich in einen positiveren Zustand hineinzudenken.)

Sei zufrieden mit dem, was ist

Diese Methoden machen dir vielleicht einiges leichter, und du wirst sofortige Veränderungen feststellen. Aber es gibt möglicherweise auch Lebensbereiche, die etwas länger brauchen, um sich zu verändern. Das ist völlig in Ordnung. Es ist nicht das Ziel, alles an deinem Leben über Nacht zu ändern. Vielmehr sollst du Spaß haben auf dem Weg zu dem, was du dir wünschst! Von Abraham-Hicks lernte ich:

> *Ausnahmslos alles, was du willst, willst du deswegen, weil du glaubst, es ginge dir damit gut. Wenn du dich aber auf dem Weg dorthin nicht wirklich gut fühlst, kannst du es nicht erreichen. Du musst, während du mehr anstrebst, mit dem, was ist, zufrieden sein.*

Dadurch, dass du mit dem, was ist, zufrieden bist, kannst du glücklich und im Frieden sein, unabhängig davon, ob du genau das hast, was du deinem Empfinden nach brauchst. Also vergiss einfach, was du vermeintlich brauchst, und konzentrier dich darauf, dich gut zu fühlen! Das wird dir weitaus mehr bringen als das, was du deiner Ansicht nach brauchst. Du wirst frei werden von dem Bedürfnis, für dein Glück etwas bekommen, irgendwo sein oder bestimmte Umstände haben zu müssen. Glück wird das Ergebnis sein, das du dir am meisten wünschst.

Mach die Übungen in diesem Kapitel regelmäßig. Sie bereiten dich auf das kommende Manifestieren vor, denn um alles Gute anzuziehen, musst du zuallererst glauben, dass du es wert bist, dich gut zu fühlen. Die Methoden, die du bisher gelernt hast, helfen dir, Selbstwert und Glück für dich annehmen zu können, und bereiten dich darauf vor, alles *in Anspruch zu nehmen*, was du anziehst.

Genieße die Praxis, dich gut zu fühlen. Wie schon gesagt: Diese Vorstellung als solche ist vielleicht etwas ganz Neues für dich, und dein Ego wehrt sich wahrscheinlich dagegen. Darum werden wir uns im dritten Kapitel genau damit näher befassen. Du hast viel Zeit und Energie darauf verwendet, dich *nicht* gut zu fühlen und deine Super-Attractor-Macht zu blockieren, indem du dich mit anderen verglichen und die Illusion des Mangels und der Unzulänglichkeit aufrechterhalten hast. Auf diese Blockaden gehe im nächsten Kapitel ein. Ich gebe meine Methoden an dich weiter, mit deren Hilfe du Vergleichen, Konkurrenzdenken, Eifersucht, übertriebenes Leistungsdenken und Überarbeitung vermeiden kannst. Und ich zeige dir, wie man durch schnell wirkende Veränderungen in der Denkweise bewirken kann, dass sich Fülle einstellt.

3

ES IST MEHR ALS GENUG DA

Seit vielen Jahren leite ich einen Kurs namens *Spirit Junkie Masterclass.* Er hilft spirituellen Praktizierenden, sich das nötige Selbstvertrauen und entsprechende Hilfsmittel für die Unternehmensgründung anzueignen und andere dadurch zu inspirieren, dass sie das tun, was sie selbst inspiriert. Der Kurs zieht Menschen aus allen Berufen mit verschiedenstem Hintergrund an: Anwälte, Yogis, Life Coaches, Therapeuten, Krankenschwestern, Make-up Artists und viele weitere. Sie kommen aus verschiedenen Ländern der ganzen Welt und stehen in ihrer Karriere und ihrem Leben jeweils an einem unterschiedlichen Punkt. Doch sie alle beginnen den Kurs mit einem gemeinsamen Wunsch: in der Welt etwas zu bewirken und dabei Fülle zu haben. Ich habe Tausende mit meinen Methoden geschult und radikale Transformationen erlebt.

Meine Schüler beginnen ihre Spirit-Junkie-Masterclass-Reise mit Schwung, voller Inspiration und Begeisterung darüber, Zugang zu ihrer Macht zu finden. Mir ist jedoch aufgefallen, dass zu Beginn des Kurses häufig eine Reihe von Ängsten und Widerständen vorhanden sind. Viele Schüler meinen, sie seien nicht gut genug oder hätten nicht genügend Ressourcen, um das große Werk zu tun, das sie tun wollen. Viele haben das Gefühl, unqualifiziert zu sein oder nicht über die Zeit, das Geld oder die Unterstützung zu verfügen, die sie für notwendig halten. Wieder andere befürchten, dass ihre Ideen schon von anderen umgesetzt worden sind. Sie sagen Dinge wie »Sie macht das ja schon, wie soll ich es dann schaffen?«. Viele Schüler kommen mit dem Mantra »Wer bin ich denn schon, dass ich das schaffen könnte?« Ehemalige Masterclass-Schüler, die dieses Buch lesen, nicken wahrscheinlich zustimmend mit dem Kopf. Sich einem Traum zu stellen erfordert Mut und kann sehr beängstigend sein.

Diese Angstmentalität ist in uns allen aktiv, besonders wenn wir an der Schwelle von etwas Großem stehen. Die Ängste, nicht genug zu haben und nicht genug zu sein, sind große Blockaden unserer Super-Attractor-Macht. Viele Menschen leiden unter dem Gefühl, mangelhaft und unzulänglich zu sein, das seit ihrer Kindheit in ihnen verankert ist. Oder sie vergleichen sich fortwährend mit anderen und betrachten alles als Konkurrenz. Auch ich bin solchen Gedanken und Verhaltensweisen zum Opfer gefallen, und ich bin sicher, du kennst sie auch. Man verfällt nur allzu leicht in solche Ängste.

Vergleichen ist ein Drang, der besonders schwer zu umschiffen ist. Die meisten von uns wissen, dass es nicht hilfreich ist, sich mit anderen zu vergleichen. Viele von uns wissen jedoch nicht, dass Vergleichen eigentlich eine Form des Urteilens ist, und Urteilen schwächt unsere Kraft, Positives anzuziehen. Es spielt keine Rolle, ob wir jemanden verurteilen, weil wir etwas

Negatives an ihm finden, oder weil er etwas hat, das wir wollen. Ebenso wenig spielt es eine Rolle, ob wir ihn auf einen Sockel stellen und etwas an ihm bewundern, das wir für seine Überlegenheit halten. Schon allein dadurch, dass wir überhaupt urteilen, sagen wir dem Universum unbewusst, dass wir das, was er hat, *nicht* wollen.

Das mag völlig widersinnig klingen. Aber wenn du eine Person um das beneidest, was sie hat, oder sie wegen etwas, was sie hat, im Vergleich zu dir als besser ansiehst, dann senkst du damit deine energetische Schwingung. So ein Vergleichen und Beurteilen bewirkt, dass du auf einer niedrigen Frequenz schwingst und dadurch genau das, was du willst, von dir wegstößt.

Angst, Mangel- und Unzulänglichkeitsgefühle und Vergleichen habe ich bei meinen Spirit-Junkie-Masterclass-Schülern sehr ernst genommen. Es waren – so erkannte ich – Blockaden, mit denen auch ich zu kämpfen gehabt hatte, und ich überlegte, mit welchen Mitteln ich selbst mein Leben von ihnen befreien konnte. Daraufhin passte ich die Kursinhalte an und legte den Fokus stark auf Selbstvertrauen und die Ausrichtung auf das Universum. Damit meine Schüler das, was sie sich vorgenommen hatten, so umfassend und bedeutungsvoll tun konnten, wie sie es sich wünschten, mussten sie die Überzeugungen loslassen, die sie hemmten und ihre Schwingungen niedrig hielten. Ich half ihnen zunächst zu verstehen, wie ihre Gefühle des Mangels und der Unzulänglichkeit und ihr Drang zu vergleichen ihre Super-Attractor-Macht blockierten.

Sieben Blockaden habe ich bei meinen Schülern gefunden und stelle sie dir hier vor. Wir alle haben sie – und sie machen sich schleichend und heimtückisch bemerkbar. Einige erkennst du vielleicht sofort bei dir selbst, während du von anderen gar nichts weißt. Hier bietet sich nun die Gelegenheit einer ehrlichen Selbstprüfung. Wir können unsere Anziehungskraft nicht nutzen, solange wir nicht wissen, wie wir sie bremsen. Dadurch, dass wir eine wahrheitsgetreue Bestandsaufnahme machen und erkennen, auf welche Weise wir unsere Super-Attractor-Macht blockieren, wird uns klar, wie wir zu ihr zurückkehren können. Hab keine Angst vor diesen Blockaden, denn sie sind ganz normal. Solche Gewohnheitsmuster, die uns davon abhalten, Super Attractors zu sein, können geheilt werden, wenn wir sie uns bewusst machen.

Blockade eins: Glauben, nicht genug zu haben oder unzulänglich zu sein

Wenn du das Gefühl hast, unzulänglich zu sein oder nicht genug zu haben, verwendest du viel Mühe darauf, der Welt zu beweisen, dass du *doch* genügend hast und bist. Doch all diese Bemühungen blockieren den Fluss des Universums. Wenn wir unsere Energie darauf verwenden, uns gegenüber der Welt beweisen zu wollen, verlieren wir dabei aus den Augen, dass wir uns *gut* fühlen wollen. Wir sind viel zu sehr darauf aus, *gut genug* zu sein. Die ständigen Versuche, uns *gut genug* zu fühlen, strahlen letztendlich als bedürftige Energie von uns aus. Diese niedrige Energie stößt die Dinge ab, die wir wollen. Sie stößt die Unterstützung durch andere ab, sie stößt unsere eigenen kreativen Ideen ab und ebenso die Inspiration aus dem Universum.

Dass du Zeit und Energie in den Versuch steckst, deinen Wert zu beweisen, ist eine Ursache dafür, warum du nicht das bekommst, was du willst. All deine Bemühungen, gesehen zu werden, sorgen dafür, dass du weiterhin im Schatten lebst und das Licht deines wahren Wesens verleugnest. Die großartige Nachricht ist, dass es einen Ausweg aus dieser Mentalität des Mangels und der Unzulänglichkeit gibt, einen Ausweg aus der niedrigen Energie. Einen Weg heraus aus dem Schatten.

Blockade zwei: Denken, es sei nicht genug für alle da

Die Vorstellung, es gebe nicht genug für alle, ist eine allgegenwärtige Angst. In diesem Zustand kämpfen wir darum, das zu bekommen, was wir wollen, und sind stolz auf unser übertriebenes Leistungsverhalten. Wir glauben, wir müssten so viel wie möglich für uns selbst ergattern, bevor jemand anders es an sich nimmt. Wir stellen uns eine Nullsummensituation vor – was der eine bekommt, verliert der andere –, in der nur eine bestimmte Menge vorhanden ist. Eine solche Mentalität kann uns zwar zum Handeln anspornen, uns aber mit ebenso hoher Wahrscheinlichkeit auch lähmen. Viele Menschen vermeiden es, ihre Wünsche umzusetzen und aktiv zu werden, weil sie sich vor einer möglichen Enttäuschung fürchten. Wer glaubt, Fülle und Freude seien nur begrenzt vorhanden, versucht es vielleicht gar nicht erst.

Doch wenn wir statt von einer Welt des Mangels von einer Welt der Fülle ausgehen, können wir stets daran denken, dass *mehr als genug* für alle vorhanden ist. Betrachte die Welt als etwas, das aus Schwingungen besteht, und nicht als physischen Raum; genau dann werden deine Wünsche wahr. Wenn du in der Lage bist, auf die Energie der Fülle zuzugreifen, und darauf vertraust, dass das Universum stets liefert, kannst du allmählich spüren, wie das, was du dir wünschst, Form annimmt, bevor es sich in der physischen Welt zeigt. Wir können nicht mit einem Bein in der Welt des Mangels und mit dem anderen in der Welt des Überflusses stehen. Bei unserer Arbeit dreht sich alles um die richtige Ausrichtung. Wenn du mit dem Universum in Einklang bist, weißt du, dass alles möglich ist, und Mangel und Unzulänglichkeitsgefühle verblassen. Jede Praxis in diesem Buch wird dir helfen, dich auf die Frequenz einzustimmen, auf der du all die Fülle um dich herum erkennen kannst. Und wenn du auf die Energie der Fülle eingestellt bist, wirst du Fülle haben.

Blockade drei: Sich mit anderen vergleichen

Unsere Super-Attractor-Macht wird stark dadurch blockiert, dass wir uns mit anderen vergleichen. Wir alle gelangen einmal an einen Punkt, an dem wir uns eines solchen Verhaltens schuldig machen – verständlicherweise. Denn wir brauchen nur eine Social-Media-App zu öffnen, und schon erhalten wir einen ständigen Strom von Vergleichsmöglichkeiten. Deine innere Stimme der Angst setzt gern Vergleiche ein, um dich davon abzuhalten, das einzufordern, was du dir wünschst. Diese angstbasierte Stimme will dafür sorgen, dass du »in Sicherheit«

bist, indem sie keine großen Sprünge zulässt und jedes Risiko minimiert. Doch du verlierst deine Kraft, Positives anzuziehen, wenn du vergleichst. Deine Super-Attractor-Macht entspringt deinem emotionalen Zustand, deinem Glauben an die Liebe und deiner Freude. Wenn du vergleichst, liegt dein Fokus nicht auf dem, was du fühlst, auf deinem Glauben an die Liebe oder dem Glück, das du ausstrahlst. Stattdessen ist dein Fokus auf das gerichtet, was du vielleicht hast oder nicht hast, auf alles, was dir fehlt, und auf alles, was du deiner Meinung nach brauchst, um etwas zu erreichen. Wenn du dich auf das Außen konzentrierst, wirst du dich ständig mit denen vergleichen, die allem Anschein nach das haben, was du haben willst.

Jedes Mal, wenn du deine Umstände mit denen einer anderen Person vergleichst, verstärkst du das Gefühl der Unzulänglichkeit. Diese Gefühle sind so stark, dass sie ihre Entsprechung anziehen. Hier ein Beispiel: Stell dir vor, du bist die Letzte in deinem Freundeskreis, die sich verlobt. Wenn du dir eine feste Beziehung wünschst, fühlst du dich schrecklich, sobald du dich mit deinen verlobten Freundinnen vergleichst. Dieses Gefühl unterstützt aber deine Kraft, Dinge anzuziehen, nicht. Es verleiht vielmehr deiner Angst, noch länger Single zu sein, mehr Dynamik. Die Energie geht dorthin, wohin deine Absicht fließt. Wenn du dich also darauf konzentrierst, dass all deine Freundinnen das haben, was du gern hättest, manifestierst du am Ende mehr von dem, was du *nicht* willst. Denk daran: Deine Super-Attractor-Macht entspringt dem, was du fühlst, deinem Vertrauen in die Liebe und der Freude, die du ausstrahlst.

Blockade vier: Gewinnen wollen – auf Kosten des Spaßhabens

Das Universum ist ein allumfassender Strom der Fülle, und es ist genug für alle da. Wenn wir in Konkurrenzdenken verfallen, unterbrechen wir den Strom der Fülle. Die Angst vor Verlust oder das Bedürfnis zu gewinnen ist in Wirklichkeit nur eine andere Form des Mangels, eine, die impliziert, dass Knappheit vorherrscht. Viele Menschen halten sich zwar etwas auf ihre Wettbewerbsorientierung zugute, doch diese kann Widerstand hervorrufen. Sie machen vom »Gewinnen« abhängig, ob sie sich glücklich und erfolgreich fühlen. Selbst im Hinblick auf einen »gesunden Wettbewerb« kann es unter Umständen sehr nützlich sein, die Sichtweise zu ändern. Obwohl manche vielleicht wegen ihrer Konkurrenzorientierung im Sport oder in der Wirtschaft erfolgreich sind, möchte ich dir vorschlagen, es einmal mit einer neuen Idee zu versuchen. Wie wäre es, wenn du deinen Fokus verlagerst – weg von dem Bedürfnis zu gewinnen und der Angst vor dem Verlust, hin zu dem Aspekt, wie viel Spaß die Aktivität bringt? Diese einfache Verlagerung wird dich in einen Zustand der Freude versetzen, der unweigerlich zu viel mehr Erfolg führt.

In den letzten sechs Jahren habe ich an einem jährlichen Wettbewerb teilgenommen. In den letzten beiden Jahren lag ich, ohne die geringste Mühe aufzuwenden, an der Spitze der Rangliste. Letztes Jahr erhielt ich, kurz nachdem die Ergebnisse herausgekommen waren, einen Anruf von der Frau, die Zweite geworden war. Sie sagte scherzhaft: »Gabby, ich mag dich wirklich, aber ich fasse es immer noch nicht, dass ich nur auf dem zweiten Platz bin! Ich bin doch so wettbewerbsorientiert.« Ich erklärte ihr: »Der Grund für meinen Erfolg hier ist gerade der, dass ich nicht auf Konkurrenz bedacht war.« Es ist zwar fantastisch, den ersten Platz zu belegen oder einen großen Preis zu gewinnen, doch mein Hauptaugenmerk lag nicht darauf. Ich kann ehrlich behaupten, dass der Grund für meinen Sieg der war, dass meine Energie überantwortet war, mein Fokus auf Spaß lag und mir das Ergebnis egal war. Ich war kein strategisches Superhirn. Ich hatte einfach Freude am Prozess. Ich berichte das hier, weil ich betonen möchte, dass es sicher ist, große Träume zu haben und nicht auf das Ergebnis bedacht zu sein! Es ist sogar so: In dem Moment, in dem wir uns von den Ergebnissen lösen, lassen wir zu, dass das Universum mit seiner Unterstützung hinter uns steht. Wir lassen los und lassen es geschehen.

Auf Kosten des Spaßhabens zu konkurrieren ist jedoch das Gegenteil von Loslassen. Wenn du das Bedürfnis hast zu gewinnen, um dich gut, glücklich oder erfolgreich zu fühlen, dann sei dir darüber im Klaren: Wettbewerb erzeugt nur Abspaltung, Verurteilung, Angriff, inneren Aufruhr und den Glauben, nicht genug zu haben und unzulänglich zu sein. Wenn dein Glück davon abhängt, wie gut du abschneidest, schickst du eine Botschaft an das Universum, dass du »besser« sein musst als jemand anderes, um das Gefühl zu haben, gut genug zu sein. So eine Energie wird nie unterstützt. Ich sage nicht, dass man aus allen Wettbewerbsaktivitäten aussteigen soll. Viele Menschen finden viel Vergnügen, Freude, Zufriedenheit, Potenzial zu persönlichem Wachstum und zwischenmenschliche Verbundenheit in wettbewerbsorientierten Aktivitäten. Was zählt, ist jedoch deine Antwort auf diese Frage: Wie fühlst du dich, wenn du mit anderen konkurrierst? Wenn die Angst zu verlieren fortwährend im Hinterkopf lauert und du Freude nur dann empfindest, wenn du gewinnst – und diese Freude schwindet, wenn du dich für den nächsten Wettkampf bereit machst –, dann ist Konkurrenzdenken ein Hindernis für deine Super-Attractor-Macht. Wäre es nicht schön, wenn du gelassen und leicht etwas erreichen und erfolgreich sein könntest? Wenn du deine konkurrierende Energie umlenkst, kannst du unabhängig vom Ergebnis Spaß haben.

Blockade fünf: Angst vor Ablehnung

Ich habe viele Menschen gesehen, die ihre Träume aus Angst vor Ablehnung verleugnen. Die Vorstellung, abgelehnt zu werden, kann lähmend sein. Viele von uns empfinden Ablehnung als eine Form der Erniedrigung oder Niederlage. Man kann es jedoch auch anders sehen. Ich habe gelernt, Ablehnung als eine Form des Schutzes zu betrachten. Wenn etwas nicht so läuft, wie ich es geplant habe, dann vertraue ich darauf, dass es deswegen ist, weil mir noch etwas viel Größeres winkt.

Hier ein Beispiel aus meinem Berufsleben. Man hatte mir ein scheinbar fantastisches Angebot gemacht. Ich war wirklich begeistert, als wir dafür einen spannenden Plan ins Auge fassten. Doch die Anwälte brauchten lange, um alle Details des Vertrags zu verhandeln. Ständig wurden neue Entwürfe erstellt, aber keiner von ihnen schien unsere Vorstellungen oder Bedürfnisse miteinzubeziehen. So vergingen sechs Monate, und in vielerlei Hinsicht hatte ich das Gefühl, dass wir Rückschritte machten. Frustriert beschloss ich, mich für eine andere Sichtweise zu öffnen. Statt mich um etwas zu bemühen, das sich falsch anfühlte, traf ich die Wahl, die Situation als Führung des Universums zu sehen. Als ich einen Schritt beiseitetrat, wurde mir klar, dass es nicht um die Kernbestandteile des Geschäftsabschlusses ging; vielmehr fehlte das grundlegende Verständnis, was beide Seiten jeweils wollten. All der Widerstand, auf den wir bislang gestoßen waren, war keine Ablehnung gewesen. Es war Führung. Wir wurden dahin geführt, den Vertrag nicht abzuschließen. Zwei Jahre danach blicken wir nun auf dieses Angebot zurück und freuen uns, dass es sich zerschlagen hat! Ich bin dankbar, dass die Anwälte uns in die Quere gekommen sind, und wir wissen, dass das Universum uns einfach in die richtige Richtung geführt hat.

Öffne dich doch einmal für den Gedanken, dass Ablehnung ein Schutz ist. Eine solche Perspektive ist hilfreich, um deine Angst vor Ablehnung aufzulösen. Denn wenn du dich entschließt, Ablehnung als Führung zu betrachten, was hast du dann noch zu fürchten? Wenn du dich gern mit einer Person verabredet hättest, von ihr aber einen Korb erhalten hast, dann nur deswegen, weil jemand Besseres auf dich zukommt. Wenn dein Gebot für ein Haus nicht angenommen wurde, liegt es daran, dass dieses Haus nicht für dich bestimmt war. Wenn du es in die letzte Bewerbungsrunde für deinen Traumjob schaffst und die Stelle wird dann doch an jemand anders vergeben, dann – du wirst es nicht glauben – war es in Wirklichkeit gar nicht dein Traumjob!

Ablehnung als Führung zu akzeptieren gibt dir eine weitere Gelegenheit, dem Fluss des Universums zu folgen und dein Vertrauen in einen Plan zu stärken, der besser ist als dein eigener. Wichtig ist jedoch vor allem, dass du keine Angst mehr vor Ablehnung hast. Diese Angst loszulassen gibt dir die Freiheit, große Träume zu haben, furchtlos zu handeln und dich vom Leben leiten zu lassen. Folge der Führung, die du erhältst, auch wenn es sich wie Ablehnung anfühlt. Du wirst überrascht sein – Ablehnung kann die beste Führung überhaupt sein.

Blockade sechs: Die »Immer mehr«-Geisteshaltung

Hast du jemals das Gefühl, du müsstest, sobald du ein Ziel erreicht hast, sofort weitermachen und das nächste angehen? Hast du in dem Moment, wenn du ein Ziel erreichst, noch immer das Gefühl, dass dir etwas fehlt, und willst deswegen sofort wieder das nächste Ziel anpeilen? Die »Immer-mehr«-Mentalität ist eine weitere Form des Mangeldenkens. Sie deutet darauf hin, dass du vielleicht außerhalb von dir selbst nach etwas suchst, um dich vollkommen zu fühlen, statt darauf zu vertrauen, dass du es jetzt schon bist. Das Streben nach Erfolg, Leistung und Anerkennung im Außen ist ein Suchtmuster, das uns davon abhält, uns auf das Universum auszurichten.

Wenn unser Fokus auf etwas liegt, das wir in der Zukunft erreichen wollen, blockieren wir dadurch die Unterstützung des Universums. Das Auf und Ab des »Immer mehr« kann wirklich deprimierend sein. Du magst zwar ein Hochgefühl haben, sobald du etwas erreichst, doch so ein euphorisches Aufflackern ist kurzlebig und wird schnell durch die Angst ersetzt, das nächste Ziel nicht zu erreichen.

Ich selbst habe jahrzehntelang mit einer »Immer mehr«-Mentalität gelebt. Ich erreichte ein Ziel, nur um mich sofort obsessiv auf das nächste zu fixieren. Mein Mann war besorgt, weil ich mir nie die Zeit nahm, meinen Erfolg zu feiern oder wirklich im Moment präsent zu sein. Ich war zwar erfolgreich, weil ich an mich selbst glaubte, aber ich genoss den Weg dahin nicht. An dieser Stelle möchte ich einen Moment innehalten, denn es ist wichtig, darauf hinzuweisen: Wenn du an deine Fähigkeit glaubst, deine Wünsche wahr werden zu lassen, werden sie zwar Form annehmen, denn auf deine Fähigkeiten zu vertrauen ist wichtig – es ist jedoch *bei Weitem* nicht das einzig Wichtige. Denn was nützt all das, wenn du auf deinem Weg keinen Spaß hast? Letztendlich verhindert die »Immer mehr«-Mentalität, dass du dein volles Potenzial ausschöpfen kannst. Marianne Williamson stellt das immer wieder fest, inspiriert von *Ein Kurs in Wundern*. Sie sagt es in den sozialen Medien gern mit etwa diesen Worten:

> *Die Menschen, die auf Erden am meisten erreicht haben, haben doch nur einen Bruchteil dessen geleistet, wozu wir alle fähig sind. Was auch immer du getan hast, sei es groß oder klein, es ist verschwindend gering im Vergleich zu dem Potenzial, das dir innewohnt.*

Wir blockieren unsere wirklichen Leistungen, wenn wir die Reise nicht genießen. Als ich aufhörte, nur von einem erreichten Ziel zum nächsten zu leben, und mich auf den Spaß auf dem Weg konzentrierte, wurde mein Leben großartig! Ich empfand eine wachsende Verbundenheit mit meinen Freunden, meinem Mann und meiner Arbeit. Ich war präsenter, und das Leben kam in Fluss. Ich entspannte mich und erlaubte mir, die Wunder-Momente zu feiern. Als ich die »Immer mehr«-Mentalität aufgab, erreichte ich *so viel* mehr, als ich je für möglich gehalten hätte! Wenn wir den Moment genießen und das Universum durch uns hindurchfließen lassen, werden wir dazu geführt, das zu kreieren, was der Absicht Gottes entspricht, und nicht das, was wir unserer Ansicht nach brauchen.

Blockade sieben: Die Angst, verurteilt zu werden

Eine weitere große Blockade deiner Super-Attractor-Macht besteht darin, dem, was andere denken, übermäßige Bedeutung zuzumessen. Ich habe diese Blockade bei vielen meiner Freunde und Schüler bemerkt. Meine Schüler haben große Träume, wie sie ihre spirituelle Arbeit mit der Welt teilen wollen. Sie sehen sich zwar selbst Bücher schreiben, auf einer Bühne sprechen und Empowerment-Lehren auf ihre eigene Art und Weise verbreiten. Doch die Angst, be- oder verurteilt zu werden, hemmt sie. Sie sagen mir, dass ihre Familie und ihre Freunde nicht an ihren Karriereweg oder ihre Träume glauben. Meine Antwort lautet dann: »Der einzige Grund, warum sie nicht daran glauben, ist, dass du selbst noch nicht daran glaubst.« Ich helfe ihnen zu sehen, wie ihre Mentalität des Mangels und der Unzulänglichkeit und ihre Zweifel von anderen auf sie zurückgespiegelt werden. Wir ziehen das an, was wir ausstrahlen.

Wenn wir eine Energie des Mangels und der Selbstverurteilung verkörpern, vermitteln wir anderen den Eindruck, wir hielten uns selbst für nicht gut genug oder seien es nicht wert, das zu verwirklichen, was wir uns wünschen. Eine solche Energie ist meilenweit spürbar. Die Menschen in unserem Leben (besonders diejenigen, die uns am nächsten stehen) können großartige spirituelle Lehrer sein, weil sie uns die Energie, die wir ausstrahlen, zurückspiegeln. Ihr Urteil über uns ist ein Spiegelbild unserer eigenen Gefühle in Bezug auf uns selbst, seien sie bewusst oder unbewusst.

Wenn du dagegen vertraust und an deine Wünsche glaubst, kann auch die Welt an dich glauben. Und selbst wenn nicht alle deine Wünsche uneingeschränkt mitunterschreiben, reicht dein Vertrauen aus, um ihr Urteil abzuschwächen und ihre Energie zu verändern. Vielleicht stellen sie sich deinen Visionen nicht mehr entgegen oder mildern ihr Urteil über dich ab. Wenn du deinen Widerstand loslässt, wirst du merken, dass auch andere dir gegenüber lockerer werden. Mach dir bewusst, dass Urteile anderer die Punkte offenbaren, an denen dir das Vertrauen fehlt. Jede Erfahrung und Begegnung gibt dir Führung, wie du den immer noch vorhandenen Widerstand heilen kannst, der dich davon abhält, ein Super Attractor zu sein. Statt also anderen die Schuld daran zu geben, dass sie sich deinen Träumen entgegenstellen, danke ihnen dafür, dass sie dir die Gelegenheit geben, großartig zu wachsen und zu heilen.

Mangeldenken, Zweifel, Vergleichen und Unsicherheit stehen uns im Weg, wenn wir das, was wir uns wünschen, anziehen wollen. Doch jede dieser Blockaden lässt sich überwinden. Nun, da du sie besser verstehst, möchte ich kurz auf die Methoden eingehen, durch die Veränderung möglich ist. Das ist der vergnügliche Teil, und ich freue mich, diese Methoden an dich weiterzugeben. Ich habe unzählige Male gesehen, dass jemand dadurch, dass er sie angewandt hat, radikale Veränderungen erfahren hat. Probier sie aus und sieh selbst, wie schnell du von einer Energie des Mangels zu einer Energie des Vertrauens übergehen kannst. Es gibt für dich keinen Grund mehr, dich zurückzuhalten und nur kleine Brötchen zu backen. Das Universum hat große Pläne mit dir, und es ist Zeit, sie umzusetzen.

Die Methode »Fülle des Universums«

Schütze deine Wünsche, um in Einklang zu bleiben

Es ist wichtig, deine Wünsche oder Gefühle nicht mit denen anderer zu vergleichen. Das anzuziehen, was du dir wünschst, heißt, dass du dich mit dem Universum in Einklang bringst und dich in eine Energie hineinversetzt, die dem entspricht, wie du dich fühlen willst. Stell deine Gefühle vor alles andere und respektiere sie, indem du sie für dich behältst, solange du noch dabei bist, dein Vertrauen zu stärken.

Eine Methode, deine Wünsche zu schützen – und das musst du tun –, besteht darin, dich klar und liebevoll gegenüber allen abzugrenzen, die sich ihnen entgegenstellen. Nicht selten haben andere eine vorgefasste Vorstellung darüber, wer du ihrer Meinung nach sein solltest oder auch darüber, wer du früher warst. Solche Projektionen können dich aus der Ausrichtung auf das Universum werfen. Wenn du merkst, dass deine Wünsche von anderen infrage gestellt werden, kannst du darauf reagieren, indem du dich mitfühlend abgrenzt. Die Menschen in deinem Umfeld erkennen vielleicht noch nicht einmal, dass du solche Grenzen schaffst, solange du es mit Liebe tust. Wirst du beispielsweise aufgefordert, über deinen Wunsch zu sprechen, wenn es noch zu früh dafür ist, dann sag einfach freundlich: »Ich entwickle derzeit einige neue Ideen und Projekte. Sie bedeuten mir viel, also möchte ich nicht darüber sprechen, bevor sie ganz ausgereift sind.« Oder du kannst darum bitten, bestimmte Themen nicht anzusprechen. Als ich beispielsweise versuchte, schwanger zu werden, musste ich meine Mutter liebevoll bitten, sich nicht einzumischen. Ich erklärte ihr freundlich, dass ihre Handlungen (ohne dass sie es beabsichtigte) in mir ein Gefühl der Enttäuschung triggerten, und bat sie, mit mir über andere Themen zu sprechen. Weil ich diese Grenze liebevoll setzte, konnte sie mir zuhören und meine Wünsche respektieren. Und ich konnte meinen Traum schützen und damit verbunden bleiben, mich gut zu fühlen.

Mitunter ist es nicht möglich, liebevoll Grenzen zu setzen. In solchen Situationen kannst du dich bewusst von Menschen fernhalten, die dich energetisch herunterziehen. Wenn du zum Beispiel krank bist und gesund werden willst, lies nicht in Internetforen all die Berichte anderer Erkrankter. Wenn du versuchst, mehr Geld anzuziehen, verbring nicht zu viel Zeit mit Freunden, die ständig über ihre finanziellen Probleme reden. Willst du einen neuen Partner manifestieren, triff dich nicht mit Leuten, die fortwährend über ihre Beziehungsdramen klagen. Wenn du gerade mit Leidenschaft ein neues Projekt in Gang bringen willst, sprich nicht mit jemandem darüber, den du als Pessimisten kennst. Mir ist es mittlerweile wichtig, dass ich aus Prinzip nur noch Freunde, Teammitglieder und Partner habe, die an meine Visionen glauben. In meinem Leben ist kein Platz für jemanden, der meinen Flow abwürgt. Schütze deine Träume unter allen Umständen.

Es ist manchmal wirklich entscheidend, eine Vision so lange für sich zu behalten, bis sie voll ausgereift ist. Angenommen, du willst dich beruflich verändern oder bist offen dafür, nach einer Trennung wieder jemanden kennenzulernen. Obwohl diese Wünsche dich hoffentlich begeistern und stärken, kann dennoch eine Energie des Mangels dahinterstehen, oder sie lassen angstvolle Erfahrungen aus der Vergangenheit wieder hochkommen. Diese Stimme der Angst kann lauter sein als die liebevolle Stimme deines inneren Führungssystems. Deshalb empfehle ich dir, deine Wünsche zu hegen und für dich zu behalten, bis du das Gefühl hast, vertrauensvoll und gut ausgerichtet zu sein. Wenn du deine Wünsche aus einem Zustand der Fehlausrichtung heraus mit anderen besprichst, werden sie auf Widerstand stoßen. Denk daran: Das Universum greift die Energie auf, die du ausstrahlst. Wenn du also mit einer Energie der Angst über deine Wünsche sprichst, werden die Menschen mit noch mehr Angst darauf reagieren. Deine Wünsche aus einem Zustand der Angst oder Unsicherheit heraus anderen mitzuteilen, schwächt die Kraft deiner Anziehung. Behalt stattdessen deine Wünsche für dich, solange du dein Vertrauen noch stärkst.

Woher weißt du, wann du bereit bist, deine Visionen mit der Welt zu teilen? Du wirst dich deinem Wunsch zunehmend verbunden fühlen und Sicherheit entwickeln. Sobald das geschieht, weißt du, dass es Zeit ist, mit anderen darüber zu sprechen. Wenn du deine Ideen überzeugt präsentierst und fest daran glaubst, werden die Menschen um dich herum deine Ideen unterstützen (auch diejenigen, die es vorher nicht getan haben oder sogar dagegen waren). Das Universum wird dir immer die Energie, die du nach außen ausstrahlst, zurückspiegeln. Von Abraham-Hicks lernte ich:

> *Dies ist ein Universum der Vielfalt. Vielfalt bedeutet Fülle für alle, und die Quellenergie wird jedem gerecht. Nur in deinem Bewusstsein des Mangels glaubst du, es gebe eine begrenzte Menge an Ressourcen, um die man sich streiten müsste. Die Ressourcen, nach denen du strebst, sind unendlich. Dass du fähig bist, etwas, das du dir wünschst, zu erreichen, bedeutet, dass das Universum die Fähigkeit hat, es dir zu liefern – ohne Ausnahme.*

Ausnahmen gibt es nicht. Richte dich weiterhin auf die Liebe aus, und du wirst empfangen.

Konzentriere dich auf das Geben, nicht auf das Nehmen

Ich habe eine tolle Schülerin namens Stephanie. Stephanie hatte meinen Meisterkurs durchlaufen und war bereit durchzustarten. Für ihre erste Veranstaltung wollte sie einen Workshop in ihrer lokalen Bibliothek abhalten, der auf einer von mir entwickelten Schulung basierte. Stephanie erstellte gewissenhaft einen Lehrplan und bereitete Kursinhalte vor. Um die Information zu verbreiten, erstellte sie Flyer, schickte E-Mails und kündigte den Workshop auf Facebook an.

Am Tag des Workshops kam sie an der Bibliothek an, bereit, mit vollem Einsatz loszulegen, doch statt der großen Gruppe, die sie erwartet hatte, traf sie nur eine einzige Frau im Raum an. Stephanie war zwar niedergeschlagen und verlegen, aber da jemand gekommen war, konnte sie nicht einfach wieder gehen. Also sprach sie die Frau an: »Hallo. Sind Sie wegen meines Workshops hier?«

»Nein«, erwiderte diese. »Welcher Workshop?«

Den Tränen nahe erklärte Stephanie: »Es ist ein sechsteiliger Workshop, der auf einem Buch namens *Könnte Wunder bewirken* meiner Lehrerin Gabby Bernstein basiert. Ich habe einen tollen Workshop vorbereitet, und niemand ist gekommen – aber ich würde ihn sehr gern für jemanden abhalten.«

Die Frau sagte: »Ein Wunder könnte ich wirklich gut gebrauchen! Machen wir's.«

So musste Stephanie gezwungenermaßen das Bedürfnis loslassen, an jenem Tag vor einer großen Gruppe zu lehren, und sich stattdessen auf ihren wahren Wunsch konzentrieren: dienlich zu sein – und zwar, indem sie diese eine anwesende Frau unterrichtete. Und das ist der springende Punkt: In dem Moment, als es Stephanie um das Dienlichsein ging und nicht um ihr Ego, fügte sich alles. Sie wechselte von einer Mentalität des Nehmens zu einer des Gebens und hielt einen großartigen Workshop ab. Es war ein Wunder-Moment in ihrem Leben.

Stephanie hätte sich in dieser Situation für eine zwar verständliche, aber weniger gesunde Herangehensweise entscheiden können. Aber sie fand den Mut, sich auf den *Inhalt* und nicht auf den äußeren *Rahmen* ihrer Erfahrung zu konzentrieren. In diesem Moment war es ihr nur wichtig, das Geschenk ihrer Lehre zu teilen. Später an jenem Tag rief Stephanie mich an, um mir diese Geschichte zu erzählen. Sie berichtete so voller Begeisterung, dass sie nun ihr Lebensziel in die Tat umsetzte und im Einsatz für andere von Licht und Freude erfüllt war, dass die Zahl der Workshop-Teilnehmer bei ihrem Bericht nur noch eine nachrangige Rolle spielte. An diesem Tag verwandelte Stephanie ihre Energie sehr stark – sie wechselte zu Selbstvertrauen und Stolz über. Und diese Energie hat sie weiter vorangebracht – als erfolgreiche Beraterin, als inspirierende Stimme im Internet und als eindrückliches Beispiel hier für dich.

Wenn du noch auf den äußeren »Rahmen«, wie die Dinge deiner Meinung nach sein sollten, fixiert bist, dann nimm dir Stephanies Geschichte zu Herzen. Verlagere deinen Fokus, weg von dem, was du erhalten kannst, hin zu dem, was du zu geben hast. Sobald du diese Verlagerung vollzogen hast, wird auch für dich ein Wunder geschehen. Das Universum unterstützt deine Energie des Dienlich-Seins sehr stark und öffnet immer wieder Türen, die es ermöglichen. Wenn dein Fokus auf dem Einsatz für andere liegt, hält dich das davon ab, zu urteilen und zu vergleichen. Du bist dann stolz auf dein Engagement! Zu geben ist der schnellste Weg, aus einer Energie des Mangels herauszufinden.

Frag dich jeden Tag: »Wie kann ich dienlich sein?« Diese Frage zu stellen bringt dich in Einklang mit dem Universum. Ich erinnere mich an eine Aussage von Dr. Wayne Dyer: Wenn du dich fragst, wie du anderen dienlich sein kannst, dann antwortet das Universum mit der Frage, wie es dir dienlich sein kann. Vertrau also darauf: Wenn du eine Energie des Einsatzes für andere darbietest, dann schickt das Universum sie dir zehnfach zurück. Du fühlst dich stark mit dem, wodurch du dienlich bist, und diese Stärke zieht Gutes an.

Mehr für andere wollen

Mehr für andere zu wollen, versetzt uns in eine Energie der Fülle. Warum? Weil es ein schönes Gefühl ist zu wollen, dass es anderen gut geht. Wenn du den Wunsch zu deiner Praxis machst, dass andere etwas empfangen mögen, erweiterst du damit deine eigene Fähigkeit zu empfangen, und dieses Gefühl der Fülle hilft dir, mehr von dem, was du willst, in dein Leben zu ziehen. Wenn du wirklich willst, dass andere Fülle haben, wird das Universum es dir in gleicher Weise vergelten.

Schon früh in meiner Laufbahn habe ich junge Frauen in meinem Alter gecoacht. Viele von ihnen wollten unbedingt ihre wahre Liebe finden und sich verloben. Sie verglichen sich mit all ihren Freundinnen auf Facebook, die Bilder von Verlobungsringen posteten. Ich konnte es nachempfinden – ich muss gestehen, dass ich mich dessen auch schon schuldig gemacht hatte.

Mir war klar, dass ich diesen Frauen keine spirituellen Prinzipien vermitteln konnte, die ich nicht selbst im Leben beherzigte. Ich musste eine Lösung für mich finden, bevor ich sie ihnen überzeugt anbieten konnte. Also beschloss ich, das Ganze umzudrehen: Jedes Mal, wenn ich sah, dass eine Freundin von ihrer Verlobung berichtete, freute ich mich für sie – schließlich brachte mich Neid einem Verlobten keinen Schritt näher. Stattdessen ließ ich mich angesichts der Freude meiner Freundin dazu inspirieren, mich auf meine eigene Verlobung zu freuen. Ich begann, die Beziehungen um mich herum zu feiern. Wenn ich auf der Straße Paare sah, die sich an der Hand hielten, ließ ich mich von ihrer Liebe inspirieren. Ich entschied mich bewusst dafür, Liebesbeziehungen als Teil meines Weges zu sehen,

Erwünschtes zu manifestieren. Dementsprechend erinnerte ich mich angesichts der Liebe anderer nicht an das, was ich *nicht* hatte, sondern an das, was ich hervorbringen wollte. Wenn du andere siehst, die das haben, was du gern hättest, dann feiere es! Lass zu, dass ihr Erfolg dir das widerspiegelt, was du gern empfangen möchtest.

Mehr für andere zu wollen erfordert, dass wir uns von der Blockade des Vergleichens lösen. Wenn wir uns mit anderen vergleichen, geraten wir in eine Geisteshaltung des Mangels und haben das Gefühl, es sei im Universum nicht genug Liebe für uns alle vorhanden. Jahre, nachdem ich diese Blockade in Bezug auf Beziehungen aufgelöst hatte, wurde ich mit einer ähnlichen Blockade konfrontiert, nämlich als ich schwanger werden wollte. Wenn du gerade in der Situation bist, dass du deinen Kinderwunsch verwirklichen willst, solltest du deine Kraft, Dinge anzuziehen, schützen, indem du deinen Weg nicht mit dem anderer Frauen mit Kinderwunsch vergleichst und indem du Freundinnen, die offenbar keine Probleme haben, schwanger zu werden, nicht verurteilst. Ich weiß, das klingt wie ein Ding der Unmöglichkeit, wenn man gerade »mittendrin« ist und zu kämpfen hat. Aber ich verspreche dir, dass es dir hilft, dich aus der Situation zu befreien.

Ich habe drei Jahre lang versucht, schwanger zu werden. In den ersten zwei Jahren rang ich mit meinen Gefühlen und ärgerte mich, wenn meine Freundinnen mir von ihren Babys erzählten, von ihren Erfahrungen beim Stillen und allem, was mit der Mutterschaft zusammenhing. Ich fühlte mich wie eine Außenseiterin, was meinen Fokus wieder auf den Mangel richtete, den ich empfand. Mein ständiges Vergleichen bewirkte, dass ich in Niedergeschlagenheit verfiel. Tief im Inneren wusste ich, dass ein Baby nicht aus der Energie der Bedürftigkeit heraus empfangen wird, und dass ich meine Einstellung ändern musste. Also beschloss ich, meinen Fokus neu auszurichten, weg von dem, was ich nicht hatte. Von nun an wollte ich das feiern, was meine Freundinnen hatten. Statt zu vergleichen und zu verurteilen, ließ ich zu, dass die Mutterenergie anderer Frauen mein Herz erfüllte. Ich stellte ihnen Fragen und verbrachte Zeit mit ihren Kindern. Ich verglich mich nicht mehr mit meinen Freundinnen, die Kinder hatten, und feierte stattdessen ihre Mutterschaft. Ich verbrachte Zeit damit, mich nach ihrer Schwangerschaft zu erkundigen, ihre Babys zu halten und ihre Tipps und Strategien als Eltern zu lernen. Ich feierte die Mutterschaft zusammen mit meinen Freundinnen und empfand ihre Realität zunehmend so, als sei es meine. Obwohl mein Baby noch nicht da war, nahm ich bewusst eine positive Erwartungshaltung in Bezug auf das Kommende ein. Je mehr ich die positive Energie der Mutterschaft annahm, umso näher – so empfand ich es – war mir mein Baby.

Der Ursprung unseres Neides liegt in einem Teil von uns, den wir noch nicht entwickelt haben. Wenn jemand etwas hat, das du willst, bedeutet das nicht, dass es dir nicht zur Verfügung stünde, ganz im Gegenteil: Dein Neid spiegelt wider, was du dir im tiefsten Inneren wünschst. Selbst wenn dein Ego dich überzeugt hat, es sei nicht genug für alle vorhanden, kennt dein Höheres Selbst doch die Wahrheit. Verwandle deinen Neid in Klarheit. Verwandle ihn in eine Gelegenheit, dem Universum zu erklären, was du wirklich willst. Je mehr du andere siehst, die das haben, was du willst, umso näher bist du daran, es zu erlangen – davon bin ich überzeugt.

Sieh es einmal so: Menschen, die das haben, was du willst, spiegeln dir das wider, was dich erwartet. Betrachte diese Menschen jeweils als sanften Wink des Universums, der dir deine Zukunft offenbart. Achte auf diejenigen, die in Bereichen erfolgreich sind, in denen du selbst Erfolg haben möchtest. Akzeptiere, dass ihre Wunder auch deine sind. Je besser du dich angesichts ihres großartigen Erfolgs fühlst, umso schneller nimmt er auch für dich Form an.

Tu etwas, was dir Freude macht

Ja, das schon wieder! Vergiss nicht, der Schlüssel zum Manifestieren ist, sich gut zu fühlen. Das werde ich noch unzählige Male in diesem Buch wiederholen. Der schnellste Weg heraus aus dem Mangel besteht darin, dass wir uns dem zuwenden, was sich gut anfühlt. Konzentriere dich auf deinen grundlegenden Wunsch: mit der Freude, die du bist, in Einklang zu sein. Wenn du feststellst, dass du in eine Geschichte des Mangels oder des Vergleichens geraten bist, halte deine Reaktion einfach: Konzentrier dich bewusst auf etwas, das dir Freude bereitet. Wenn ich in mich in eine Geschichte des Mangels verstrickt habe, koche ich, gehe spazieren, mache Sport – alles, was meine Konzentration von dem abwendet, was nicht funktioniert, und sie wieder auf das lenkt, was sich gut anfühlt. Dein Glaube an Mangel und Vergleichen kann sehr stark sein und erweckt den Eindruck, es sei unmöglich, ihn zu ändern. Doch in Wirklichkeit wird man in dem Moment, wenn man etwas tut, um sich besser zu fühlen – was auch immer es ist –, sofort aus dem Mangel herauskatapultiert. Es ist nicht das Ziel, auf wundersame Weise deine Wahrnehmung zu verändern (obwohl uns natürlich derartige Wunder auch willkommen sind).

Ziel ist, dass du durch Denken und Fühlen nach und nach aus dem Mangel herauskommst.

Dreh den Hahn auf

Wenn du erfolgreich von Angst wieder zurück zur Liebe wechselst, behalt es jedes Mal im Sinn oder schreib es auf. Dadurch, dass du die Wunder-Momente aufaddierst, baust du eine starke Dynamik hinter deiner Praxis auf. Richte deine Gedanken auf das, was funktioniert und Erfolg hat, und lenk sie weg von Angst, Mangel und Widerstand. In jedem Moment kannst du die Methode »Eine neue Wahl treffen« anwenden und nach einem besseren Gefühl Ausschau halten. Wenn du deinen Fokus auf das richtest, was erfolgreich ist, kreierst du mehr von dem, was du willst, und stärkst dein Vertrauen auf das Universum.

Es erhöht deine Kraft der Anziehung, wenn du die Praktiken der Methode »Fülle des Universums« anwendest. Du überwindest dadurch die einschränkende Energie und verkörperst die Energie des Wohlergehens. Deine Mentalität des Mangels richtet sich wieder auf Freude aus und hilft dir, die Fülle des Universums anzunehmen. Die Entscheidung, dich gut zu fühlen, loszulassen und dich an nichts mehr zu klammern, richtet dich auf den Fluss des Universums aus. Ja zum Universum zu sagen ist, als würde man einen Wasserhahn aufdrehen – alles, was du brauchst, kommt zu dir. Konzentriere dich auf den Prozess und nicht auf das Ergebnis. Alle Ergebnisse, die wir uns wünschen, stellen sich ein, sobald wir im Fluss sind. Vom Vergleichen zum Einssein, vom Konkurrenzdenken zum Mitgefühl und vom Mangel zur Liebe überzugehen, bringt dich schnell in den Fluss.

Lass dich vom Universum unterstützen. Sei zuversichtlich in dem Wissen, dass das, was andere haben, das widerspiegelt, was auch für dich auf dem Weg ist. Feiere die Erfolge anderer Menschen ausgiebig und aufrichtig!

Das Versprechen, Mangelbewusstsein zu heilen

Deine Geisteshaltung des Mangels zu heilen bringt viele Vorteile mit sich. Wenn deine Gedanken und deine Energie nicht mehr im Mangel gefangen sind, kann das Universum liefern. Das Leben ist dann kein Wettlauf mehr von einer Leistung zur nächsten. Stattdessen geht es nun um die Erfahrung des Wohlbefindens, von Moment zu Moment. Wie der berühmte Ausspruch von Dr. Wayne Dyer besagt, zieht man nicht das an, was man haben will, sondern das, was man ist. Werde nicht der Mangel, den du so sehr vermeiden willst. Wecke stattdessen Gefühle der Freude, der Fülle und des Wohlbefindens in dir, um ein Super Attractor zu werden.

Die Methoden in diesem Kapitel werden dir das Leben sehr erleichtern. Denk daran, wie viel Zeit du damit zugebracht hast, neidisch zu sein, ängstlich zu vergleichen, dich vor Mangel zu fürchten und dich wegen der Zukunft verrückt zu machen. Das alles liegt nun hinter dir! Künftig bist du in der Lage, den Erfolg anderer zu feiern, das Großartige, das zu dir kommt, anzunehmen und den gegenwärtigen Moment zu genießen. Denn du weißt: Das, was du willst, ist unterwegs. Wenn du die Gewohnheit des Mangeldenkens und der Abspaltung aufgibst, wirst du dich frei fühlen.

Es macht dich stark und ist aufregend, zu wissen, dass deine Gedanken und Gefühle die Macht haben, deine Wünsche anzuziehen! Darauf werde ich im vierten Kapitel genauer eingehen. Ich möchte dich eine Methode lehren, die dir hilft, schnell von Gedanken und Energien mit niedriger Schwingung zu einem positiveren Zustand zu gelangen. Du wirst angeleitet, auf die Kraft deiner Gedanken und deiner Energie zu vertrauen, um in schwierigen Momenten im Leben leichter deinen Weg zu finden. Lass dich von mir leiten, und die Ergebnisse werden dich begeistern.

4

HAB SPASS AUF DEM WEG

An einem Samstagmorgen besuchte ich eine Freundin zum Frühstück. Es war ein sonniger, schöner Wochenendtag, und wir bereiteten gemeinsam ein paar leckere Speisen zu. Während ich entspannt war und Spaß hatte, wurde deutlich, dass sie nervös und abgelenkt war. Als wir am Tisch saßen und Kaffee tranken, fragte ich sie, was los sei. Sie erzählte, dass sie am späteren Vormittag mit ihrem neunjährigen Sohn Jack zu einem Baseball-Testspiel gehen wollte. Er sollte an diesem Tag erfahren, ob er zu den »Majors« aufsteigen würde oder ob er bei den »Minors«, gewissermaßen eine Liga darunter, bleiben musste. Sie war besorgt, dass er es nicht schaffen würde und dann am Boden zerstört wäre. Aus dem Augenwinkel fiel mein Blick auf Jack. Er stand im Wohnzimmer und hörte unser Gespräch. Ich sah die Angst in seinen Augen und konnte sein Unbehagen spüren. Meine Freundin blickte zu ihm hinüber und sagte: »Jack, du sollst heute einfach nur Spaß haben. Mach dir keine Gedanken, was passiert. Amüsier dich einfach!«

Ich merkte, dass er das gern geglaubt hätte. Doch sein nervöser Gesichtsausdruck sagte mir, dass seine Angst, nicht ausgewählt zu werden, stärker war als sein Wunsch, Spaß zu haben.

Jack machte sich auf den Weg zu seinem Probespiel, und als er einige Stunden später zurückkehrte, war schon an seiner Körpersprache erkennbar, dass er nicht ausgewählt worden war. Die traurige Energie war greifbar. Ich versuchte nicht, darüber hinwegzugehen, sondern sagte zu ihm: »Ich verstehe, dass du enttäuscht bist. Wie fühlst du dich denn?« Ich ließ ihn schimpfen. Das sei alles so unfair, fuhr er dann fort. Und dass der Junge, der aufrücken durfte, kleiner, jünger und nicht so gut sei. Jack baute eine enorme Dynamik um die negative Geschichte herum auf. Zuerst wollte die spirituelle Lehrerin in mir alles in ihrer Macht Stehende tun, um ihm sein Leid zu nehmen und dafür zu sorgen, dass er wieder gute Laune hatte. Doch Jack steigerte sich wirklich hinein. Diesen neunjährigen Jungen würde ich nicht so schnell von Verzweiflung zu unbeschwertem Fröhlichsein bringen können.

In einer solchen Situation springen wir fast nie direkt von Niedergeschlagenheit zu Freude. Aber wir können es schaffen, uns aus einer Energie niedriger Schwingungen herauszuziehen, und zwar nach und nach. Ich möchte mich dafür auf Abraham-Hicks' Emotionsskala beziehen (siehe unten). Hinter dieser Emotionsskala steht der Gedanke, dass man normalerweise zwar nicht unmittelbar von einer niedrigen zu einer hohen Schwingung überwechseln kann, aber kleine Bewegungen auf der Skala durchaus möglich sind. Erreichbare Gedanken, die bessere Gefühle vermitteln, und eine entsprechende Energie helfen, auf der Skala nach oben zu wandern, bis hin zu einem Zustand der Freude.

Deine Gefühle sind ein direkter Indikator dafür, in welchem Maße du Widerstand leistest oder Dinge zulässt. Wenn du in einer Energie der Freude bist, lässt du zu, dass du ein Super Attractor bist. Je näher du am Gefühl der Freude bist, desto leichter ziehst du an, was du willst. Aber was tun, wenn man sehr weit von Freudegefühlen entfernt ist? In solchen Situationen ist es nicht ratsam, so schnell wie möglich zu versuchen, die Skala nach oben zu springen. Wenn du das jemals probiert hast, weißt du, wie schwer das ist. Wenn du versuchst, schnell von einer sehr niedrigen Schwingung zu einer sehr hohen überzugehen, geht es dir dadurch unter Umständen sogar schlechter. In einem negativen Zustand finden Gedanken mit hoher Schwingung nämlich keine Resonanz – sie fühlen sich einfach nur falsch an. Statt also zu versuchen, den Sprung zu tun, müssen wir uns liebevoll zur Freude zurückführen. Die Rückkehr zur Freude ist ein sanfter Prozess, der kleine Schritte auf der emotionalen Skala erfordert.

Die Emotionsskala ist eine Liste der Gefühle, die wir normalerweise empfinden. Sie reicht von den höchsten Gefühlen wie Freude, Erkenntnis, Stärke, Freiheit, Liebe und Wertschätzung bis nach unten zu Angst, Trauer, Depression, Verzweiflung und Machtlosigkeit. Das Ziel ist es herauszufinden, wo du dich auf der emotionalen Ebene befindest, und dann bewusst nach positiveren Gedanken zu suchen, die dich weiter nach oben führen, wo du dich besser fühlst. Sobald du dich in einem neuen Gefühl stabilisiert hast, bist du auf der Skala nach oben gerückt. Dann fährst du immer weiter fort mit der Praxis, nach einem besseren Gedanken zu greifen und auf der Skala zu einem Gefühl mit höherer Schwingung hinaufzusteigen.

Die Emotionen, die du empfindest, werden zu der Energie, die du ausstrahlst. Deine Energie ist wichtig, weil sie dein Anziehungspunkt ist. Wenn du also emotional auf einer niedrigen Ebene schwingst, strahlst du negative Energie aus und ziehst Menschen, Situationen und Erfahrungen in dein Leben, die dieser Schwingung entsprechen. Deshalb sagen wir Dinge wie »Mein ohnehin schon schlimmer Tag wurde noch schlimmer« und »Ich bin in einer Negativspirale«. Wir ziehen immer etwas an und manifestieren etwas, auch wenn es unbewusst geschieht.

Während du dich aus einem Zustand niedriger Schwingungen herausziehst und die emotionale Skala nach oben wanderst, verschiebt sich dein Anziehungspunkt mit jeder Stufe. Wenn du dich in jeder Situation der Freude zuwendest, änderst du im wahrsten Sinne des Wortes die Schwingungsfrequenz dessen, was um dich herum geschieht.

Hier nun die Emotionsskala, wie sie von Abraham-Hicks beschrieben wird:

Die Emotionsskala

1. Freude/Erkenntnis/Stärke/Freiheit/Liebe/Wertschätzung
2. Leidenschaft
3. Begeisterung
4. Positive Erwartungen/Glaube
5. Optimismus
6. Hoffnung
7. Zufriedenheit
8. Langeweile
9. Pessimismus
10. Frustration/Ärger/Ungeduld
11. Überforderung
12. Enttäuschung
13. Zweifel

14. Sorgen
15. Tadel
16. Entmutigung
17. Zorn
18. Rache
19. Hass/Wut
20. Neid
21. Unsicherheit/Schuld/Wertlosigkeit
22. Angst/Trauer/Depression/Verzweiflung/Machtlosigkeit

Und so habe ich die Emotionsskala bei unserem kleinen Baseballspieler Jack angewandt: Als er zur Tür hereinkam, befand er sich offensichtlich auf der Stufe von Angst, Trauer, Depression, Verzweiflung und Machtlosigkeit. Mir war klar, dass er den ganzen Tag – möglicherweise sogar länger – darin verharren würde, wenn er nicht aus diesem Zustand hinausgeführt würde. Also setzte ich mich zu ihm, erkannte mitfühlend seine Gefühle an und ließ ihn schimpfen. Dann führte ich ihn sanft zu Gedanken, die ihn auf der Skala ein kleines bisschen nach oben beförderten. Ich fragte: »Wie geht es dir denn mit all dem?« Er sagte: »Schlecht, weil ich jetzt der Älteste in meinem Minor-League-Team bin.«

In diesem Moment wurde Jack von seinem Unbehagen, der Älteste im Team zu sein, etwas höher auf die Ebene von Unsicherheit, Schuld und Wertlosigkeit gehoben. Ich sagte: »Ich verstehe, wie du dich fühlst. Ich kann mir vorstellen, dass du wütend bist.« Er antwortete: »Ja, ich bin wirklich wütend, weil es nicht fair ist! Der Junge, der ausgewählt wurde, ist jünger und kleiner als ich. Die Trainer haben sich nicht an die Regeln gehalten!«

Jack war zu Neid übergegangen und dann schnell zu Hass und Wut und sogar zu Tadel aufgestiegen. Ich konnte erkennen, dass ihn schon etwas Erleichterung überkam, als er von Verzweiflung zu Wut überwechselte. Der Gedanke, Wut sei eine Verbesserung, mag komisch erscheinen, aber Wut hat eine positivere Energie als Angst, Trauer, Depression, Verzweiflung und Machtlosigkeit. Sobald wir das verstehen, wird für uns ersichtlich, dass der Übergang von Verzweiflung zu Wut ein Fortschritt ist!

Seine Äußerung, die Trainer hätten sich nicht an die Regeln gehalten, sagte mir, dass er sich auf der Skala nach oben bewegte, zum Tadel, also habe ich das noch ein bisschen mehr aus ihm herausgelockt. Ich fragte: »Und was ärgert dich sonst noch?« Er stabilisierte sich auf der Stufe des Tadels, als er sich über die Trainer beschwerte, die ihn nicht ausgewählt hatten. Dann bewegte er sich ganz von selbst, ohne dass ich ihn dorthin geführt hätte, zur Sorge. Er sagte: »Ich mach mir Sorgen. Vielleicht kann ich nicht viel Zeit auf dem Feld verbringen, weil sie den jüngeren Kids eine Chance zum Spielen geben wollen.« Er zuckte mit den Schultern und seufzte.

An diesem Punkt war Jack entschlossen, bei seiner Enttäuschung zu bleiben, und wollte nicht mehr über die Situation sprechen. Aber es ging ihm jetzt, da er aus der Verzweiflung hinausgelangt war, offensichtlich ein bisschen besser.

Später gingen wir alle noch auf den Fußballplatz und sahen Jacks jüngerem Bruder beim Spielen zu. Ich plauderte gerade neben dem Feld mit Jacks Mutter, als ich bemerkte, dass Jack ziellos herumlief. Er kam zu uns und sagte: »Mir ist langweilig.«

Ich freute mich so, das zu hören! Ich wusste, dass Langeweile auf der emotionalen Skala ein großer Sprung nach oben war.

Als er das Feld verließ, fuhr Jack mit meinem Mann Zach und mir zurück. Während der Fahrt brachte Zach mit ihm ein Gespräch über Autos in Gang – ein Thema, das Jack leidenschaftlich interessierte. Sie diskutierten immer weiter über alles, vom Traumauto bis hin zu verschiedenen Rennstrecken. Ich hörte die Begeisterung und den Überschwang in Jacks Stimme. Die Gedanken an das Baseball-Probespiel waren in weite Ferne gerückt. Er war nun zur Energie der Leidenschaft übergewechselt, ohne es überhaupt gemerkt zu haben. Abraham-Hicks sagen nicht von ungefähr, dass Ablenkung der schnellste Weg ist, wieder ganz auf das ausgerichtet zu sein, worum es uns wirklich geht. Ganz natürlich rücken wir auf der Emotionsskala weiter nach oben, wenn wir von etwas abgelenkt werden, das uns bessere Gefühle vermittelt als die Negativität, auf die wir uns vorher konzentriert haben. Wenn wir wirklich tief in etwas feststecken und uns darüber aufregen, mag es schwer sein, unsere Aufmerksamkeit etwas anderem zuzuwenden. Eine einfache Ablenkung kann jedoch Wunder wirken. In dem Moment, in dem du deinen Fokus auf etwas anderes verlagerst – und sei es nur geringfügig –, fühlst du dich besser.

In Zwölf-Schritte-Gruppen, wie sie zuerst von den Anonymen Alkoholikern ins Leben gerufen wurden, heißt es oft: Der beste Weg heraus aus dem eigenen Drama besteht darin, etwas für andere zu tun. Das praktiziere ich so schon seit Jahren. Immer wenn ich merke, dass ich mich obsessiv mit einem Problem beschäftige, verlagere ich meinen Fokus schnell, indem ich kurz in Erfahrung bringe, wie es meinen Freunden geht. Ich nehme den Hörer ab, rufe eine Freundin an und frage: »Wie geht es dir? Was kann ich jetzt gerade für dich tun?« Der Moment, in dem ich in die Energie eintauche, etwas für andere zu tun, und mich auf jemand anderen konzentriere, ist ein Wunder. Das Wunder besteht darin, dass ich dadurch meine Wahrnehmung verändere und mich von meinen eigenen Dramen ablenke. Und das Beste: Ich habe jemand anderem geholfen!

Ablenkung hat bei Jack wirklich funktioniert. Als wir nach Hause kamen, tanzte er durchs Haus, spielte am Computer und erzählte Witze. Er war wieder in den Zustand der Freude zurückgelangt! Obwohl die vorangehende Enttäuschung wirklich niederschmetternd für ihn war, schaffte er es, sich auf der emotionalen Skala selbst wieder nach oben zu führen und zur Freude zurückzukehren. Dieser kleine Mann war ein Wunder-Wirker.

Lass dich von Jacks Geschichte inspirieren! Wenn du das nächste Mal merkst, dass du am unteren Ende der Emotionsskala bist, halte sanft nach Gedanken und Gefühlen Ausschau, durch die es dir besser geht. Erkenne, dass du die Skala Stück für Stück, Stufe für Stufe hinaufklettern kannst. Und wie dieses Beispiel zeigt, bewegst du dich aufwärts, indem du dich auf etwas anderes konzentrierst als auf das, was dich verärgert. Das ist nicht gleichbedeutend damit, schwierige Gefühle zu ignorieren oder sich aus problematischen Situationen zurückzuziehen. In Wirklichkeit ist genau das Gegenteil der Fall. Dadurch, dass du dich auf der Emotionsskala nach oben bewegst, kannst du leichter die Unterstützung, die Lösungen, Ideen und die veränderte Perspektive anziehen, die du brauchst, um deine Probleme zu lösen und produktiv deine Gefühle zu durchlaufen.

Schauen wir uns ein weiteres Beispiel an. Vielleicht hast du dir schon hin und wieder die Zeit auf Instagram vertrieben, empfindest aber schnell Eifersucht und Unwertgefühle, weil du den Eindruck hast, dass dir etwas fehlt. Hübsche Bilder von

Urlaubsfotos und Designerkleidung bewirken, dass du gleichzeitig neidisch bist und dich wegen deiner Gefühle schämst.

Schließlich legst du dein Handy weg, weil du dich einfach zu sehr ärgerst, um dir das noch weiter anzusehen. Hab keine Angst vor diesem Ärger! Eigentlich sollest du diese Veränderung deiner Gefühle sogar feiern. Ärger hat nämlich eine höhere Schwingung als Unwert oder Eifersucht. Dass du von der Eifersucht zum Ärger gelangt bist, ist ein klares Zeichen dafür, dass du auf der emotionalen Skala nach oben rückst. Jetzt ist es deine Aufgabe weiterzuklettern.

Manchmal kannst du deine Emotionen einfach durchstehen und dann ganz natürlich deinen Weg zurück nach oben finden. Dann wieder musst du vielleicht stärker die Initiative ergreifen und einen neuen Gedanken und eine neue Energie wählen. Wenn du merkst, dass du auf der Skala nach unten fällst oder in einer niedrigeren Schwingung steckenbleibst, ist die Lösung einfach: Kehre zur Methode »Eine neue Wahl treffen« aus dem ersten Kapitel zurück und nutze zusätzlich die Methode Emotionsskala aus diesem Kapitel.

Lass uns die Methode »Eine neue Wahl treffen« noch einmal rekapitulieren:

Schritt eins: Erkenne den Gedanken

Nimm wahr und erkenne, wenn deine Gedanken und deine Energie nicht mehr auf Freude ausgerichtet sind. Frag dich: »Wie fühle ich mich gerade?« Geh die emotionale Skala durch und spüre, wo du dich gerade befindest.

Schritt zwei: Vergib dir den Gedanken

Vergib dir selbst deine Fehlausrichtung und feiere deinen Wunsch, sie zu ändern. Danke deinen negativen Gefühlen und Gedanken dafür, dass sie dir gezeigt haben, was du nicht willst, und dass sie dir das, was du willst, offenbart haben.

Schritt drei: Triff eine neue Wahl und leite dich auf der Emotionsskala nach oben

Beantworte diese Frage: »Welcher Gedanke, den ich gerade finden kann, fühlt sich am besten an?« Wenn du wirklich auf einer sehr niedrigen Stufe der Skala stehst und dir nichts einfällt, bitte das Universum, dich zu einem Gedanken zu führen, durch den du dich besser fühlst. Denk daran: Der Gedanke darf völlig unabhängig vom Grund für deinen emotionalen Zustand sein.

Wenn es dir dann durch diesen Gedanken besser geht, halte nach einem weiteren Ausschau. Leite dich sanft auf der Emotionsskala nach oben. Wenn du an irgendetwas denkst, das besser ist als das, was dir vorher im Kopf herumging, dann gelangst du dahin, wo du sein willst. Vergegenwärtige dir, wie positiv es ist, zu einem anderen Gefühl überzugehen, auch wenn es noch nicht besonders freudvoll wirkt. Denk im Verlauf des Prozesses nicht zu viel nach. Abraham-Hicks vereinfachen es – sie sagen, dass du nichts weiter tun musst, als herauszufinden, was du willst. Und dann »redest« du dich selbst in diesen Zustand hinein. Halte es möglichst einfach und greif den nächstbesten Gedanken auf, der zu dem führt, was du willst.

Der Prozess, nach einem besseren Gedanken zu suchen, mag dir sehr ungewohnt erscheinen. Vielleicht hast du, wie ich, Jahre in Therapie verbracht und dort alte Ängste und Erinnerungen aus der Vergangenheit ausgegraben. Oder vielleicht hast du versucht, Probleme dadurch aufzuarbeiten, dass du dich in deine unangenehmen Gefühle hineinversetzt hast. Ich bin zwar sehr von der Wirksamkeit traditioneller Therapien überzeugt, weiß aber auch: Wenn ich die Heilung von einer grundsätzlich höheren Schwingung aus beginne, lasse ich mich nicht in die Geschichten verstricken. Eckhart Tolle hat in einem Interview einmal gesagt: Wenn man es mit einer negativen Vergangenheitserfahrung zu tun hat, kann man sich bewusst machen, dass die Erfahrung nicht im Jetzt stattfindet. Sobald du dich bewusst darauf konzentrierst, dass du im gegenwärtigen Moment sicher und geschützt bist, kann sich die Vergangenheit auflösen. Mit diesem Prozess erkennst du deine negativen Gefühle zwar an, aber du verharrst nicht darin. Das ist ein bedeutender Unterschied! Denn die meisten von uns ignorieren entweder ihre Gefühle ganz oder nehmen sie nur flüchtig wahr oder aber sie schwelgen darin. Demgegenüber würdigst du mithilfe dieser Methode deine negativen Gefühle zwar, triffst aber dann die Wahl, schnell zu einem besseren Gefühl überzugehen.

Für viele von uns erfordert der Aufstieg auf der emotionalen Skala einen grundlegenden Perspektivwechsel. Ich erforsche noch immer, wie genau dieser Prozess wirkt, sogar noch nach Jahren. Es ist okay, wenn du etwas Mühe hast, die emotionale Skala und den Prozess des Aufsteigens zu durchblicken. Versuch es trotzdem mit dieser Methode. Sie wird dir wahrscheinlich große Erleichterung bringen.

Dass dieser Prozess so wirkungsvoll ist, erklärt sich zum Teil auch daraus, dass du dich nicht zu zwingen brauchst, wieder Freude zu empfinden. Du kannst auch ohne Druck eine positive Dynamik zurückgewinnen. Du musst nur ehrlich in Bezug auf deine Gefühle sein und den nächstliegenden guten Gedanken wählen. Deine Bereitschaft, dich besser zu fühlen, ist dein Weg aus der Verzweiflung heraus, hinein in die Freude. Deine Gefühle bewusst wahrzunehmen ist unerlässlich, um auf der Skala nach oben zu wandern. Wenn wir in einer Emotion gefangen sind und uns nicht daraus befreien können, liegt das oft daran, dass wir nicht wahrhaben wollen, was wirklich vor sich geht. Doch noch in derselben Sekunde, in der du deine wahren Gefühle anerkennst, empfindest du Erleichterung und findest zu einer neuen Einstellung mit anderer Schwingung.

Praktiziere das regelmäßig. Immer wenn du merkst, dass du gedanklich und energetisch in einer niedrigen Schwingung feststeckst, kehre zur emotionalen Skala zurück, triff eine neue Wahl und führe dich wieder zurück. Jedes Mal, wenn du eine neue Wahl triffst und den besten Gedanken aufgreifst, den du im Moment finden kannst, bewegst du dich allmählich auf der Skala nach oben und richtest dich wieder auf die freudvollen Schwingungen des Universums aus.

In jeder Situation Freude finden

Unser Widerstand gegen Freude hindert uns daran, das anzuziehen, was wir uns wünschen. Wenn wir eine Energie der Freude verkörpern, lassen wir den Widerstand los. Ich verstehe durchaus, dass es schwierig sein kann, in scheinbar unerfreulichen Situationen Freude zu empfinden, aber es ist sehr viel leidvoller, ein freudloses Leben zu führen. So viele von uns leben so, ohne es eigentlich zu wollen, sei es deswegen, weil sie sich auf das konzentrieren, was nicht funktioniert, sei es, weil sie häufig über ihre Lebenssituation klagen. Oft hoffen wir, dass es uns durch Klagen besser geht oder dass wir dadurch zumindest leichter ein offenes Ohr finden. Wenn wir uns aber auf das konzentrieren, was nicht funktioniert, bekommen wir einfach mehr von dem, was nicht funktioniert.

Eine der schnellsten Methoden, uns selbst auf der emotionalen Skala wieder nach oben zu führen, besteht darin, etwas zu tun, womit wir uns wohlfühlen. Wenn ich einen schlechten Tag gehabt habe, suche ich mir Musik aus, schnappe mir meine Kopfhörer und mache einen Spaziergang um den Block oder gehe ins Fitnessstudio. Die Erfahrung hat mir gezeigt, dass ich auch dann Spaß haben kann, wenn die Dinge nicht so laufen, wie ich es geplant habe. Es ist eben sogar so: Je mehr Spaß ich habe, umso eher ziehe ich das an, was ich will.

Manchmal müssen wir aufhören, etwas dadurch in unser Leben ziehen zu wollen, dass wir uns versessen auf das Gewünschte konzentrieren. Denn der Wunsch kommt uns nie abhanden – wir haben ihn immer. Wenn wir uns aber darauf konzentrieren, dass das Gewünschte nicht da ist, wird es von uns weggeleitet, wohingegen Spaß es uns näherbringt. Wenn du den Fokus von deinem Wunsch weglenkst und deine Energie auf Freude ausrichtest, wechselst du zu einem positiveren Anziehungspunkt.

Erinnere dich an das letzte Mal, als du dich obsessiv auf etwas fixiert hast, das du wolltest. Wahrscheinlich war es kein besonders angenehmes Gefühl. All deine Konzentration und Aufmerksamkeit auf das zu richten, was du nicht hast, erzeugt Widerstand. Sorge dafür, dass dich dieser Widerstand weniger im Griff hat, indem du deinen Fokus wieder auf etwas verlagerst, was dir Freude macht und dich ablenkt. Das kann etwas ganz Einfaches sein: Sport treiben, eine liebe Freundin anrufen, ein Kreuzworträtsel lösen oder mit deinem Kind spielen und *Quality Time* mit ihm verbringen. Wenn dir eine Aktivität Erfüllung, Zufriedenheit, Wärme, Begeisterung oder Glücksgefühle vermittelt, dann macht sie Spaß. Sobald du dich voll auf ein vergnügliches, freudiges Erlebnis einlässt, steigst du auf der Emotionsskala nach oben.

Eine einfache Möglichkeit, mehr Spaß in den Alltag zu bringen, besteht darin, Menschen anzulächeln und Zufallsgespräche zu führen. Ich zum Beispiel spreche buchstäblich mit jedem. Ich gehe die Straße entlang und sage einer Mutter, was für ein hübsches Kind sie hat. Oder ich beginne ein Gespräch mit einem Fremden darüber, wie sein Tag war. Solche spontanen Momente der Verbundenheit können allen Beteiligten viel Freude bereiten. Vielleicht bist du nicht wie ich und unterhältst dich nicht gern aufs Geratewohl mit Menschen. Aber du kannst auf der Fahrt zur Arbeit jemanden anlächeln oder deiner Kollegin anbieten, einen Kaffee zu holen. Diese scheinbar belanglosen Momente der Verbundenheit katapultieren uns zurück in unsere wahre Natur der Liebe. Freude und Liebe zu verkörpern – darum geht es, wenn du ein Super Attractor bist. Ich möchte betonen, dass es nicht schwer ist, deine Super-Attractor-Verbundenheit wiederzuerlangen. Ein Moment des Glücklichseins genügt.

Statt nach solchen Möglichkeiten, uns gut zu fühlen, zu suchen, ersticken wir unseren vollen Ausdruck der Freude oft im

Keim, indem wir uns stark auf ein Ergebnis konzentrieren. Uns auf ein bestimmtes, unserem Empfinden nach erwünschtes Ergebnis zu fixieren führt dazu, dass wir bei unseren Bemühungen, es zu erzwingen, kämpfen und leiden müssen. Wir lassen nicht zu, dass wir glücklich, zufrieden oder entspannt sind, solange wir dieses bestimmte Ziel nicht auf der Liste abhaken können. Und selbst wenn wir das Ziel erreichen, stürzen wir uns sofort auf die nächste Aufgabe. Von Leistung zu Leistung zu leben ist ein Suchtverhalten, das uns davon abhält, das Leben in seiner Fülle wirklich zu genießen. Wenn wir hingegen Spaß zu unserer Priorität machen und Erwartungen in Bezug auf Ergebnisse loslassen, können wir mit dem Jammern aufhören und anfangen, Dinge einfach anzuziehen.

Ich sehe jedoch, dass sehr viele Menschen von der Idee besessen sind, Freude entstünde durch Leistung. Das geht in die falsche Richtung! Das Ziel ist nicht, etwas zu erreichen, sondern Spaß zu haben auf dem Weg zu dem, was man sich wünscht. Eine Energie der Freude in sich zu wecken führt am schnellsten zum Erfolg! Wenn du zum Beispiel einen Partner für eine Romanze suchst, sorge dafür, dass du Spaß an der betreffenden Dating-App oder bei deinem Blind Date hast. Das gilt sogar dann, wenn du das Gefühl hast, der aktuelle Dating-Partner sei nicht der Richtige für dich. Denn es gibt trotzdem so viele Möglichkeiten, etwas Neues und Interessantes über diese Person oder dich selbst zu erfahren. Wenn du Freude in den Prozess hineinbringst, behältst du einen positiven Anziehungspunkt, der deine Fähigkeit fördert, den gewünschten Partner schnell zu manifestieren. Deine Spaßenergie ist sexy und wird bei jeder Verabredung (und sogar durch Dating-Apps) spürbar sein! Es gibt nichts Attraktiveres als jemanden, der Spaß hat.

Wenn du einen neuen Job manifestieren möchtest, finde Wege, mehr Spaß an der Arbeit zu haben, die du gerade tust. Die gute Energie, die du in deine Arbeit einbringst, trägt dazu bei, dass sich Türen für neue Möglichkeiten öffnen. Das mag deiner Intuition zuwiderlaufen, besonders wenn du deinen derzeitigen Job nicht magst. Du denkst vielleicht: »Wie soll ich diesen Zustand genießen? Ich hasse meinen Job!« Aber einen besseren zu finden erfordert deine Anziehungskraft, und darum musst du den Blick auf deine jetzige Arbeit ändern. Kannst du freundlicher zu den Kollegen sein? Kannst du mehr Ideen und Begeisterung in Meetings einbringen? Kannst du deinem Schreibtisch oder deinem Büro eine ansprechendere Atmosphäre verleihen? Wenn du derartige Veränderungen vornimmst, wirst du feststellen, dass es dir mit deiner derzeitigen Situation besser geht, und dass jeder, dem du begegnest, sich wohler mit dir fühlt. Von diesem Zustand positiver Energie aus ziehst du viel schneller einen neuen Job an.

Wenn du nicht mehr mit dem körperlichen Wohlbefinden in Einklang bist, das du dir wünschst, dann mach deinen Heilungsprozess vergnüglicher. Ich habe das sehr erfolgreich praktiziert, als ich beschloss, mit Freude gesundheitlich wertvolle Speisen zu kochen und mich auf diese Weise selbst zu behandeln. Ein schönes Beispiel ist auch meine beste Freundin Jenny, die ihrem Vater Ray half, seine Chemotherapie durchzustehen. Bei jedem Schritt auf diesem Weg hat Ray sich eine positive Einstellung bewahrt. Er kommt gut gelaunt und optimistisch zu seinen Behandlungen. Er scherzt mit den Krankenschwestern und sorgt für eine heitere Stimmung. Und er bringt seine Zeit damit zu, gemeinsam mit Jenny heilsame Speisen ausfindig zu machen, die nährend für ihn sind. Ich weiß, dass Rays

Einstellung ihm nicht nur die Situation leichter macht. Da er jeglichen Widerstand gegen seine Heilung fallen lässt, sendet er darüber hinaus eine Botschaft an all seine Körperzellen. Seine Freude löst Blockaden, unterstützt seinen Körper und seine geistige Verfassung, sodass er weiterhin offen für kreative Heilungsmöglichkeiten ist.

Mach es zu deiner Priorität, Spaß zu haben, auch wenn die Dinge nicht nach Plan verlaufen oder wenn das, was du manifestieren willst, noch nicht eingetreten ist. Vertrau darauf: Je mehr Spaß du hast, umso mehr beschleunigst du den Manifestierungsprozess. Spaß auf dem Weg zu haben verändert deine Energie – sie wird zur Energie der Gewissheit. Wenn Freude zu deinem Normalzustand wird, kannst du sicher sein, dass alles gut wird, auch wenn das Endergebnis vielleicht nicht unbedingt so ist, wie du es dir vorgestellt hast. Du lernst, selbst zuverlässig Freude in dir zu wecken, und brauchst keine äußere Quelle dafür. Keine romantische Beziehung, kein Geld, keine Qualifikation oder Leistung vermag dir so viel Gewissheit zu geben wie deine Freude. Wenn du übst, auf deinem Weg Spaß zu haben, unterstützt dich das Universum. Die Hilfe, der Flow und die Synchronizität, die du vom Universum empfängst, vermitteln dir ein großartiges Gefühl der Sicherheit. Dich für Spaß zu entscheiden hilft dir, stets daran zu denken, dass du von einer allgegenwärtigen Kraft der Liebe geleitet wirst. Es verleiht dir die Freiheit, dich auf das Universum zu verlassen und darauf zu vertrauen, dass Freude den Weg frei macht.

Du denkst vielleicht: »Wie kann ich mich denn freuen, wenn ich aus irgendeinem Grund völlig niedergeschlagen bin?« Denk immer daran, dass du nicht sofort zur Freude zu springen brauchst. Du führst dich allmählich einen Schritt nach dem anderen auf der Emotionsskala nach oben. Abraham-Hicks betonen, dass du dich von keinem Zustand, in dem du dich befinden magst, schrecken lassen solltest. Nutze ihn als Information: Die Energie, mit der du gerade schwingst, gibt dir Klarheit darüber, was du wirklich willst.

Freude öffnet unsichtbare Türen

Eines meiner Lieblingshobbys ist das Kochen. Ich bin eine autodidaktische, »intuitive« Köchin, benutze keine Rezepte und habe meine eigenen Techniken entwickelt. In der Küche fühle ich mich frei, Kochen ist für mich zu einer Form der Meditation geworden. Jahrelang habe ich meine Mahlzeiten auf Social-Media-Kanälen mit Fotos und Blog-Posts dokumentiert, darum war ich, als *Instagram Stories* herauskam, sofort dabei. Meistens mache ich Video-Tutorials darüber, was ich zum Abendessen koche – ich nenne es die »Gabby Cooking Show«. Jedes Rezept, das ich teile, macht mich glücklich. Ich schließe auch die Mantras mit ein, die ich beim Kochen höre, und der Spaß, den ich bei alldem habe, gelangt über die Handy-Bildschirme zu Tausenden Zuschauern auf der ganzen Welt.

Ich habe die »Gabby Cooking Show« ausschließlich deswegen angefangen, weil es mir Spaß machte. Es war ein authentischer Ausdruck meines Lieblingshobbys. Innerhalb weniger Monate, nachdem ich regelmäßig Instagram-Storys geteilt hatte, geschahen interessante Dinge. Ich erhielt E-Mails von Lebensmittelfirmen, die mir Küchengeräte für die Show schicken wollten. Bei meinen Veranstaltungen kamen Leute zu mir und sagten, wie sehr sie meine Kochideen liebten. Und dann passierte eines Abends auf der Party eines Freundes etwas wirklich Lustiges. Ich sah, wie eine junge Frau durch den Raum auf mich zusteuerte. Offenbar freute sie sich, mich zu sehen. Ich hielt sie zunächst für eine Leserin, die mir begeistert von ihren Erfahrungen mit einem meiner Bücher erzählen wollte. Doch zu meiner Überraschung sagte sie: »Oh mein Gott! Du bist die mit der ›Gabby Cooking Show‹! Die finde ich toll.« Ich lachte laut auf. Ich fand es unglaublich, dass ich von all den Dingen, die ich in meiner Karriere getan habe, ausgerechnet für eine kleine Instagram-Show Anerkennung erhielt, die ich aus einer Laune heraus begonnen hatte!

Nimm dir heute Zeit, um etwas zu tun, das dir Freude bereitet. Finde deine eigene »Gabby Cooking Show«. Tu etwas, das dir Vergnügen bereitet, und erlebe, wie das Universum es unterstützt. Ich höre dich klagen, du hättet einfach keine Zeit? Als Erstes musst du es zu deiner Priorität machen, dich gut zu fühlen – das bist du dir selbst und deinem Umfeld schuldig. Zweitens brauchst du nur wenige Minuten für Aktivitäten wie Tagebuchführen, Meditieren, Spazierengehen, um deinen Lieblingssong zu hören oder ein Gespräch mit einem Kollegen oder einer Nachbarin anzuknüpfen. Gönn dir täglich mindestens für zwei Minuten eine Erholungspause von den unaufhörlichen angstbasierten Glaubenssystemen, die dich in Negativität halten. Wenige Minuten genügen. Denk daran: In dem Moment, in dem du dich der Freude zuwendest, wirst du auf der Emotionsskala nach oben geführt.

Freude in eine Situation einzubringen verändert die Schwingungsfrequenz dessen, was um dich herum geschieht. Probier es ruhig aus. Das nächste Mal, wenn du entnervt in einem langen Meeting sitzt oder beim Brunch in ein Gespräch über Klatsch und Tratsch gerätst, mach einen Scherz. Bring Freude in die freudlose Umgebung und beobachte, wie sich die Energie im Raum verändert. Du kannst deine Gemütsverfassung verändern. Denk an die Tage, an denen du morgens gut gelaunt ins Büro gekommen bist – ich bin sicher, die anderen sind dann freundlicher zu dir gewesen und haben eine positivere Ausstrahlung gehabt als an den Tagen, an denen du mit einer negativen Einstellung dort aufgetaucht bist. Du hast die Macht, die Energie um dich herum zu verändern, indem du dich entscheidest, in Freude zu sein. Selbst wenn die anderen anfangs nicht in einem solchen Zustand sind, hast du die Macht, sie zusammen mit dir höher zu heben. Immer wenn du deine auf hoher Frequenz schwingende Energie zu jemandem in einer niedrigeren Schwingung bringst, gelangt dieser Mensch in deiner Gegenwart auf eine höhere Ebene. Oft ist das Wichtigste nicht einmal das, was wir sagen oder tun, sondern die Energie, die von uns ausgeht. Sei die Person, die einen Raum erhellt!

Nimm immer eine Taschenlampe mit

Viele meiner Schüler fragen mich, wie sie ihre positive Ausstrahlung aufrechterhalten können, wenn die Menschen um sie herum in Negativität gefangen sind.

Meine Antwort lautet dann: »Nimm immer eine Taschenlampe mit.« Diese Vorstellung erinnert uns fortwährend an unsere Fähigkeit, unser Licht leuchten zu lassen, auch in der Dunkelheit anderer.

Dein Licht leuchten zu lassen ist die beste Methode, mit Negativität umzugehen. Wir denken manchmal, andere zu bedauern sei der effektivste Weg, um zu helfen. Doch so ein Bedauern macht es nur noch schlimmer. Wenn es jemandem schlecht geht, willst du deine Energie nicht auf ein niedrigeres Niveau bringen, damit es ihm oder ihr besser geht. Fühlst du dich gut, wenn du bemitleidet wirst? Wahrscheinlich nicht. Mitleid sorgt in der Regel dafür, dass es uns weiterhin schlecht geht, und verstärkt unser Gefühl der Ohnmacht. Wir denken: »Es muss *wirklich* schlecht um mich stehen, wenn andere auch so denken.« Statt jemanden zu bemitleiden, schalte deine innere Taschenlampe ein, erhalte deine hohe Schwingung aufrecht und sorge durch deine positive Präsenz dafür, dass die Person wieder Frieden findet. Deine hohe Schwingung wird ihre Welt erhellen. Wenn du dich auf die Energie der Freude ausrichtest, wirst du ein Lichtträger für alle, denen du begegnest, und inspirierst andere, ihrerseits zu leuchten, wenn sie in deiner Nähe sind. Nimm dir vor, eine Quelle des Lichts in der Welt zu sein, indem du einfach eine Energie der Freude in dir hervorrufst. Angesichts deiner Freude werden andere ihrerseits Freude in sich finden.

Stell deine Energie auf eine positive Frequenz ein

All das Großartige, das ich durch Anziehung in mein Leben gebracht habe, hat sich aus einer Energie mit einer hohen Schwingung – also einer positiven Ausstrahlung – heraus ergeben.

2015 beschloss ich, meinen Erfolg daran zu messen, wie viel Spaß ich hatte. In mehreren meiner Bücher habe ich über die starke Wirkung des Spaßhabens und das magnetische Kraftfeld der Freude geschrieben. Schon seit Langem sage ich, dass Glücklichsein eine Wahl ist, die man trifft. Doch vor Kurzem habe ich ihm sogar eine noch höhere Priorität eingeräumt. Es war, als ich das Fließende der Freude in meinem Leben wirklich spürte. Ich akzeptierte, dass ich die ganze Zeit auf das Gefühl Freude eingestimmt sein kann, nicht nur in flüchtigen Momenten. Zu dieser großen Veränderung kam es, als ich mich auf mein Wohlbefinden konzentrierte, mich der Kraft des positiven Denkens und der Stressreduktion verschrieb und meinen Widerstand losließ. Dadurch, dass ich diese Praktiken rückhaltlos lebte, konnte ich meine Energie neu kalibrieren. Ich bin nicht mehr auf Augenblicke freudiger Erleichterung aus, sondern fühle inzwischen im Alltag durchgehend den Fluss der Freude.

Die Veränderung für mich bestand darin, dass ich beschloss, meinen schmerzlichen Erfahrungen keinen Sinn mehr zuzubilligen. Ich würdigte zwar mein früheres Leiden, traf aber die Wahl, nicht mehr darin zu verharren. Ich beschloss, ganz neu anzufangen und Freude als mein Geburtsrecht anzunehmen. Dieses Neue zeigte sich in meiner Arbeit, in meiner Ehe und meiner körperlichen Gesundheit. Sobald ich mich entschied, mit Leichtigkeit und Freude zu leben, änderte sich mein Leben für immer. Nach kurzer Zeit fühlte ich mich wie neugeboren. Ich war so glücklich wie nie zuvor. Ich erzähle das, weil ich weiß, dass dieses Wunder auch dich erwartet. Wenn du zu einem Buch wie diesem geführt wirst, dann deswegen, weil du dir sehr wünschst, dich besser zu fühlen. Dass du diesen Wunsch hast, genügt, um eine wunderbare Veränderung zu erleben.

Du kannst heute beschließen, deine Energie neu zu kalibrieren und dich der Liebe und der Freude zu verschreiben. In nur einem Augenblick kannst du eine Welt jenseits deiner Angst wählen. Ich weiß, dass das tatsächlich so ist, denn viele haben sich gemeldet und mir von ihren entsprechenden Erfahrungen berichtet. Wenn du einen spirituellen Weg beschreitest, verändert sich etwas, ob du dir dessen bewusst bist oder nicht. Und wenn du dich nicht von deinem Weg abbringen lässt und entschlossen bei deiner Praxis bleibst, wachst du eines Tages auf und bist ein neuer Mensch.

Begrüße jetzt dein Neusein. Wenn du dir die Zeit genommen hast, auch nur eines der Prinzipien dieses Buches anzuwenden, bist du neu. Diese Methoden eichen deine Energie neu und bringen dich auf der Emotionsskala wieder nach oben. Schon die einfachste Verschiebung genügt, um dich auf einen neuen Weg zu bringen. Achte auf das Neue an dir und feiere jede noch so geringfügige Veränderung. Feiere die Momente, wenn du beschließt, dich zu entspannen, anstatt dich noch mehr abzumühen; wenn du vergibst, statt anzugreifen; wenn du einen Gedanken wählst, mit dem es dir besser geht und der dich aus der Verzweiflung herausholt. Solche scheinbar kleinen Momente sind die Wunder. Sei stolz auf jede wundervolle Veränderung. Ich danke dir, dass du dich dafür einsetzt.

Reite auf der Welle einer positiven Einstellung

Schon die geringste Veränderung in deiner Energie genügt, um deinen energetischen Fluss wieder in Richtung Freude umzuleiten. Wenn du eine solche Veränderung spürst, lass sie die Führung übernehmen. Geh sogar noch weiter und spüre sie so intensiv wie möglich. Im selben Moment, in dem ich merke, dass meine Energie sich langsam der Liebe und Freude zuwendet, halte ich nach mehr Ausschau. Ich spüre die guten Schwingungen und lasse mich von ihnen tief berühren. Ganz bewusst greife ich immer mehr positive Gedanken auf. Häufig geschieht das, wenn ich im Auto auf dem Land unterwegs bin und Mantra-Musik höre. Es erfüllt mich oft mit Staunen, wenn ich an Wäldern und Feldern vorbeikomme und dabei der Musik lausche. Wenn ein solches Gefühl in mir aufkommt, lasse ich mich von seinem Schwung mitnehmen und sorge dafür, dass die guten Schwingungen weiterhin fließen. Ich denke daran, wie dankbar ich bin, in einer friedlichen Gemeinschaft zu leben, und wie sehr ich es liebe, dass ich zum örtlichen Bauernhof fahren, Lebensmittel für die Woche abholen und mich hinter dem Steuer frei fühlen kann. Ich denke ans Abendessen, das ich später noch kochen werde, und wie gut es meinem Mann schmecken wird. Ich gehe sogar noch weiter und sende nun Liebe an Freunde in meiner Gemeinschaft; ich feiere die großartigen Verbindungen, die ich geknüpft habe. Dann zolle ich mir Anerkennung dafür, dass ich mich verpflichtet habe, der Welt dienlich zu sein. Ich lasse mich von dieser Freude durchdringen. Mit diesem Schwung mitzugehen macht wirklich Spaß.

Wenn du das nächste Mal spürst, dass sich deine Energie allmählich auf die Frequenz der Liebe einstellt, reite auf dieser Welle der Positivität und geh dann noch weiter. Lass deine Gedanken mit immer mehr Freude fließen. Such immer weiter immer mehr Gefühle, die dir guttun. Diese Praxis kannst du gar nicht zu weit treiben. Surfe auf der Welle der Positivität, hör nicht auf. Dich gut zu fühlen ist das Ziel, darum hol dir, sobald du es erreicht hast, einfach noch mehr davon!

Inspiriere andere mit dem, was dich selbst inspiriert

Möglicherweise sträubst du dich noch immer ein bisschen gegen die Vorstellung, dass Spaß haben eines der wichtigsten Dinge ist, die du tun kannst. Das ist eine normale Reaktion. Viele Schüler, für die Spiritualität noch neu ist, fürchten, ihr Weg sei eigennützig. Sie fühlen sich schuldig, wenn sie sich Zeit für Spaß nehmen und zu ihren Wünschen stehen. Doch eine der wichtigsten Lektionen, die ich von Abraham-Hicks gelernt habe, ist die, dass wir in unserer Praxis eigennützig sein müssen. »Eigennützig« ist hier kein negatives Konzept. Solcher Eigennutz schadet niemandem und ist nicht gleichbedeutend damit, andere in irgendeiner Weise zu vernachlässigen. Aber er erfordert, dass du deine Freude allem anderen voranstellst. Freude muss deine höchste Priorität sein. Denn wenn du eigennützig dafür sorgst, dass es dir gut geht, erweist du der Welt damit einen großen Dienst. Je mehr Freude du verkörperst und je mehr du dich von Inspiration durchdringen lässt, umso mehr

»Power« hast du, etwas für andere zu tun. Wir können nichts und niemanden unterstützen oder optimistischer stimmen, wenn wir selbst in einem Zustand des Widerstands und der niedrigen Schwingung sind. Unser größtes Geschenk ist unsere positive Energie. Darum ermutige ich dich, eigennütziger in Bezug darauf zu werden, wie du dich fühlen willst. Vertrau darauf: Je glücklicher und inspirierter du bist, desto mehr kannst du deiner Familie, deinen Freunden, deinen Arbeitskollegen und deiner Gemeinschaft geben.

Wir leben in einer Zeit, in der wir eine positivere Einstellung und mehr Licht in die Welt bringen müssen. Jeder, der auf einem spirituellen Weg ist, hat sich verpflichtet, anderen dienlich zu sein. Und der erste Dienst ist die Energie, die du mitbringst. Große Veränderungen in der Welt entspringen nicht unserer Hoffnungslosigkeit; sie kommen aus unserer Inspiration und Freude. Wenn wir Freude zu unserer Priorität machen, kommen brillante Ideen von selbst, wir sind von Unterstützung umgeben, und es bilden sich Bewegungen heraus. Menschen, die wirklich glücklich sind, sind auch wirklich hilfreich.

Wenn du weißt, wie wunderbar es ist, in Freude zu leben, kannst du gar nicht anders, als es weiterzuverbreiten. Wenn du diese Energie verkörperst, wirst du den Schleier vor einer Welt der Angst lüften und eine Welt voller Licht enthüllen. Das ist die Praxis, die im nächsten Kapitel vorgestellt wird. Auf den folgenden Seiten erfährst du, dass es eine Welt jenseits der angsterfüllten Wahrnehmungen gibt, auf die zu hören wir bisher gelernt haben. Es gibt eine Welt voller Frieden, Glück, Freiheit und Licht. Freu dich darauf, den Schleier zu heben!

5

HEB DEN SCHLEIER

Als Kind war ich mir einer Welt jenseits der Welt, die ich sehen konnte, sehr bewusst. Ich glaubte an Engel und Feen und war sehr intuitiv. In sehr jungen Jahren gibt es für uns keinen Schleier zwischen der physischen und der geistigen Welt. Deshalb erzählen Kinder oft von Engeln oder unterhalten sich mit ihren imaginären Freunden. Mitunter sprechen sie sogar über vergangene Leben oder sagen intuitiv etwas voraus, was sie normalerweise nicht wissen können. In diesem Zustand der unschuldigen Offenheit können die Kleinen eine Welt jenseits der Grenzen des Körpers wahrnehmen und mit dem geistigen Auge schauen.

Als kleines Kind vertraute ich auf mich selbst und eine höhere Macht. Mit der Zeit wurde mir dieser Glaube genommen, die Ängste vor der Welt machten sich immer lauter bemerkbar. In einer Welt voller Furcht und Begrenzung fühlte ich mich zunehmend allein, unsicher und ängstlich. Es gab viele Momente, die mich von der Liebe des Universums trennten. Zu den Erfahrungen der Trennung, die meine angsterfüllte Weltsicht begründeten, gehörten die Scheidung meiner Eltern, Mobbing auf dem Schulhof und manchmal schlechte Noten in der Schule.

Im Verlauf des Erwachsenwerdens wird die geistige Welt immer schwieriger zugänglich. Wir weben einen Schleier zwischen der Universellen Welt des Geistigen – *Spirit* – und der physischen Welt, auf die zu vertrauen wir gelernt haben. Wir identifizieren uns zunehmend mit unserem Körper und nicht mit unserem *Spirit*. Zu dieser Veränderung werden wir oft von Eltern, Lehrern und anderen Menschen aus unserem Umfeld ermutigt. Im Heranwachsen scheint alles und jeder eine Welt der Trennung zu verstärken. Jeglicher angstbasierte Gedanke, dem wir ausgesetzt sind, intensiviert unseren Glauben an die physische Welt und entfernt uns vom Reich des Geistigen.

Glücklicherweise wusste ich immer, dass es jenseits des Physischen noch etwas gibt, egal wie weit ich in die Angst vor der Welt abglitt. Dieses Wissen hat mich davor bewahrt, mich haltlos und allein zu fühlen. Selbst in meiner dunkelsten Stunde glaubte ich, mit einer spirituellen Verbindung – einer Verbindung zum Geistigen – sei alles möglich. Als spirituelle Schülerin habe ich es zu meiner täglichen Andacht gemacht, den Schleier der physischen Welt zu lüften und mich an das Licht der geistigen Welt zu erinnern. Diese tägliche Andacht hat mir großen Frieden gegeben, auch inmitten der Anspannung und des Aufruhrs, mit denen wir alle konfrontiert sind. Die Praxis der bewussten geistigen Schau ist mir zur Gewohnheit geworden. Ich setze sie ein, um mir in Erinnerung zu rufen, dass das Universum mich führt. Ich bringe meine Gedanken damit wieder zur Liebe zurück. Ohne diese spirituelle Verbindung würde ich mich in der Welt der angstvollen Projektionen verlieren.

Eine Methode des geistigen Schauens, die ich regelmäßig anwende, ist das Schreiben. In den letzten zehn Jahren habe ich sieben Bücher über spirituelle Prinzipien geschrieben. Darin bemühe ich mich nach bestem Vermögen, Spiritualität zu übersetzen und zu entmystifizieren, damit sie für jeden leicht nachvollziehbar ist. Und obwohl ich auch das schon für sehr hilfreich halte, fühle ich mich beim Schreiben dieses Buches aufgerufen, die metaphysische Grenze noch weiter auszudehnen. Jedes Wort, das ich hier schreibe, ruft mir das in Erinnerung, was ich für wahr halte. Die Worte in diesen Büchern zu »channeln« macht mir so viel Freude, weil der Prozess den Schleier zwischen der physischen und der geistigen Welt hebt. Damit wir alle wirklich akzeptieren können, dass wir Super Attractors sind, müssen wir uns auf eine Welt jenseits von reiner Logik und Vernunft einlassen. Wir müssen bereit sein, keine Zugeständnisse in Bezug darauf zu machen, was unser Vertrauen auf das Universum für uns bedeutet.

Ich möchte dich anleiten, den Schleier zwischen der Welt der Sinneswahrnehmung und der Welt, mit der wir spirituell verbunden sind, zu lüften. Hinter dem Schleier warten Wunder auf dich. Du hast sie nicht blockiert – du hast nur nicht nach ihnen gesucht. In *Ein Kurs in Wundern* steht in Lektion 91 des Übungsbuches: »Wunder werden im Licht gesehen.« Der *Kurs* lehrt:

> *Das Wunder ist immer da. Seine Anwesenheit wird nicht durch deine Schau bewirkt; seine Abwesenheit folgt nicht daraus, dass du es nicht siehst. Nur dein Gewahrsein der Wunder wird davon berührt. Du wirst sie im Licht sehen; du wirst sie nicht in der Dunkelheit sehen.*[3]

Es ist Zeit für dich, mit Licht zu sehen.

Solange wir davon überzeugt sind, die physische Welt sei unsere einzige Realität, wird es weiterhin so sein, dass Wunder nicht gesehen werden. Wir wurden darin bestärkt, uns auf diese physische Welt der Form zu konzentrieren, und haben dadurch die Gewohnheit angenommen, das Licht zu verleugnen. Folglich haben wir unsere Blindheit selbst herbeigeführt. Alles, was wir wahrnehmen, ist die Dunkelheit, die wir geschaffen haben. Von Kindheit an haben wir eine Weltsicht kreiert, die auf Angst, Trennung, Verurteilung und dem Denken, es sei nicht genug vorhanden, basiert. Es ist, als würden wir in einem Albtraum leben – doch wir brauchen eigentlich nur das Licht einzuschalten, um zu erkennen, dass alles nur ein schlechter Traum ist.

Unser Glaube an die Wahrnehmung unserer selbst und unseres physischen Körpers und an all die Ängste der Welt macht es uns schwer, an die Liebe zu glauben. Wir glauben, wir seien nicht sicher, anfällig für Krankheiten, Angriffe und Schmerzen. Dass wir allein auf den Körper vertrauen, hat uns in Angst gehalten. Wir glauben an Geschichten über Krankheit, Trauma, Entbehrung und Hass. Wir glauben die Geschichte, wir seien getrennt, und meinen, wir seien den einen überlegen und den anderen unterlegen. Solche Glaubenssysteme entstehen, wenn wir uns von der Liebe zum Universum abkoppeln. Ein einzelner Gedanke führt zum nächsten und vermehrt sich in unserem Kopf. *Ein Kurs in Wundern* weist darauf hin, dass wir uns die »winzig kleine Wahnidee«[4] ausgedacht haben, vom Universum getrennt zu sein, und das war der Anfang einer lebenslangen Trennung von der Liebe. Die »winzig kleine Wahnidee« ist, dass wir von der Liebe des Universums getrennt seien, oder wie der *Kurs* sagen würde: von Gott. Als wir die »winzig kleine Wahnidee« ernst nahmen und glaubten, es sei tatsächlich so, entschieden wir damit, dass die Liebe des Universums nicht genügte. Wir entschieden uns zu glauben, dass wir eine Liebe schaffen könnten, die auf einer abgesonderten Welt der Dualität basiert. Als wir die »winzig kleine Wahnidee« wählten, wandten wir uns von der Liebe des Universums ab. An diesem Punkt überzeugte uns das Ego, wir seien nicht sicher und deshalb dafür verantwortlich, uns eine Welt und ein Denksystem zurechtzuzimmern, die uns das Gefühl vermitteln, selbst gut genug zu sein. Um es noch schlimmer zu machen, haben wir Schuldgefühle, weil wir uns von unserer Wahrheit getrennt haben: von der Liebe. Wir haben uns entschieden, an die Identität des abgesonderten Selbst zu glauben, was dazu führt, dass wir an eine Welt glauben, die von der Liebe getrennt ist. In dem Moment, als wir die winzig kleine Wahnidee der Trennung ernst nahmen, gaben wir einer Welt der Angst Vorrang vor der Liebe.

Der Weg heraus aus dieser Angst besteht darin, den Schleier zu lüften und mit den Augen des *Spirit* zu sehen. Wenn wir das tun, erinnern wir uns daran, dass wir sicher, heil und geschützt sind. Wenn wir akzeptieren, dass es eine Welt der Liebe und der Unterstützung jenseits unserer physischen Welt gibt, können wir uns als geistige Wesen – *Spirits* – sehen, die eine menschliche Erfahrung machen. Diese spirituelle Sichtweise kann uns großen Frieden, Liebe und Freude bringen. Das ist das Konzept des Himmels auf Erden – wenn wir zwar in der Welt leben, aber die Gedanken des Himmels denken.

Wenn wir eine Welt der Trennung wahrnehmen, fühlen wir uns unbewusst schuldig, weil wir uns von dem abgewandt haben, was der *Kurs* »vollkommene Liebe« nennt. Jede winzig kleine Wahnidee des Getrenntseins baut eine Traumwelt auf, getrennt von der wahren Liebe zu dem, der wir sind. Wir werden überwältigt vom Selbsthass auf das abgesonderte Ich, das wir geworden sind. Denn auf einer unbewussten Ebene bewirkt unser Glaube, getrennt zu sein, dass wir schuldig, auf Abwehr bedacht und allein sind. Solche Überzeugungen bilden den Schleier, der uns vor unserer Super-Attractor-Wahrheit verbirgt und vor der Liebe zu dem, der wir sind.

Wie der *Kurs* erklärt, sind die winzig kleinen Wahnideen des Getrenntseins nicht das Problem. Das Problem liegt vielmehr darin, wie wir darauf reagieren. Wenn wir auf angstbasierte Gedanken mit noch mehr Angst reagieren, setzen wir damit die Trennung von der Liebe fort. Jeden Tag beschließen wir, uns auf winzig kleine Wahnideen des Getrenntseins einzulassen – mit Überzeugungen wie »Ich habe nicht genug«, »Alle wollen mir Böses«, »Ich bin besser als die anderen«, »Ich bin nicht liebenswert« und so weiter. Vom Moment des Aufwachens an erschaffen wir tagtäglich eine Traumwelt der Trennung und der Distanz zu unserer wahren Natur.

Dann ergibt sich die Frage: Warum lüften wir nicht alle einfach den Schleier? Wenn auf der anderen Seite des Schleiers Licht, Liebe und Wahrheit sind, worauf warten wir dann noch?

Die Antwort ist, dass wir uns schrecklich davor fürchten, das Licht einzuschalten. Denn wer sind wir eigentlich, wenn wir nicht der Körper sind, der in den Dramen der Welt, die wir erschaffen haben, gefangen ist? Wir haben gelernt, uns auf die Auffassungen zu stützen, die wir gegen die Liebe errichtet haben und die wir benutzen, um uns vor Enttäuschung und Schmerz zu schützen. Würden wir jedoch einfach den Schleier der Liebe heben und unsere weltlichen Auffassungen loslassen, dann würde sich dieser Schmerz auflösen.

Doch selbst mit meinem Glauben an die geistige Welt stellt die Wahrnehmung meines Selbstbildes, meines Körpers und des Getrenntseins von der Liebe eine fortwährende Herausforderung für mich dar. Einen Monat, bevor ich dieses Buch begann, gelangte ich an einen großen Tiefpunkt im Leben. Ich hatte monatelang mit einer nicht diagnostizierten Magenerkrankung zu kämpfen. Ich hatte starke Schmerzen, konnte nichts essen und suchte wie besessen nach einer Lösung. Unzählige Stunden googelte ich meine Symptome und versuchte, mich selbst zu diagnostizieren – eine furchtbare Idee, die ich keinesfalls weiterempfehle. Ich betete und meditierte zwar, doch meine Angst war größer als mein Vertrauen, und ich fixierte mich weiterhin obsessiv auf meinen Körper. Schließlich erfuhr ich nach monatelangen Tests, um welche Krankheit es sich handelte. Zunächst brachte mir diese Klarheit eine gewisse Erleichterung. Doch fast sofort versteifte ich mich darauf herauszufinden, wie ich mich selbst heilen konnte. Ich wusste in meinem Herzen, dass meine Fixierung auf den Körper das Problem fortbestehen ließ. Also betete ich um Hilfe.

Erhört wurden meine Gebete schließlich bei einem Mittagessen mit meiner Freundin und Lehrerin Marianne Williamson. Marianne fragte mich nach meinem Befinden, und ich ließ einen Monolog über all die Schmerzen und Leiden, die ich erdulden musste, vom Stapel. Ich erklärte ihr, dass ich nun endlich eine Diagnose hätte, klagte aber dann, dass der Weg zur Genesung lang sei. Meine Energie war aufgewühlt, und sie spürte meine Angst. Sie sah mir in die Augen und sagte: »Du identifizierst dich obsessiv mit deinem Körper.« Marianne erinnerte mich daran, dass ich mich entweder mit dem Teil von mir identifizieren könne, der diesen Kampf durchmachte (der

Körper), oder aber mit dem Teil, der ihn *nicht* durchmachte (der Geist). Sie erinnerte mich daran, dass der Körper gesund wird, wenn man ihn nicht anschaut – wenn man sich also nicht übermäßig auf ihn fixiert.

Mariannes Worte führten mich zurück zur Wahrheit und zu einer Lehre aus dem *Kurs*, die besagt: »Ich bin kein Körper. Ich bin frei.«[5] Dieses Konzept war schwer umzusetzen, wenn körperliche Symptome aktiviert waren. Doch ich wusste: Solange ich mich mit meinem Körper identifizierte, konnten meine Symptome gar nicht nachlassen. Ich betrachtete genauer, wie sich diese körperliche Verfassung überhaupt herausgebildet hatte. Mehrere lieblose Momente des Getrenntseins hatten dazu geführt, dass ich sehr gestresst war. Dieser Stress hatte meinen Fokus auf die Welt, meinen Körper und eine falsche, angstbasierte Wahrnehmung meiner selbst gelenkt. Ich hatte meine wahre Bestimmung vergessen, nämlich, Liebe zu sein und die Liebe auszuweiten.

Ich nahm den Rat von Marianne an und identifizierte mich ganz bewusst mit *Spirit*. Das bedeutete nicht, dass ich auf die Einnahme von Medikamenten verzichtete oder den Behandlungsplan nicht einhielt. Aber es bedeutete, dass ich mich nicht mehr so hartnäckig auf den Körper fokussierte – denn das hielt mich im Dunkeln. Ich betete darum, mich im Licht zu sehen. Ich meditierte über die Vision, den Schleier zu lüften und im allgegenwärtigen Licht des Universums zu stehen. Der Wechsel von der Körperidentifikation zur Identifikation mit dem Geistigen gab mir Vertrauen in meine Fähigkeit, eine gute Gesundheit anzuziehen. Ich übte gewissenhaft bestimmte Praktiken, damit ich leichter den Schleier lüften und die Brücke überqueren konnte, die von meiner Wahrnehmung der Welt in eine Welt des Lichts führte. Auch jetzt noch rufe ich mir täglich in Erinnerung, dass Wunder »im Licht gesehen« werden. Jedes Gebet bringt mich dem Licht näher, jede Meditation lenkt meine energetische Frequenz wieder auf das Licht und jeder liebevolle Gedanke macht den Weg zurück zum Licht frei. Ich habe akzeptiert, dass die Liebe in mir mein Licht, offenbart. Ich muss die Dunkelheit nicht beseitigen; ich muss mich einfach nur dafür entscheiden, im Licht zu sehen.

Ich weiß, dass du den Unterschied zwischen Körperidentifikation und Identifikation mit dem Geistigen – *Spirit* – auf der seelischen Ebene verstehst. Auf der weltlichen Ebene sträubst du dich jedoch dagegen. Im *Kurs* heißt es: »Gesagt zu bekommen, dass das, was du nicht siehst, vorhanden ist, klingt wie Wahnsinn. … Du setzt deinen Glauben in das Dunkel, nicht in das Licht.«[6] Ich kann diesen existenziellen Kampf zwischen der Welt des Dunkels und der geistigen Welt des Lichts sehr gut nachvollziehen. Auch in meinem Leben liegt der Schwerpunkt immer noch so stark auf einer Welt, die ich nicht sehen möchte: einer Welt des Angriffs, des Hasses, der Wut und des Grolls. Einer Welt voller Kampf, Schmerz, Enttäuschung und Leid. Aber ich bin zu der Überzeugung gelangt, dass der einzige Weg heraus aus dieser Welt der Dunkelheit darin besteht, das Licht ganz bewusst so oft wie möglich zu sehen. Das Licht zu sehen ist eine Praxis und erfordert die Bereitschaft, die eigenen Zweifel (vorübergehend) fallen zu lassen. Wir müssen es uns zur Gewohnheit machen, im Licht zu sehen.

Je mehr wir uns darauf einstimmen, das Licht zu sehen, desto mehr verblasst die Wahrnehmung des Dunkels. *Ein Kurs in Wundern* spricht sogar von »Lichtepisoden«[7]. Vor einigen Jahren saß ich einmal am Strand und las den *Kurs*. Ich legte das

Buch irgendwann auf meinen Schoß und sah über das Meer. Als ich auf die Stelle blickte, an der das Wasser auf den Sand trifft, zeichnete sich allmählich ein heller, rechteckiger Lichtrahmen am Himmel ab. Es war, als schaute ich durch diesen Rahmen aus weißem Licht auf den Ozean. Zunächst schrak ich bei dem Anblick zusammen, fand ihn aber auch tröstlich. Als er sich auflöste, blickte ich wieder auf mein Buch und sah diesen Abschnitt:

> *»Du wirst ihn zu verstehen beginnen, wenn du kleine Lichtränder um die gleichen vertrauten Objekte, die du jetzt siehst, erblickt hast. Das ist der Anfang wirklicher Schau. … Im weiteren Verlaufe ist es möglich, dass du viele ›Lichtepisoden‹ erlebst.«*[8]

Ich lächelte mit dem Gefühl zu wissen, dass es tatsächlich eine Welt jenseits des physischen Sehens gab. Seither habe ich viele Lichtepisoden gehabt. Ich sehe helle Lichtfunken und auch Lichtstreifen, die wie Lametta durch die Luft tanzen. Beim Meditieren sehe ich oft Licht. Wenn ich innehalte und mich wieder auf das Universum ausrichte, offenbart sich das Licht als ein tiefes inneres Gefühl. Ich liebe diese Lichtepisoden, weil sie mich daran erinnern, dass ich kein Körper bin; ich bin frei.

Heute suche ich nach dem Licht, wohin ich auch gehe. Es kommt allerdings vor, dass ich in einen Zustand der Angst gerate und vergesse, nach Licht Ausschau zu halten. Das Licht ist immer da, und es ist meine Entscheidung, es zu sehen. Ich wünsche dir, dass du deine eigenen Erfahrungen mit Lichtepisoden machst. Ich möchte, dass du wirklich den Sinn erkennst, warum du in dieser Welt lebst, aber indem du mit Gedanken der Liebe denkst. Ich möchte, dass du fähig bist, eine Brücke zu schlagen zwischen der Welt der Sinneswahrnehmung und der Welt des Lichts. Und ich möchte, dass du dieses Licht in unsere Welt der Wahrnehmung zurückbringst, damit du dazu beiträgst, unsere begrenzte Sicht zu erweitern – um das Dunkel zu erhellen. Wenn wir im Licht leben, erinnern wir uns an unsere Super-Attractor-Macht. Wir wissen, dass wir uns mit einer Präsenz der Stärke, der Weisheit und des Friedens jenseits der Welt verbinden können.

Jetzt reg dich nicht auf. Ich habe dir gesagt, dass ich die metaphysische Grenze ausweiten würde. Im Moment kannst du auf den Teil deiner selbst zurückgreifen, der an das Licht glaubt – oder sogar auf den Wunsch, daran zu glauben. Das führt dich zum Beginn deines Weges, in dessen Verlauf du die Wahrnehmung der Dunkelheit auflöst und dich an das Licht erinnerst. Wenn du Widerstand gegen irgendetwas in diesem Kapitel spürst, dann stimm dich einfach auf den Teil in dir ein, der an die Liebe glaubt, und bleib weiterhin offen für eine neue Sichtweise.

Wir neigen dazu, unsere spirituelle Praxis sehr kompliziert zu gestalten, obwohl sie es gar nicht sein müsste. Kompliziert wird sie durch unseren Widerstand dagegen. Lass deine Zweifel einmal außen vor, und sei es nur für die Dauer dieses Kapitels, und lass dir dabei helfen, dich an das Licht zu erinnern. Es ist Zeit, den Schleier zu lüften. Folge meiner Anleitung und halte es so einfach wie möglich.

Verurteile dich nicht, weil du Dunkelheit wahrnimmst

Beginnen wir damit, dass wir jegliche Selbstkritik, jeglichen Angriff auf andere loslassen. Ich habe so viele Menschen gesehen, die sich selbst verurteilen, weil sie sehr weit vom Weg abgekommen sind. Denk daran, das Licht hat dich nie verlassen. Die Welt der Dunkelheit, die du wahrnimmst, ist nur eine Reihe winzig kleiner Wahnideen und liebloser Augenblicke, die dich vom Licht dessen, der du bist, getrennt haben. Akzeptiere für den Moment, dass die Dunkelheit und die Tatsache, dass es dir nicht gut ging, großartige Möglichkeiten waren, *Spirit* näherzukommen. Nimm es dir nicht mehr übel, dass du dich auf verschiedenste Weise auf die Angst vor der Welt eingelassen hast. Vergib dir selbst, dass du auf verschiedenste Weise an die Dunkelheit geglaubt hast. Vergib dir deine Angriffsgedanken, deine Selbstverurteilung, dein falsches Verhalten und deine Furcht vor dem Licht. Denk daran, was der *Kurs* lehrt: »Wunder werden im Licht gesehen.«[9] Sobald du deine Gedanken von der Angst weg und hin zur Liebe verschiebst, wirst du ein Wunder erleben. Entscheide dich jetzt dafür und vergib dir deine angsterfüllten Gedanken, damit du zum *Spirit* zurückkehren kannst.

Entscheide dich, im Licht zu sehen

Immer wenn du dich von den Wahrnehmungen der physischen Welt hast ködern lassen, frag dich: »Will ich das im Dunkel sehen oder im Licht?« Wenn du diese Frage bereitwillig stellst, dann bist du auch bereit, das Licht zu wählen. In dem Moment, in dem du dich das fragst, lädst du eine geistige Präsenz jenseits deiner eigenen ein, deine Gedanken zurück zur Liebe zu führen. Deine Frage ist ein Gebet um Hilfe. Sie ist eine Erinnerung daran, dass es eine Welt jenseits dessen gibt, was du mit deinen Augen sehen kannst, eine Welt jenseits von Angst und Begrenzungen, eine hell strahlende Welt. Das Licht wartet darauf, dass du die Wahl triffst, es zu sehen. Entscheide dich bewusst dafür, den ganzen Tag über mit Licht zu sehen. Mach es dir zur Gewohnheit.

Viele Wunder stellen sich ein, wenn man diese einfache Entscheidung trifft. Vor Kurzem habe ich eine wundervolle Veränderung erlebt, weil ich mich entschieden habe, mit Licht zu sehen: Eines Nachmittags erhielt ich eine E-Mail von jemandem, der wegen eines hasserfüllten Beitrags über mich auf der Facebook-Seite einer Frau besorgt war. Diese Frau hatte eine lange Schimpftirade darüber verfasst, dass ich angeblich eine Betrügerin sei. Du kannst dir vorstellen, wie niederschmetternd das für mich war. Am meisten bestürzte mich, dass auf ihrer Seite mehrere Personen ihren Worten mit Kommentaren zustimmten. Sie schrieben zum Beispiel etwas wie: »Endlich spricht mal jemand darüber, wie schrecklich Gabby ist.« Normalerweise reagiere ich nicht auf Hass im Internet. Ich bin stolz auf eine Praxis, die ich »verzeihen und löschen« nenne. Doch dieser Post triggerte mich wirklich. Ich verbrachte Stunden im Dunkel der Negativität. Ich scrollte durch andere negative Posts auf der Seite dieser Frau, ging in die Defensive und ließ zu, dass ich deswegen deprimiert war. Später an jenem Abend, als ich mich wegen des Posts noch sehr niedergeschlagen fühlte, stellte mich mein Mann Zach zur Rede. Er fragte: »Denkst du etwa immer noch an diese Sache?«

Ich antwortete: »Ja. Ich kann es anscheinend nicht abschütteln.«

Er sah mich sehr mitfühlend an und sagte: »Hör auf, den negativen Feed dieser Frau zu lesen, und hilf lieber den Leuten, die etwas von dir hören wollen. Fang mit den Tausenden Nachrichten in deinem Instagram-Postfach an.«

Das war das Wunder. Ich war sehr erleichtert, als er vorschlug, dass ich meinen Fokus von der Dunkelheit weglenken und stattdessen bewusst das Licht sehen sollte. Also ließ ich mir von meinem Mann zeigen, wo ich die Nachrichten in Instagram finden konnte (ich hatte keine Ahnung!). Ich wusste nicht, dass das Licht da war, weil ich nicht danach gesucht hatte. Dann verbrachte ich die nächsten Tage damit, auf die schönen Geschichten, Berichte und Nachrichten von Menschen aus der ganzen Welt zu antworten. Sie drückten mir ihre Dankbarkeit aus, schickten mir Gebete und wunderbare Geschichten. In diesen paar Tagen, als ich auf Posts antwortete und Menschen half, ihren spirituellen Weg wiederaufzunehmen, fühlte ich mich voller Licht und empfand mein Tun als sehr sinnvoll. Ich fühlte mich tief mit meiner Community verbunden und war voller Freude. Ich hatte mich von der Wahrnehmung meines Körpers (meines physischen Ichs), das angreifbar war, getrennt und mich wieder mit meinem *Spirit* – einer Kraft der Liebe in der Welt – verbunden.

Am dritten Morgen wachte ich voller Liebe auf. Statt mein Handy aufzunehmen oder aus dem Bett zu springen, dachte ich sofort: »Bete für die Menschen, mit denen du in Verbindung getreten bist.« Ich versank in einem tiefen Gebet und begann, meiner Community Licht zu senden. Ich betete für ihren inneren Frieden, ihre Gesundheit, ihre Freude und ihr geistig-spirituelles Erwachen. Ich betete, dass sie sich an das Licht erinnerte. Noch nie zuvor hatte ich so viel Freude empfunden. Die hasserfüllten Kommentare auf Facebook waren in den Hintergrund getreten und hatten keine Macht mehr über mich. Mir war wirklich klar geworden, dass »Wunder im Licht gesehen werden«.

Diese Erfahrung hat mich transformiert. Dass ich mich nicht mehr auf das Negative konzentrierte, sondern stattdessen den Fokus darauf richtete, wie ich etwas für andere tun konnte, gab mir den Impuls für ein großartiges spirituelles Erwachen. Ich konnte klar im Licht sehen und die Projektionen anderer verzeihen. Heute kann ich sagen, dass ich den Frauen, die mich auf Facebook mit ihren Hasskommentaren bedacht haben, sehr dankbar bin. Sie haben mir einen göttlichen spirituellen Auftrag und ein Wunder geschenkt. Ich weiß, dass sie meine Liebe spüren können, denn ich habe sie losgelassen. Ich liebe sie deswegen, weil sie mir gezeigt haben, dass Licht jegliche Angst vertreiben kann.

Bei dieser Erfahrung erkannte ich, was meinen zentralen Wert ausmacht. Mir wurde bewusst: Das, was ich an mir am meisten schätze, ist meine Fähigkeit, eine Präsenz der Liebe in der Welt zu sein. Mit Dunkelheit konfrontiert konnte ich auf das Licht zugreifen, indem ich dazu beitrug, dass es anderen gut ging. In einem Zustand des Grolls oder der Reaktivität wehren wir uns im Grunde nur gegen das Licht – das wurde mir klar. Die einzige Antwort auf Angst ist Liebe.

Ich hoffe, meine Geschichte hilft dir zu sehen, wie einfach es ist, den Schleier über der Dunkelheit der negativen Gedanken zu heben und dich wieder auf dein Licht zu besinnen. Diese Wahl kannst du in jedem Moment treffen. Wenn du das Gefühl hast, gemobbt zu werden, konzentriere dich darauf, wie du dafür sorgen kannst, dass es anderen gut geht. Wenn du dich schwach fühlst, konzentriere dich auf die Kraft, deinem spirituellen Weg zu folgen. Wenn du empört über die Ungerechtigkeiten der Welt bist, konzentriere dich auf die Übungen in diesem Buch, um dich wieder auf dein Licht auszurichten, damit du von einer Energie des Getrenntseins loskommst und wieder zur Liebe zurückkehren kannst. Mögest du Licht dorthin bringen, wo Dunkelheit ist.

Sei stolz auf deine Entscheidung, Licht zu sehen

Wenn du dich nicht mehr auf das physische Ich konzentrierst, kannst du mit den Augen des *Spirit* sehen. Du denkst immer weniger über die auftretenden Probleme nach und immer mehr darüber, wie du mit ihnen umgehen willst. Jedes Mal, wenn du dich fragst »Möchte ich das im Dunkeln oder im Licht sehen?«, öffnest du die Tür für ein Wunder. Bemiss deine spirituelle Reife nicht daran, wie leicht dein Leben ist, sondern daran, wie gut du zurechtkommst, wenn etwas schiefgeht. Feiere die Wunder-Momente, in denen du von der Körperidentifikation zur Identifikation mit dem Geistigen wechselst. Lass dich vom Schwung der Wunder mitnehmen und von der Freude am Leben im Licht einhüllen. Hast du erst einmal die Erfahrung gemacht, Angst gegen Liebe einzutauschen, wirst du immer mehr spirituelle Beweise dafür finden, dass geistiges Schauen das ist, was du wirklich willst.

Meditieren im Licht

Es kann schwierig sein, sich für das Licht zu entscheiden, wenn wir in ein weltliches Drama verstrickt sind. An diesem Punkt kommt die Meditation ins Spiel. Einem weit verbreiteten Missverständnis zufolge ist Meditation nur dazu da, Stress abzubauen oder rasende Gedanken zum Schweigen zu bringen. Das tut sie zwar – aber das ist bei Weitem noch nicht alles. Wenn wir meditieren, können wir die Energie dieser Welt transzendieren und an einen Ort der Liebe gelangen. Meditation wird ein Weg zum Licht. Du überantwortest deinen Willen der liebevollen Präsenz im Inneren und kannst behutsam über die Brücke geleitet werden, von der Welt der Wahrnehmung zur Welt des Lichts. Meditation ermöglicht dir eine Atempause von deinem Festhalten an der Angst. Das mag zwar rätselhaft klingen, aber wenn es eintritt, wirst du es wissen. Je mehr Widerstand du auf deinem Meditationskissen loslässt, umso besser wirst du die Welt jenseits deiner körperlichen Erfahrung erkennen. Du kannst Heilung geschehen lassen, kreative Ideen an die Oberfläche kommen lassen und Dankbarkeit einladen, dich ganz und gar zu erfüllen. Ich wünsche dir, dass du die immense Erleichterung und Freude erlebst, die sich einstellen, wenn du im Licht meditierst.

Der Weg zur Ausrichtung auf das Universum beginnt mit der Stille der Meditation. Diese Stille ist so tief, dass du die

Welt der Wahrnehmung hinter dir lässt und in die Kraft deines Lichts gelangst. In der stillen Meditation kannst du deine angstvolle Wahrnehmung der Welt unterbrechen, und sei es nur für einen Moment. Ein Moment genügt. Ein Moment des Vertrauens kann dich für immer verändern. Durch Meditation baust du deine Erfahrung des Lichts auf, jenseits der Ängste der Welt. Du erlebst das Wunder, das nur auf dich gewartet hat. Deine Verbindung zu dieser nichtphysischen Dimension dringt in jeden Winkel deines Lebens vor. Sie hilft dir, mühelos einen positiven Fluss des Wohlbefindens und der Fülle aufrechtzuerhalten, um mehr von dem anzuziehen, was du willst.

Meditation zum Heben des Schleiers

Folge der Anleitung zu meiner Meditation »Den Schleier heben«. Sobald du die Meditation beendet hast, schlag dein Tagebuch auf und schreib über deine Erfahrung mit dem Licht. Es ist wichtig, diese Erfahrung zu dokumentieren, damit du sie nicht vergisst.

Meditation »Den Schleier heben«[10]
Setz dich bequem hin, entweder auf den Boden oder aufrecht auf einem Stuhl.
Schließ sanft die Augen und leg deine Hände mit den Handflächen nach oben auf den Schoß.
Atme ein und zähl dabei von fünf rückwärts.
Fünf vier drei zwei eins.
Atme aus und zähl dabei von fünf rückwärts.

Fünf vier drei zwei eins.
Atme ein und zähl dabei von fünf rückwärts.
Fünf vier drei zwei eins.
Atme aus und zähl dabei von fünf rückwärts.
Fünf vier drei zwei eins.
Setz diesen Atemzyklus fort und lass zu, dass du allmählich in einen friedlichen Zustand gelangst.
Lass die Gedanken kommen und gehen. Beurteile sie nicht.
Atme immer weiter ein und aus und zähl dabei von fünf rückwärts.
Während du atmest, sieh dich vor einer Brücke stehen, kurz davor, sie zu betreten. Die Brücke kann flach über dem Boden oder hoch darüber sein.
Hinter dir liegt eine schattige dunkle Wolke. Du spürst, dass diese Dunkelheit deine Angst und deine körperliche Wahrnehmung der Welt repräsentiert.
Wenn du über die Brücke nach vorn schaust, siehst du ein helles, schimmerndes Licht. Dieses Licht zieht dich mit seiner energetischen Anziehungskraft zu sich hin.
Atme einmal tief ein und wieder aus, während du dich der starken energetischen Zugkraft des Lichts überantwortest.
Lass dich vom Licht anziehen, während du nun beginnst, die Brücke zu überqueren, von der Dunkelheit ins Licht.
Atme bei jedem Schritt ein und aus.
Du kommst dem anderen Ende der Brücke immer näher und merkst, dass die Schatten der Welt verschwinden.
Du kannst sie hinter dir nicht mehr sehen.
Atme tief durch und tritt von der Brücke herunter, hinein in die Welt des Lichts.

Jetzt siehst du nur noch Licht.
In diesem Licht bist du nicht dein Körper, du bist frei.
Du bist ein Energiefeld der Liebe und des Lichts.
Du bist stark.
Du bist im Frieden.
Du wirst unterstützt.
Du wirst geliebt.
Du wehrst dich nicht gegen die Vergangenheit und hast keine Angst vor der Zukunft.
Alles, was du hast, ist das Licht in diesem Moment.
Erlaube dir, so lange in diesem Licht zu stehen, wie du willst.
Atme weiter lange und tief ein und aus und lass das Licht dich wiederherstellen hin zu deiner wahren Natur.
Steh im Licht und atme.
Wenn du das Gefühl hast, es sei an der Zeit, aus deiner Meditation herauszukommen, sprich ein stilles inneres Gebet: »Wunder werden im Licht gesehen. Ich entscheide mich, im Licht zu sehen und Licht mit mir zu bringen, wohin ich auch gehe.«
Atme tief ein und wieder aus.
Wenn du bereit bist, öffne die Augen.

Nimm nach dem Meditieren dein Tagebuch zur Hand und schreib ganz frei über deine Erfahrung, im Licht zu stehen. Dokumentiere das Wunder, wie du die Welt der Angst losgelassen und die Welt des Lichts angenommen hast. Du wirst diese Praxis sehr wertvoll finden, denn sie ist eine Methode, dich daran zu erinnern, wer du wirklich bist. Wenn du deine Übung, frei zu schreiben, beendet hast, sprich dein Gebet noch einmal: »Wunder werden im Licht

gesehen. Ich entscheide mich, im Licht zu sehen und Licht mit mir zu bringen, wohin ich auch gehe.«
Kehre jetzt in deinen Alltag zurück und bring Licht mit, wohin du auch gehst.

Diese Meditation genügt, um dir zu helfen, mit Licht zu sehen. Vielleicht machst du die Erfahrung einer Lichtepisode, oder aber du spürst in der Meditation, wie dich ein Gefühl von Liebe und Licht überkommt. Es spielt keine Rolle, ob du Licht mit deinen physischen Augen siehst oder es als eine heilende Präsenz spürst. Du wirst das Licht auf deine eigene Weise erleben. Menschen machen diese schöne Erfahrung auf vielfältige Art. Vertrau auf die Art und Weise, wie das Licht für dich sichtbar wird, und greif so oft wie möglich darauf zurück.

Wir können den Schleier der Dunkelheit heben und uns an das Licht erinnern, indem wir uns auf die Macht des Universums stützen und unsere Gedanken wieder zur Liebe zurückbringen. Wenn wir vertrauen, statt zu zweifeln, erinnern wir uns an das Licht. Wenn wir meditieren, unseren Geist zur Ruhe bringen und Widerstand loslassen, erinnern wir uns an das Licht. Wenn wir mitfühlend sind, statt anzugreifen, erinnern wir uns an das Licht. Wenn wir um Vergebung beten, erinnern wir uns an das Licht. Wenn wir uns entscheiden, den Schleier der Angst zu lüften, bleibt nur noch das Licht.

Bring das Licht mit, wohin auch immer du gehst

Wenn du einmal hinter die Welt geblickt hast, die auf Angst basiert, willst du dich so oft wie möglich dem Licht zuwenden. Das wird immer leichter. Du fühlst dich dann auch aufgerufen, dieses Licht überallhin mitzubringen, wohin du gehst. Du findest Sinn und Zufriedenheit darin, zu Hause, bei der Arbeit und in deiner Gemeinschaft ein Kanal des Lichts zu sein. Vielleicht stellst du sogar fest, dass du mehr Menschen anziehst, die Unterstützung und Anleitung von dir erhalten wollen. Es ist ein gutes Gefühl, bei jemandem zu sein, der hell leuchtet.

In dieser neuen Rolle hast du vielleicht den Wunsch, Menschen, denen es nicht gut geht, zu helfen. Wenn das so ist und du merkst, dass jemand mit etwas zu kämpfen hat, musst du dem Bedürfnis widerstehen, dich in sein Drama hineinziehen zu lassen. Teile von dir identifizieren sich möglicherweise noch mit dem, was er braucht. Wenn du aber auf das Bedürfnis der Person eingehst und dabei selbst bedürftig bist, kannst du ihr nicht weiterhelfen. Der beste Weg, jemanden zu unterstützen, der in Angst gefangen ist, besteht darin, ganz in Liebe aufzugehen und das Licht zu sein. Du musst ihm von einem Zustand der Liebe aus begegnen und darauf vertrauen, dass deine gute Energie ausreicht.

Es ist unsere Seelenbestimmung, anderen zu helfen und überallhin Licht zu bringen, wohin wir auch gehen. Wir müssen jedoch bewusst aus einem Zustand der Stärke und des Einklangs heraus für andere da sein. Abraham-Hicks sagen, dass du auf den Erfolg der anderen ausgerichtet sein musst, wenn du ihnen deinen Beistand anbietest, nicht auf ihr Problem. Der beste

Weg, anderen dienlich zu sein, ist der, sie mit Begeisterung zu Lösungen führen zu wollen, statt in ihren Problemen stecken zu bleiben. Auf ihren Erfolg bedacht zu sein bringt dich in Einklang damit, dass auch sie ein Super Attractor sind. Wenn du sie in diesem Licht siehst, können sie sich leichter daran erinnern, wer sie wirklich sind. Selbst wenn sie nicht bereit sind, sich von dir führen zu lassen, genügen deine positiven Gedanken und deine Energie. Das größte Geschenk, das du einem Menschen machen kannst, ist das, ihn in seiner Ganzheit zu sehen. Manchmal hilft man anderen am besten, aus ihrer Angst herauszufinden, wenn man nichts tut und sie von Licht umgeben visualisiert.

Deine wahre Macht liegt im Licht

Wahre Macht liegt in deiner spirituellen Verbindung und deiner Fähigkeit, dich auf die Energie der Liebe und die innere Vision des Lichts einzustellen. Wahre Macht ist nicht irgendein Abschlusszeugnis, ein Status oder eine Leistung. Ein Super Attractor zu sein bedeutet, wir müssen das ablegen, was uns unserer Auffassung nach Macht in dieser Welt verleiht. All unsere »äußere Macht« ist etwas, das das Licht abwehrt. Wenn du Gedanken der Liebe denkst und mit den Augen des Lichts siehst, findest du einen Weg durch jede Blockade hindurch. Negativität, Angriff, Verurteilung oder Leid entsprechen dir dann nicht mehr und können dir nichts mehr anhaben. Mit wahrer spiritueller Macht zu leben heißt, im Licht zu leben.

Ich hoffe, diese Informationen haben dich inspiriert, den Schleier der auf Angst gegründeten Welt des Leidens zu heben und dich einer Welt des Glaubens und der Liebe zuzuwenden. Zum Abschluss dieses Kapitels möchte ich dir noch einmal in Erinnerung rufen, dass du nicht erwarten solltest, kontinuierlich im Licht zu leben. Jeder flüchtige Lichtmoment zählt. Wenn du die einzelnen Momente addierst, werden sie zu deiner Realität. Denk daran: Diese Praxis ist dazu da, unsere dunklen Wahrnehmungen aufzulösen und uns wieder an unser Licht und unsere wahre Kraft zu erinnern. Das geschieht nicht von jetzt auf gleich, deswegen ist es wichtig, die Wunder auf dem Weg zu feiern. Jede Verschiebung der Wahrnehmung von dunkel zu hell bringt dich der Wahrheit näher. Lass diese Veränderungen natürlich kommen und bleib weiterhin dem Licht verbunden.

Im nächsten Kapitel helfe ich dir, dich durch die Macht der spirituellen Führung noch mehr mit dem Licht in Einklang zu bringen. Wenn du dich immer mehr dem Licht zuwendest, nimmst du allmählich die Universelle Energie, die dich stets unterstützt, wahr. Als Kind war dir die geistige Führung zugänglich, und es ist an der Zeit, dich wieder mit ihr zu verbinden. Du wirst angeleitet, den Schleier zu lüften und zur liebevollen Unterstützung der Führung zurückzukehren, an die du früher geglaubt hast. Öffne dein Herz und deinen Geist, um offen und empfänglich zu sein, und lass dich bereitwillig darauf ein, unterstützt zu werden.

6

EINE UNSICHTBARE FÜHRUNG STEHT DIR ZUR VERFÜGUNG

Eines Nachmittags rief mich eine gute Freundin an. Als ich ihre Stimme hörte, wusste ich sofort, dass sie tief bestürzt war. Sie erzählte mir, dass sie sich von ihrem Freund getrennt hatte – nach vielen Bemühungen ihrerseits, die Beziehung doch noch zu retten. Doch schließlich kamen beide an grundlegenden Problemen einfach nicht mehr vorbei. So weh ihr die Trennung auch tat, wirklich Angst machte ihr, dass sie nicht wusste, welche Richtung ihr Leben nun nehmen würde. Immer wieder wiederholte sie: »Wie ist es nur wieder so weit gekommen mit mir?« Sie war verletzlich, niedergeschlagen und hoffnungslos. Ich spürte ihre Qualen und ihren Kummer sogar am Telefon. Es war eindeutig, dass sie absolut nicht mehr darauf ausgerichtet war, auf das Universum zu vertrauen. Ich versuchte, ihr die Angst und die Panik auszureden, indem ich ihr zeigte, dass es Lösungen gab. Aus einer praktischen Perspektive heraus gab ich ihr Ratschläge, wo sie leben, wie sie mit ihrer finanziellen Situation umgehen und wie sie so manches zum Positiven hin verändern könnte. Doch all das deprimierte und überforderte sie nur noch mehr.

Nachdem ich über eine Stunde lang geredet hatte, war ich emotional erschöpft und frustriert wegen ihres Widerstands. Ich versuchte zwar, meiner Freundin zu helfen, drang aber einfach nicht zu ihr durch. Ich wusste, dass es einen besseren Weg geben musste, und wollte ihn finden.

Ohne groß nachzudenken, hörte ich mich plötzlich sagen: »Hast du deine Geistführer um Hilfe gebeten?« Nach einer Pause antwortete sie: »Nein, auf die Idee bin ich gar nicht gekommen ... Aber ehrlich gesagt, Gabby, einen Geistführer um Hilfe zu bitten, das tue ich normalerweise nicht.« Ich erzählte ihr von meiner eigenen Erfahrung mit Geistführern und dass ich nie eine Entscheidung treffe oder einen Lebensumbruch durchmache, ohne ihren Rat einzuholen. Ich erzählte ihr, dass es nach meiner Überzeugung viele Geistführer gibt, die immer für uns arbeiten. Wir alle haben unseren eigenen Engelführer, der da ist, um uns zu beschützen und zu führen. Wir haben außerdem Familienmitglieder, Lehrer und Freunde, die schon verstorben sind und uns helfen können. Es gibt Erzengel, deren alleinige Aufgabe es ist, unsere Gedanken und unsere Energie wieder in Einklang mit Gott zu bringen. Und es gibt unzählige andere Geistführer und Engel, die für uns da sind, wann immer wir darum bitten. Ich redete immer weiter und erzählte ihr, wie ich mich mit meinen geistigen Führern verbinde und wie schnell ich von ihnen unterstützt werde.

Nach einigen Minuten Geistführer-Schwärmerei sagte meine Freundin: »Wow, das klingt ja wirklich ermutigend. Mir gefällt die Vorstellung wirklich, um Hilfe bitten zu können.« Ich spürte, dass sich ihre Energie geändert hatte – von Verzweiflung zu Erleichterung. Sie war nun bereit, ihren Willen der Obhut ihrer geistigen Führer zu überantworten und spirituelle Unterstützung anzunehmen. Als wir unser Gespräch beendeten, klang sie ganz anders. Ich weiß, dass ihre Führer durch mich hindurch gewirkt haben, um sie daran zu erinnern, dass sie da waren. In dem Moment, als sie Ja zu ihrer Unterstützung sagte, ging es ihr besser.

Am nächsten Tag rief sie mich wieder an. »Du wirst es nicht glauben«, sagte sie. »Ich habe deinen Rat angenommen und meine Geistführer um Hilfe gebeten. Ich habe keine Ahnung, wen ich da angesprochen habe, aber ich habe trotzdem um Hilfe gebetet. Und dann ist ein echtes Wunder passiert. Über Nacht hat sich für mich alles gut geregelt. Ich habe eine E-Mail wegen einer Freelancer-Tätigkeit erhalten. Dann habe ich den nächsten Schritt getan und eine Reise geplant, die ich bisher aufgeschoben hatte. Sogar mit meiner Trennung bin ich jetzt viel mehr im Frieden. Meine Geistführer haben sich wirklich schnell an die Arbeit gemacht!«

»Ja! Genau das wollen sie«, sagte ich ihr. »Ihr einziges Ziel ist, deine Gedanken und deine Energie mit der Liebe des Universums in Einklang zu bringen. Mit einer solchen Ausrichtung bist du ein Super Attractor. Genau so kann sich alles gut fügen.«

Geistführer und Engel waren schon immer ein sehr wichtiger Teil meines Lebens, aber dies ist das erste Mal, dass ich in einem Buch darüber schreibe. Ich habe zwar von der Führung des Universums und von Gott gesprochen, aber die Gegenwart meiner nichtphysischen Führer nie wirklich zur Sprache gebracht. Ich war immer besorgt, dass jemand sich darüber aufregen oder den Eindruck haben könnte, meine Überzeugungen teilen zu müssen. Aber wie ich bereits im vorherigen Kapitel gesagt habe, fühle ich mich aufgerufen, die Grenzen in Bezug auf Metaphysisches zu sprengen und offen und kompromisslos über die geistige Welt zu sprechen. Ich weiß, die Welt ist bereit, sich für neue Formen der Führung zu öffnen. Wenn wir die Bereitschaft entwickeln, eine Welt jenseits unserer physischen Sinneswahrnehmung zu sehen, dann wird das Leben einfacher, wir fühlen uns sicherer und können auf unsere wahre Kraft zugreifen. Es ist für mich durchaus nachvollziehbar, dass du dich vielleicht gegen die Konzepte und Lehren in diesem Kapitel sträubst. Du glaubst möglicherweise nicht an geistige Führer, oder deine Überzeugungen stehen im Gegensatz zu meinen. Oder dir ist dieses Konzept völlig neu. Ich akzeptiere natürlich deine ablehnende Haltung, bitte dich aber, dennoch offen zu bleiben. Mit diesem Buch und allem, was ich sonst noch tue und kreiere, will ich dir helfen, dich für eine spirituelle Beziehung zu öffnen, die deinen eigenen Auffassungen entspricht. Ich will dir keinesfalls meine Vorstellungen aufzwingen, aber es ist meine Aufgabe, dir immer das zu offerieren, was nach meiner Erkenntnis für mich selbst wahr ist.

Also los. Ich glaube, dass es Wesen gibt, die höchste Wahrheit und höchstes Mitgefühl verkörpern und für uns arbeiten, um unsere Gedanken und Energien zurück zur Liebe zu führen. Sie sind nicht körperlich, die Naturgesetze dieser Welt gelten für sie nicht. Es sind geistige Wesen. Solche Führer gibt es in vielen Formen, und sie haben unterschiedliche Ziele und Absichten. Ihr gemeinsames Ziel ist jedoch, dass wir uns mithilfe ihrer Führung wieder auf die Liebe des Universums ausrichten. Wenn du in angstbasiertem Denken oder Verhalten feststeckst, kannst du dich an deine Geistführer wenden, damit sie dich zurück zur Liebe bringen. Um von ihnen geführt zu werden, bedarf es lediglich der Bereitschaft, deine Angst aufzugeben und mit dem geistigen Auge zu schauen.

Inzwischen verlasse ich mich in allen Lebensbereichen auf diese nichtphysischen Führer. Zu wissen, dass es eine Gegenwart gibt, die mich stets unterstützt, hat mir einen unerschütterlichen Glauben und Stärke verliehen. In meinem Leben gab es unzählige Momente, in denen ich die göttliche Intervention meiner Führer erkennen konnte. Eine Situation, von der ich schon an anderer Stelle berichtet habe, ereignete sich am 2. Oktober 2005, dem Tag, an dem ich beschloss, »clean« zu werden. An jenem Tag hatte ich mit meiner Drogenabhängigkeit einen Tiefpunkt erreicht. Ich war fünfundzwanzig, völlig zugedröhnt und weinte auf dem Boden meines Ein-Zimmer-Apartments. Ganz unten angelangt fand ich in mir die Bereitschaft, um Hilfe zu beten. Ich sagte: »Gott, Universum, wer auch immer da draußen ist, ich brauche ein Wunder.«

Sofort hörte ich eine starke innere Stimme: »Werde clean, und du wirst ein Leben führen, das du dir nie erträumt hättest.« Die Stimme war so deutlich und unverkennbar, dass ich zuhören musste. An jenem Tag gab ich mein Suchtverhalten auf und folgte weiterhin der spirituellen Führung, die ich erhielt. Diese Führer halfen mir beim Cleanbleiben, so glaube ich, indem sie durch andere Menschen hindurch wirkten, die sich schon von der Sucht befreit hatten; und auch durch meine Selbsthilfegruppen. Schon die geringe Bereitschaft, meine Sucht zu überwinden, genügte, um mich auf den Weg der lebenslangen Heilung zu führen. Tag für Tag, Moment für Moment richtete ich mich nach dieser Führung und wurde so zu echter Heilung geleitet.

Heute führe ich wirklich ein Leben jenseits meiner kühnsten Träume. Ich weiß, dass die innere Stimme, die ich hörte, die Stimme eines meiner Geistführer war. Meine geistigen Führer warteten geduldig darauf, dass ich die Bereitschaft fand, ihnen die Tür zu öffnen. Unsere Führer sind zwar stets zur Stelle, um uns zu unterstützen, aber wir müssen um Hilfe bitten. Wenn wir nicht dazu bereit sind, entgeht uns leicht all die Führung, die um uns herum vorhanden ist.

Es gibt viele Möglichkeiten, Botschaften von Geistführern zu empfangen. Wenn wir uns für geistig-spirituelle Unterstützung öffnen und bereit sind, sie zu empfangen, werden wir die wunderbarste Führung erhalten. Vielleicht hörst du eine Stimme oder hast das Gefühl eines inneren Wissens. Du spürst möglicherweise, dass sich eine beruhigende Energie im Raum ausbreitet. In einigen Fällen kann es auch sein, dass es dich körperlich dazu treibt, etwas zu tun. Du könntest in einem Traum Führung erhalten oder mitten in der Nacht von einer eingehenden SMS geweckt werden. Geistige Führer haben die Macht, durch unsere Technologien zu wirken, und nutzen mit Vorliebe Social Media, um dir die Anleitung und die Hinweise zu geben, die du brauchst. Deine Geistführer holen dich dort ab, wo du stehst! Sie haben viele einzigartige Möglichkeiten zur Verfügung, deine Gedanken wieder zur Liebe und zu Gott zu bringen.

So hatte ich beispielsweise vor einiger Zeit das Problem, einer bestimmten Person nicht verzeihen zu können, die mir – so empfand ich es – Unrecht getan hatte. Ich war besessen von angsterfüllten Verurteilungen und fühlte mich völlig getrennt. Ich hatte vergessen, mit den Augen der Liebe zu sehen. Meine lieblosen Gedanken hielten mich in einem dunklen Kreislauf der Negativität gefangen. Doch irgendwann hatte ich meinen

Mangel an Vergebung satt und wandte mich hilfesuchend an meine geistigen Führer. In einem Gebet sagte ich einfach: »Ich danke euch, Führer der höchsten Wahrheit und des äußersten Mitgefühls, dass ihr meine Gedanken über diese Person wieder zur Liebe zurücklenkt.« Mehr nicht. Ich habe die Angelegenheit einfach meinen Führern überantwortet, damit sie mir zeigten, was zu tun war. Innerhalb von vierundzwanzig Stunden empfing ich eine Führung. Ich scrollte gerade durch Facebook, als ein Beitrag der betreffenden Frau in meinem Feed auftauchte. Normalerweise hätte ich jetzt schnell weitergescrollt oder das, was sie geschrieben hat, schon bei den ersten Worten verurteilt. Doch heute war es anders. Ich empfand einen inneren Drang, ihren Post zu lesen. Was sie an diesem Tag auf Facebook teilte, war genau das, was ich erfahren musste, um ihr voll und ganz zu vergeben. Sie berichtete sehr empfindsam von ihren persönlichen Kämpfen und allem, was sie durchgemacht hatte. Dabei zeigte sie sich so menschlich, wie ich es bei ihr noch nie zuvor wahrgenommen hatte. In diesem Moment konnte ich sie mit den Augen der Liebe und des Mitgefühls sehen und nicht mehr durch die der Angst und der Verteidigung. Ich war in der Lage, sie mit spirituellem Blick zu sehen. Ich weiß, dass mich an jenem Tag meine Geistführer zu ihrem Post geführt haben. Und als ich meiner Intuition folgte und den Beitrag las, wusste ich, dass ich energetisch unterstützt wurde. In diesem Moment erhielt ich die klare Weisung, die Frau mit Liebe zu sehen – und ich ließ diese Führung »durchkommen«, indem ich mich dafür öffnete. Bist du erst einmal bereit, deine Angst den geistigen Führern zu überantworten, lüften sie den Schleier der Angst und Dunkelheit, stellen deine spirituelle Verbindung wieder her und führen dich zurück zum Licht und zur Liebe.

Denk daran, dass die Führer alle ein Hauptziel haben: uns über die Brücke zu leiten, hinaus aus der Welt der Angst und wieder zurück zur geistigen Welt der Liebe. Und sie können uns auf vielerlei Weise helfen, dorthin zu gelangen. In diesem Kapitel zeige ich dir verschiedene Methoden, wie du spüren kannst, dass Führung da ist. Einige Formen der Führung kennst du vielleicht schon, andere sind dir wahrscheinlich neu. Achte darauf, welche Art der Führung dich inspiriert. Vielleicht hast du noch nie von Erzengeln gehört, aber wenn du etwas über sie liest, spürst du eine starke Verbindung. Dann vertrau darauf. Was auch immer dich beflügelt, spricht dich an – dann hat eine neue Führung begonnen.

Die Liebe des Universums

Unsere innere Weisheit und unsere Geistführer lenken unsere Gedanken zurück zu dem, was ich oft als die Liebe des Universums bezeichne. Das ist die Energie, auf die wir uns einstimmen, wenn wir auf Gedanken und Gefühle der Liebe ausgerichtet sind. Wenn wir mit dem Universum in Einklang sind, stehen wir in Verbindung mit unserer Super-Attractor-Energie. Manche bezeichnen diese Energie der Liebe als Quelle oder Gott. Ich betrachte die Liebe des Universums als eine mächtige allgegenwärtige Energie. Wenn du ein Gebet oder eine Meditation aus diesem Buch praktizierst, richtest du deine Energie auf die Liebe des Universums aus, und diese Kraft wirkt auf verschiedenste Weise kreativ, um dich zu dem zu führen, was dem höchsten Wohl dient.

Manchmal, wenn wir festgefahren, blockiert oder völlig niedergeschlagen sind, fällt es uns schwer, unsere Verbindung zum Universum zu spüren, und wir sind nicht in der Lage, sofort wieder voll und ganz zu vertrauen. Das sind die Zeiten, in denen wir geistige Führung brauchen. Deshalb bitten wir im Gebet um geistig-spirituelle Unterstützung, damit wir zu Lehren und Seelenaufgaben geführt werden, die uns helfen, wieder Vertrauen zu finden. *Ein Kurs in Wundern* sagt: »Das Gebet ist das Medium der Wunder.«[11] Wenn wir beten, überantworten wir unseren Willen, um geistig-spirituelle Unterstützung zu erhalten. Wir öffnen eine unsichtbare Tür und laden *Spirit* ein, einzuschreiten und uns zurück zur Liebe zu führen. Es gibt keinen alleingültigen Weg, dich wieder auf die Liebe des Universums auszurichten, also bleib offen und finde heraus, auf welche spezifischen Arten du Führung erhältst. Vergiss nicht, das Ziel ist, unsere eigene Agenda zu überantworten und uns für eine spirituelle Beziehung, die unseren Auffassungen entspricht, zu öffnen, damit wir zur Liebe zurückkehren können.

Dein höheres Selbst

Wenn wir beten, lüften wir den Schleier unserer angsterfüllten Wahrnehmungen und heißen die Liebe willkommen. Die Führung, die wir durch Beten empfangen, präsentiert sich unterschiedlich, zum Beispiel auch als ein Gefühl des Wissens oder als innere Stimme der Intuition. Zuerst mag diese innere Stimme wie ein Flüstern klingen, doch je mehr Aufmerksamkeit du ihr schenkst, umso leichter wird es, sie zu hören. Schließlich wirst du diese innere Cheerleaderin als Stimme deines Höheren Selbst erkennen. Dein Höheres Selbst ist immer bereit, sich zu äußern, aber du musst ihm Raum geben, gehört zu werden. Wenn du in Angst, kontrollierender Energie und Unsicherheit festgefahren bist, blockierst du dein Höheres Selbst.

Hier ein Gebet, das dir hilft, dich in Einklang mit der tiefen Weisheit deines Höheren Selbst zu bringen: *Ich überantworte meine Angst und erlaube der Stimme meines Höheren Selbst, mich zu dem zu führen, was dem höchsten Wohl dient.* Du kannst dieses Gebet nehmen, aber ruhig auch ein eigenes kreieren.

Wenn du meditierst, betest und dich auf die Energie der Liebe ausrichtest, stimmst du dich damit auf dein Höheres Selbst ein. Wenn du einen Engel, *Spirit*, Gott oder die Liebe des Universums anrufst, bittest du darum, zu deinem Höheren Selbst zurückgeführt zu werden. Du bittest darum, dich daran zu erinnern, wer du von deinem wahren Wesen her bist. Geistige Führer sind immer bereit, dich wieder zu diesem intuitiven inneren Wissen und zum Glauben an die Liebe zu führen. Wenn ich dir verschiedene Arten von Führern vorstelle, denk stets daran, dass es ihre Aufgabe ist, dich zurück zu deinem Höheren Selbst zu führen. Wenn dich das Konzept der geistigen Führer nicht anspricht, solltest du wissen, dass du jederzeit zu deinem Höheren Selbst zurückkehren kannst, indem du deine Wahrnehmung bewusst durch Gebet, Meditation oder eine spirituelle Praxis veränderst. Die liebevolle Weisheit deines Höheren Selbst ist immer da. Du brauchst dich einfach nur darauf einzustimmen.

Engel und Erzengel

Engel sind der verlängerte Arm der Liebe mit der Mission, dich zurück zu deinem Höheren Selbst zu führen und deine Verbindung zum Universum zu vertiefen. Sie beschützen dich, führen dich und schenken dir große innere Weisheit und heilende Botschaften. Für Engel spielt die Religionszugehörigkeit keine Rolle, sie helfen dir in jeglicher spirituellen oder religiösen Form, die für dich »stimmt«.

Viele spirituelle Texte verweisen auf die sieben wesentlichen Erzengel. Der bekannteste ist Erzengel Michael. Michael ist ein großer Schutzpatron und der mächtigste Erzengel. Es ist sehr hilfreich, Michael anzurufen, wenn du Schutz jeglicher Art brauchst. Hast du beispielsweise Angst oder bist um deine Sicherheit besorgt, ist Erzengel Michael zur Stelle und hilft dir. Du kannst ihn in einem Moment der Krise anrufen, und er wird dir sofortige Hilfe in einer Form anbieten, die dir entspricht. Michael verleiht dir großen Mut und führt dich großartig, wenn du das Gefühl hast, auf Abwege geraten zu sein. Und er unterstützt gern Heiler bei ihrer Arbeit. Ich erlebe die Präsenz des Erzengels Michael oft als ein schimmerndes kobaltblaues Licht. Mitunter spüre ich seine Anwesenheit sogar so, als würde sich der Raum ausdehnen und eine immense Energie eindringen. Michael gibt sich selbst zu erkennen, wenn man bereit ist, ihm zu begegnen.

Erzengel Raphael ist bekannt dafür, körperliche Heilung zu unterstützen. Durch sein Wirken hilft er dir, wenn du krank bist, und auch wenn du Heiler oder Arzt bist, ist er immer an deiner Seite und unterstützt deine wichtige Arbeit. Raphael hilft dir, mithilfe neuer Erkenntnisse oder Informationen gesund zu werden, oder er führt dich sogar zu den richtigen medizinischen Fachkräften, die dich auf den Weg der Genesung bringen. Wenn es um psychische Gesundheit oder Sucht geht, leitet Raffael dich an, die zugrunde liegende Ursache zu heilen, und hilft dir, wieder mit dir ins Reine zu kommen. Er führt dich zu innerer Harmonie und körperlichem Wohlbefinden.

Erzengel Gabriel ist bekannt als Engel der Kommunikation, der als Bote Gottes dient. Ich rufe Gabriel oft an, wenn ich schreibe und spreche. Er hilft Künstlern, Schriftstellern und Lehrenden, ihre Botschaften authentisch und sinnvoll weiterzugeben. Gabriel wird dir zu Hilfe kommen, wenn du Dinge aufschiebst oder Probleme mit dem Kommunizieren hast. Auch in Bezug auf Kinder ist er ein Führer mit besonderer Wirkkraft. Er ist auch der Engel, den man bei Problemen mit der Empfängnis, Schwangerschaft oder Geburt anruft. Als ich schwanger werden wollte, erhielt ich von Gabriel fortgesetzt die Botschaft, ich sei auf dem richtigen Weg. Eines dieser Zeichen war eine Lilie. Erzengel Gabriel wird oft mit Lilien dargestellt. In der Zeit meiner Versuche, meinen Kinderwunsch zu verwirklichen, bat ich Gabriel, mir eine Lilie zu zeigen, um mich daran zu erinnern, dass ich auf dem richtigen Weg war. Eines Nachmittags entdeckte ich beim Öffnen meiner Briefe eine schöne handschriftliche Notiz, die mir ein Leser geschickt hatte. Am Ende der Notiz stand: »Ich habe ein Gebetsbild mit in den Umschlag gesteckt. Ich hatte immer wieder die starke Eingebung, dass es für dich bestimmt ist.« Ich nahm das Gebetsbild heraus – und es zeigte Erzengel Gabriel mit Lilien in der Hand. Dieses Zeichen war eine von vielen Lilien auf meinem Kinderwunsch-Weg. Wenn du mit Kommunikation oder Motivation zu kämpfen hast oder Unterstützung brauchst, um ein Kind zu empfangen, dann wende dich an Gabriel. Vielleicht erhältst du sogar unerwartet einen Strauß Lilien!

Wenn du zu den Tierliebhabern oder Umweltaktivisten gehörst, willst du dich bestimmt mit Ariel verbinden, auch als weiblicher Erzengel bekannt. Man kennt sie als Engel der Natur, denn sie schützt die natürlichen Ressourcen der Erde, das Ökosystem und alle Tiere. Ruf Ariel an, wenn du dich tiefer mit der Natur verbinden willst. Lade sie ein, dich auf einer Wanderung, einem Spaziergang im Park oder beim Schwimmen zu begleiten. Ihre Anwesenheit wird dir eine tiefere Verbindung zum Planeten ermöglichen und dir helfen, wenn es darum geht, die Umwelt zu heilen.

Weiterhin gibt es Erzengel Jophiel. Sie unterstützt Künstler und Kreative. Jophiel leitet dich an, deine Gedanken rein zu halten, und unterstützt dich bei Problemen. Sie hilft, Ruhe in dein Leben zu bringen, und beseitigt Chaos. Ruf bei den Übungen in diesem Buch Jophiel an, dich zu unterstützen, damit du die Schönheit manifestieren kannst, die du dir in deinem Leben und in deinem Geist wünschst. Sie wird immer da sein und dir helfen, deine Wahrnehmung zu verändern und deine Gedanken zurück zur Liebe zu führen. Brauchst du eine neue Perspektive oder Hilfe bei einem kreativen Vorhaben, wende dich an Jophiel.

Erzengel Azrael ist dafür bekannt, Menschen zu helfen, die sterben, und hilft hinübergegangenen Seelen, sich an die geistige Welt anzupassen. Er spielt auch eine sehr wichtige Rolle dabei, Menschen, die einen ihrer Lieben verloren haben, in ihrer Trauer zu helfen. Wenn du zu den spirituellen Lehrenden gehörst oder eine religiöse Leitungsfunktion innehast und anderen hilfst, ihre Trauer zu bewältigen, solltest du Azrael bitten, mit dir zusammenzuarbeiten und deine Energie zu schützen, damit du ihre Trauer nicht selbst übernimmst. Doch Azrael hilft nicht nur beim *letzten* Übergang. Bei jeder Lebensveränderung kannst du ihn um Führung bitten.

Schließlich gibt es noch Erzengel Chamuel, dessen Aufgabe es ist, zum Frieden in der Welt beizutragen. Ich empfehle dir, Chamuel anzurufen, wenn du unter Angstgefühlen leidest oder in einer Beziehung zu kämpfen hast. Chamuel hilft uns, Widrigkeiten zu bewältigen, und verleiht uns Mut, wenn wir niedergeschlagen sind und uns allein fühlen. Chamuels Präsenz ist heute, angesichts der vielen Schwierigkeiten im Zusammenhang mit Unfrieden, Not und Gespaltenheit in Gemeinschaften, besonders wichtig.

Nun, da du diese Erzengel und ihre jeweilige Mission kennst, nimm dir einen Moment Zeit, um einen Engel zu wählen, den du vielleicht anrufen möchtest. Vielleicht willst du auch mit mehreren Engeln in Kontakt treten. Du kannst so viele Engel anrufen, wie du willst und so oft du willst. Sie warten darauf, dass du mit ihnen in Verbindung trittst, und kommen dir gern zu Hilfe. Du brauchst keinen Engel physisch zu sehen oder ihn zu hören, um zu wissen, dass er dich führt. Oftmals wirst du ihre Führung als Bauchgefühl oder starke Intuition wahrnehmen. Engel sprechen auf vielfältige Weise zu dir, darum solltest du auf deine Gefühle und Eingebungen achten, um ihre Botschaften zu verstehen. Lass zu, dass sich diese Beziehungen positiv auf dich auswirken, dich leiten und dich der Liebe des Universums näherbringen.

Schutzengel

Wir alle haben einen Schutzengel, der sich für unser spirituelles Wachstum einsetzt. Dein Schutzengel hat es sich zur Aufgabe gemacht, für dich da zu sein, dich zu führen und zu beschützen; gleichzeitig fördert er dein Wachstum auf deinem spirituellen Weg. Im Gegensatz zu den Erzengeln arbeitet dein Schutzengel ausschließlich mit dir zusammen. Ein Schutzengel liebt dich bedingungslos und ist stets an deiner Seite. Wie die Erzengel steht uns auch unser Schutzengel immer zur Verfügung. Solange wir ihn jedoch nicht aus freiem Willen einladen oder vorzeitig eine lebensbedrohliche Situation eintritt – bevor unsere Zeit gekommen ist und wir den Körper verlassen müssen –, greift er nicht in unser Leben ein. Unser Schutzengel steht immer auf Abruf bereit und reagiert gern, wenn wir ihn darum bitten.

Wenn du zu kämpfen hast, wende dich an deinen Schutzengel, um Hilfe zu erhalten. Schutzengel sind äußerst empfindsam; sie können deine Gefühle in sich spüren, um dir durch schwierige Zeiten hindurchzuhelfen. An Tiefpunkten unseres Lebens, wenn wir sehr verzweifelt sind, kann es vorkommen, dass wir ganz subtil eine Präsenz an unserer Seite spüren. Das ist die Gegenwart unseres Schutzengels.

In einer besonders schweren Zeit meines Lebens spürte ich eine starke Verbindung zu meinem Schutzengel Peter. Er ist immer bei mir, aber ich spüre ihn am stärksten in Zeiten der Auseinandersetzung. 2016, während einer Therapiesitzung, erinnerte ich mich an traumatische Ereignisse meiner Kindheit, die ich abgespalten und völlig vergessen hatte. Dieser Moment der Erinnerung versetzte mich in einen Zustand der tiefen Depression. Die aufkommenden Gefühle hatten mich aufs Neue traumatisiert und verängstigt. Mehrere Monate lang hatte ich Mühe zu schlafen, morgens aufzustehen oder sogar damit, mir die Zähne zu putzen. Ich hatte keine Verbindung mehr zu meinem *Spirit* und zu meinem Körper. Eines Nachts konnte ich nicht schlafen und zog mich auf das Wohnzimmersofa zurück, um meinen Mann nicht zu stören. Hellwach dort liegend, erschüttert wegen meines Traumas, brach ich in Tränen aus. Ich schluchzte und wimmerte. Die Tränen brachten Linderung und halfen mir, meinen Widerstand zu durchbrechen. Als ich mich allmählich beruhigte, fühlte ich mich wie in einer Umarmung geborgen. Ich spürte, dass mich starke Arme sanft hielten und mich eine warme, liebevolle Energie einhüllte. Dann vernahm ich eine innere Stimme: »Ich bin hier bei dir, Liebes.« Ich wusste sofort, dass diese liebevolle Präsenz mein Schutzengel Peter war. Seine Arme umfingen mich und gaben mir sehr viel Trost und Frieden.

Schutzengel sind unsere Hüter. Peter ist immer für mich da, wenn ich seinen Schutz und seine Unterstützung brauche. Wenn ich mich an einen Signiertisch setze und Hunderte von Menschen begrüße, bitte ich Peter, neben mir zu stehen. Ich betrachte ihn als meinen persönlichen Bodyguard und Wächter. Er beschützt mich, damit ich meine Energie während des Signierens aufrechterhalten kann. Ich unternehme nie etwas Schwieriges, ohne Peter einzuladen, mich bei jedem Schritt zu unterstützen.

Freunde aus der Vergangenheit

Spirituelle Führung kann auch von verstorbenen einstigen Freunden kommen. In meiner anfänglichen Entzugsphase hatte ich eine liebe Freundin namens Lauren. Sie war eine schöne Sechsundzwanzigjährige und seit ihrem achtzehnten Lebensjahr clean. Lauren war mir im Genesungsprozess eine wunderbare Mentorin und verkörperte sehr viel von dem, was ich in meinem eigenen Leben anziehen wollte. Sie wollte Life Coach werden und hatte deswegen Hunderte von Selbsthilfebüchern in ihrem kleinen New Yorker Apartment. Eines Nachmittags ging sie mit ihrem Freund im Park laufen und brach mit einem Herzinfarkt zusammen. An jenem Tag verloren wir einen menschlichen Engel.

Laurens Tod war für mich tief erschütternd, doch ich wusste, dass unsere Beziehung auf einer spirituellen Ebene noch nicht vorbei war. Von dem Moment an, als ich die Nachricht von ihrem Tod hörte, zweifelte ich nicht daran, dass sie eine großartige Geistführerin würde. Nach meinem Empfinden würde ihre Führung besonders hilfreich für junge Frauen sein, die von Drogen und Alkohol wegkommen und einen spirituellen Weg einschlagen wollten. Meine Intuition sagte mir sehr deutlich, dass sie sehr vielen von uns helfen würde.

Ihre Familie bot großzügig an, dass ihre engsten Freunde Gegenstände aus ihrer Wohnung, die sie an Lauren erinnerten, an sich nehmen dürften. Dafür war ich dankbar. Als ich in ihre Wohnung ging, merkte ich, dass ihr Bücherregal immer noch mit den tollsten spirituellen Büchern gefüllt war. Fast jede Seite war mit Eselsohren gekennzeichnet und hatte Notizen am Rand. Sie liebte ihre Bücher! Meine Intuition sagte mir: »Nimm diese

Bücher mit nach Hause und gib sie an deine Coaching-Klienten weiter. Und nutze sie, um zu lehren.« Ich vertraute dieser Führung, also packte ich Kisten mit Büchern voll und trug sie mehrere Treppenabsätze hinunter bis zu mir nach Hause.

Lauren hat mich immer angeleitet, besonders im ersten Wegabschnitt des Schreibens. Ich erinnere mich an die Zeit, als ich gerade mein erstes Buch unter Vertrag gebracht hatte, *Mach Wunder wahr*. Ich fürchtete mich, weil ich noch nicht wusste, wie man ein Buch schreibt. Strukturieren, Planen und Storytelling – all das musste ich noch lernen. Ich brauchte eine Lektorin, die mich auf Kurs hielt, hatte aber keine Ahnung, wie ich das alles angehen sollte. Eines Nachts lag ich wach und fragte mich angstvoll, wie ich ein ganzes Buch schreiben sollte. Also betete ich um geistige Führung. Ich bat darum, mich auf die Ressourcen und die Unterstützung aufmerksam zu machen, die ich für dieses erste Buch brauchte. Ich wusste, dass ich auf einer Mission war, und war bereit, mich führen zu lassen, um meine Aufgabe zu erfüllen. Nachdem ich dieses Gebet gesprochen hatte, war ich viel ruhiger, denn ich wusste, dass Unterstützung unterwegs war. Körper und Geist entspannten sich, und ich schlief ein.

Um zwei Uhr morgens erwachte ich plötzlich. Ich empfand einen inneren Drang, aus dem Bett zu steigen und zum Bücherregal zu gehen. Damals lebte ich in einem kleinen Ein-Zimmer-Apartment, und eine Wand nahm ein riesiges eingebautes Bücherregal voller spiritueller Selbsthilfebücher ein. Noch im Halbschlaf fühlte ich, wie sich meine Hand direkt zu einem Buch mit dem Titel *Leben im Licht* der Autorin und spirituellen Lehrerin Shakti Gawain bewegte. Ich ging zurück ins Bett und las das Buch in einem Rutsch durch! *Leben im Licht* war für mich genau das Richtige, um zu verstehen, wie man ein spirituelles Selbsthilfe-Buch schreibt. Es gefiel mir, wie einfach Shakti die Prinzipien erklärte, und wie mühelos ich ihre Gliederung nachvollziehen konnte. Dieses Buch war die Anleitung, die ich brauchte, um zuversichtlich mein eigenes Buch zu schreiben.

Wahrscheinlich ist es kaum überraschend, dass das Buch von Shakti Gawain aus Laurens Sammlung stammte. Ich weiß, dass Lauren mich zu diesem Buch geführt hat, und sie führt mich auch heute noch. Ich widmete Lauren *Mach Wunder wahr*, weil ich wusste, dass ihre Führung dazu beigetragen hatte, dass ich mein erstes großes Buchvorhaben vollenden konnte.

Führung durch Familienmitglieder

Eine meiner liebsten Führerinnen ist meine Großmutter Fritzie. Meine Grammy starb im Alter von dreiundneunzig Jahren nach einem schweren Sturz an den anschließenden Komplikationen. Die Wochen vor ihrem Tod waren eine echte Herausforderung, denn obwohl sie im Vollbesitz all ihrer geistigen Fähigkeiten war, ließ ihr Körper sie im Stich. Nach Grammys Unfall mussten meine Mutter und ich entscheiden, ob der Arzt ihre verletzte Schulter operieren oder ihr nur Medikamente zum Betäuben der Schmerzen verabreichen sollte. Zwei Wochen lang quälten meine Mutter und ich uns mit dem Problem herum. Grammy war eine lebhafte, scharfsinnige Frau, die nie unter starkem Medikamenteneinfluss leben wollte. Andererseits war klar, dass eine Operation in ihrem Alter keine gute Idee war.

Zwei Wochen nach Grammys Unfall bereitete ich mich darauf vor, einen sechstägigen Workshop in einem Retreat-Zentrum, etwa eine Stunde von meinem Zuhause entfernt, zu leiten. Das Team wartete darauf, dass ich meine Taschen ins Auto brachte und losfuhr. Ich aber entschuldigte mich und sagte: »Ich weiß, es ist nicht der ideale Zeitpunkt, aber ich habe das Gefühl, dass ich meditieren muss.« Ich setzte mich in mein Schlafzimmer und begann zu meditieren. Innerhalb weniger Augenblicke wurde ich aus meinem Körper herausgehoben und gelangte in eine andere Welt. Meine Hände hoben sich in die Höhe, und mein Kopf neigte sich dem Himmel zu. Ich spürte, wie eine starke Energie meine Arme durchströmte, als würde ich jemanden auf seinen Weg befördern. Dabei hatte ich das Gefühl, eine wichtige Aufgabe zu unterstützen. Es war eine der tiefsten und stärksten Meditationen, die ich je erlebt habe.

Nach zehn Minuten spürte ich, wie mein Körper die Energie losließ, und zentrierte mich wieder in meinem Stuhl. Ich wusste, dass es Zeit war aufzubrechen, also stand ich auf, um meine Sachen einzusammeln und mich auf den Weg zu machen. Als ich gerade aus der Tür trat, klingelte mein Telefon. Es war meine Mutter, ihre Stimme klang traurig. Sie sagte: »Grammy hat gerade ihren Körper verlassen.« Ich brach in Tränen aus – Freudentränen –, dankbar, dass ich bei ihr gewesen war. Ich weiß, sie hat mich einbezogen, um ihr zu helfen und sie zu führen, während sie sich von ihrem physischen Körper löste. Ich war auch sehr froh darüber, dass sie sich entschieden hatte, loszulassen und sich nicht weiter in der physischen Form zu quälen. Ich wiederholte immer wieder: »Ich freue mich so für sie. Ich freue mich so für sie.«

Mit dieser Information hatte ich eine Menge zu verdauen, als ich zu meinem Kurs fuhr. Mir war klar: Um mich energetisch auf meine Veranstaltung einlassen zu können, musste ich die Trauer erst einmal beiseiteschieben und eine Zeit dafür in den Tagen nach dem Kurs festlegen. Ich wollte meiner Großmutter den Respekt erweisen und die Zeit geben, die sie verdient hatte. Jeden Tag meines Kurses behielt ich Grammy im Hinterkopf.

Im Gebet bat ich sie, mir mitzuteilen, ob sie sicher hinübergelangt war, und wartete geduldig auf ihre Botschaft. Nach Ende des Kurses legte ich auf dem Rückweg einen Halt bei meiner Freundin Zoe ein. Mit einer weiteren Freundin, Jenny, saßen wir an Zoes Esstisch und tauschten Neuigkeiten aus. Zoe freute sich, uns ihr neues Orakelkartenset zu zeigen, aber ein eingehender Anruf lenkte mich kurzzeitig ab. Während ich draußen telefonierte, zog Jenny eine Karte für mich. Als ich zurückkam, saßen die beiden still da und zeigten mir die Karte: Es war das Bild einer älteren Frau, die über eine Brücke ging. Die Bildunterschrift lautete: »Großmutter sorgt für eine sichere Überquerung.« Wir sahen uns an, während uns Tränen über die Wangen liefen, und spürten, mit welch tiefer Klarheit meine Grammy kommunizierte. Sie hatte gewartet, bis ich bereit war, die Nachricht zu empfangen, und sie hatte durch Zoe und Jenny hindurch gewirkt, um zu gewährleisten, dass ich sie erhielt!

Dieser Moment war der Beginn einer sehr wahrhaftigen Verbindung zwischen meiner Großmutter und mir, die sich im Lauf der Zeit noch verstärkt hat. Ich weiß immer, dass Grammy an meiner Seite ist, bereit, jederzeit einzuschreiten. Ich kann spüren, dass sie bei mir ist, und erhalte fortwährend schöne

Zeichen von ihr. Ich höre ihre Stimme, wie sie sagt: »Ich liebe dich, mein Schatz.«

Vielleicht hast du nahe Angehörige oder Freunde, die schon nach drüben gegangen sind. Bitte lass dich von dieser Geschichte inspirieren, in eine spirituelle Beziehung mit ihnen zu treten. Es ist oft verheerend für uns als Menschen, wenn wir einen geliebten Angehörigen verlieren. Doch eine tiefe Erleichterung stellt sich ein, wenn du eine spirituelle Beziehung eingehst, die über den physischen Blick hinausgeht. Beginne einen Dialog mit der dir nahestehenden Person und bitte um ein Zeichen, dass sie bei dir ist. Du wirst erstaunt sein, wie diese Verstorbenen sich zeigen. Es kann sein, dass du ihren Duft riechst, zu ihrem Lieblingsbuch geführt wirst oder ihren Namen in einem Lied hörst. Achte auf die Führung, die sie dir schicken, und mach dir bewusst, dass sie stets an deiner Seite sind. Verstorbene nahestehende Menschen und Familienmitglieder sind mit unsere besten Führer. Wenn wir uns mit ihnen verbinden, schlagen sie eine Brücke von unseren angstvollen Gedanken zurück zur Liebe und helfen uns, als Super Attractor zu leben. Sie führen uns hin zu dem, was wir uns wünschen und was für unsere spirituelle Entwicklung das Beste ist. Lass sie ein und vertiefe die Beziehung zu ihnen durch Beten, Meditieren und tägliches Gespräch.

Führer können ehemalige Lehrer sein

Einer meiner Lehrer-Führer ist mein verstorbener Freund und Mentor Dr. Wayne Dyer. In meinen Meditationen ist Wayne einer der klarsten Geistführer. Er kommt ganz plötzlich und gibt eine glasklare Weisung. Er hat mich auch schon als Kommunikationskanal für seine Töchter Serena, Saje und Skye benutzt, mit denen ich befreundet bin.

Als Wayne begann, mir Nachrichten zu übermitteln, die ich an seine Töchter weitergeben sollte, war ich zunächst nicht sicher, ob ich sie wirklich kontaktieren sollte. Ich zweifelte die Botschaften an und wollte die Töchter nicht beleidigen, indem ich ihnen erklärte, ich könne ihren Vater hören. Aber Wayne ließ nicht zu, dass ich schwieg. Eines Nachmittags, nachdem ich Wayne gechannelt hatte, öffnete ich Instagram und erblickte ein schönes Foto von ihm, das seine Tochter Serena gepostet hatte. Ich wusste, das Foto war ein Zeichen von Wayne, dass er tatsächlich mit mir in Kontakt getreten war. Also kommentierte ich das Foto und sandte Serena meine Liebe. Eine Stunde später erhielt ich eine Nachricht von ihr: »Wirklich verrückt, dass du meinen Beitrag kommentiert hast. Ich habe den ganzen Tag an dich gedacht. Du bist mir einfach nicht aus dem Kopf gegangen!« Ich sagte: »Ich habe auch an dich gedacht.« Aber ich erwähnte Wayne nicht. Eine Stunde später erhielt ich eine SMS von einem Medium namens Karen, die mit der Familie Dyer zusammengearbeitet hatte, um die Familienmitglieder mit Wayne in Kontakt zu bringen. Darin stand: »Ich muss Sie sprechen.« Ich kannte Karen kaum und war etwas schockiert wegen der Dringlichkeit ihrer Nachricht, also rief ich sie sofort an. Zu Beginn unseres Gesprächs sagte sie: »Ich weiß nicht warum, aber ich hatte das Gefühl, unbedingt mit Ihnen sprechen zu müssen.«

»Könnte es etwas mit Wayne zu tun haben?«, fragte ich. »Er kommt seit Wochen in meinen Meditationen durch und hat sehr viele Botschaften für die Mädchen. Er sagt mir immer wieder, Serena sei das Sprachrohr und solle seine Botschaft übermitteln.«

Sie antwortete: »Genau! Ich habe Wayne heute gechannelt, und er hat gesagt, dass Serena das Sprachrohr ist.« In diesem Moment wurde mir klar, dass Wayne durch Karen hindurch wirkte, um mir die Sicherheit zu geben, dass die Botschaften, die ich empfing, tatsächlich von ihm stammten. Sofort nach meinem Telefonat mit Karen hielt ich eine Telefonkonferenz mit Skye und Serena ab und gab die Informationen an sie weiter. Eine Stunde lang channelte ich Wayne, damit er ihnen durch mich die nötige Führung geben konnte. Waynes Präsenz ist eine der tiefsten Energien, mit denen ich mich verbinden kann, und ich bin sehr dankbar dafür, dass er mich führt. Wayne hat auch klar zu verstehen gegeben, dass er für jeden da ist, der sich mit Liebe und Licht verbinden will.

Empfange deine Geistführer bei der Party – bei dir!

Falls du noch keine Erfahrungen dieser Art gemacht hast, fände ich es schön, wenn du dafür geistig aufgeschlossen bliebest. Falls du bereit bist, dich mit deinen Geistführern zu verbinden, kannst du im Verlauf der folgenden Schritte eine Beziehung zu ihnen aufbauen und dafür sorgen, dass du in Sicherheit bleibst, dein Leben verbesserst und dir selbst hilfst, ein Super Attractor zu werden.

Die Bereitschaft, dich mit deinen Geistführern zu verbinden, öffnet zwar die Tür zur Führung, aber natürlich solltest du darauf achten, dass du die Tür nicht weit offen lässt, damit nicht jeder beliebige Geistführer hereinkommen kann. Stell es dir so vor: Du veranstaltest eine Party und willst, dass nur die positivsten, liebevollsten Menschen kommen. Deshalb erstellst du eine Gästeliste und achtest darauf, dass du niemanden einlädst, der dich nicht unterstützt. Eine damit vergleichbare Einladung ist erforderlich, um deine Geistführer in deinem Bewusstsein zu empfangen. Wenn du nicht sicher bist, wie die Führer sein sollen, mit denen du dich verbinden willst, kann es passieren, dass du geistige Wesen mit niedriger Schwingung anziehst, die nicht deinem Besten dienen. Du entscheidest, wen du zu der Party einladen möchtest. Meine medialen Mentoren haben mich gelehrt, dass der beste Weg, sich mit unseren Geistführern zu verbinden, darin besteht, ein Gebet zu sprechen. Eines, das ich normalerweise spreche, lautet: *Danke, Führer der höchsten Wahrheit und des äußersten Mitgefühls, dass ihr mir offenbart habt, was ich wissen muss.*

Die Geistführer erwarten deine Bitte

Es ist wichtig zu betonen, dass Führer und Engel nur dann in dein Leben eingreifen können, wenn du sie um Hilfe bittest. Ob du geistige Führung empfängst, hängt von deinem freien Willen ab. Und es liegt bei dir, ob du dich an ihre Führung hältst oder nicht. Meine liebe Freundin MaryAnn DiMarco, Medium und Autorin von *Believe, Ask, Act*, sagt, dass uns die Geistführer die Tür öffnen und es unsere Entscheidung ist, ob wir hindurchgehen oder nicht.

Eine schöne Art anzufangen ist die, dich deinem Schutzengel vorzustellen. Zieh dich zurück und mach es dir irgendwo bequem, wo du ungestört bist. Leg ein Notizbuch neben dich. Schließ langsam die Augen und atme lange und tief ein und aus. Sende stillschweigend die Bitte an deinen Schutzengel, dir seinen oder ihren Namen zu offenbaren. Beginne dann eine Entspannungsmeditation, mit deren Hilfe du Ruhe und Konzentration erlangst und dich mit dem Universum verbindest. (Wenn du meine Anleitung zu dieser Meditation haben möchtest, besuche www.gabbybernstein.com/superattractor; dort findest du die Meditation zum Anrufen deines Schutzengels.) Sitz bequem in der Meditation, so lange du willst. Du erfährst den Namen deines Schutzengels vielleicht als Intuition, oder du hörst ihn, oder aber du empfängst ihn in Form einer Weisung, ihn in dein Tagebuch einzutragen. Wenn du aus irgendeinem Grund den Namen in deiner Meditation nicht erhältst, vertrau darauf, dass er noch erscheinen wird. Vielleicht kommt Stunden später ein Name durch einen Song, eine Plakatwand oder auf anderen unerwarteten Wegen zu dir.

Es gibt viele Möglichkeiten, wie Geistführer ihren Namen offenbaren können. Vertrau darauf: Wenn du ihn empfängst, wirst du intuitiv wissen, dass er es ist. Stell den Namen, den du erhältst, nicht infrage, auch wenn du findest, dass er seltsam klingt. Und wundere dich nicht, wenn du die Anwesenheit deines Geistführers immer mehr spürst. Geistführer freuen sich so darüber, willkommen zu sein, dass sie ihre Anwesenheit oft kundtun wollen. Das ist der Beginn einer schönen, unterstützenden Beziehung, die dich ein Leben lang leiten wird.

Dich mit deinen Geistführern verbinden

Sobald du deinen Führern vorgestellt worden bist, kannst du sie auf vielfältige Weise um Hilfe bitten. Am leichtesten ist es, einfach innerlich eine Bitte um Unterstützung auszusenden. Wenn du zum Beispiel in ängstliche Gedanken verstrickt bist, kannst du sagen: »Danke, Führer der höchsten Wahrheit und des äußersten Mitgefühls, dass ihr mir helft, diese Angst zu heilen und zur Liebe zurückzukehren.« Oder wenn du zielgerichteter mit einem bestimmten Engel zusammenarbeiten willst, kannst du sagen: »Danke, Erzengel Michael, dass du mir in dieser beängstigenden Situation hilfst. Dein Schutz und deine Führung sind mir willkommen.« Und wenn du bewusst mit deinem persönlichen Schutzengel in Verbindung trittst, kannst du diesen Engel direkt anrufen.

Solche sanften Bitten sind dasselbe wie ein Gebet. Deine Gebete sind jeweils eine Absicht, Unterstützung zu erhalten. Vertrau darauf, dass dein positiver Vorsatz genügt, damit sich eine tiefe spirituelle Führung zeigt. Ich beginne solche Gebete gern mit dem Wort »Danke«, weil mich das daran erinnert, dass die Führung bereits unterwegs ist. Ich selbst habe es als sehr wirkungsvoll empfunden, mich durch Schreiben mit meinen Führern zu verbinden. Oft sitze ich in stiller Meditation mit meinem Tagebuch neben mir. Bevor ich anfange, schreibe ich meine Absicht oben auf die Seite. Ich schreibe: *Danke, Führer der höchsten Wahrheit und des äußersten Mitgefühls, dass ihr mir bei … klare Führung gegeben habt.* Ich bitte sie um Unterstützung in Bezug auf Gesundheit, Ehe, Geschäftliches und alles, was ich mir wünsche. Dann führe ich mich sanft in eine stille Meditationsübung. Wenn ich an einem bestimmten Punkt meiner Meditation einen kleinen Anstoß von meinen Geistführern spüre, nehme ich meinen Stift und beginne frei zu schreiben. Ich lasse meinem Stift freien Lauf und redigiere nichts. In kurzer Zeit kommen die schönsten, aufschlussreichsten Worte durch. Worte und Ideen, die nicht von mir stammen, strömen auf die Seite. Ich bin oft überwältigt von manchen Ratschlägen, die ich erhalte.

Wenn Freischreiben neu für dich ist, hast du möglicherweise anfangs verschiedene Erfahrungen. Vielleicht beginnst du sofort mit dem Channeling, oder aber es dauert einige Zeit, bis du dich mit dieser Praxis wohlfühlst. Lass einfach deinem Stift freien Lauf, ohne etwas zu bearbeiten. Schreib auf, was immer dabei herauskommt, auch wenn es dir anfangs banal oder merkwürdig erscheint. Vertrau auf den Prozess und lass zu, dass er sich ganz natürlich entfaltet.

Deine Geistführer helfen dir auf vielfältige Weise

Wenn du deine Führer um Hilfe bittest, gibt ihnen das die Freiheit, dir mehr zu helfen. Wie bei jeder Beziehung gilt auch hier: Je mehr du sie pflegst, umso mehr kann sie wachsen. Sobald du die Präsenz deiner Geistführer willkommen heißt, spürst du, wie deine Gedanken und deine Energie nach und nach wieder mit der Liebe zum Universum in Einklang kommen. Deine geistigen Führer rufen dir in Erinnerung, dass du Liebe bist und dass die Stimme deines Höheren Selbst deine einzige wahre Stimme ist. Sie weisen dir klar den Weg, wenn du das Gefühl hast, in die Irre zu gehen, und führen dich immer zu Lösungen, die dem höchsten Wohl aller dienen.

Im nächsten Kapitel möchte ich dir helfen, dich daran zu gewöhnen, Hindernisse deinen geistigen Führern zu überantworten, damit du dich nicht mehr nur auf deine eigene Stärke verlassen musst. Wenn du akzeptierst, von deinem Höheren Selbst, von Engeln, Geistführern oder sogar verstorbenen Familienmitgliedern geführt zu werden, wirst du dich so unterstützt fühlen wie noch nie zuvor. In *Ein Kurs in Wundern* heißt es: »Die Anwesenheit von Angst ist ein sicheres Zeichen, dass du Vertrauen in deine eigene Stärke setzt.«[12] Wenn wir lernen, nicht mehr ausschließlich auf unsere eigene Stärke zu vertrauen, und uns stattdessen auf die geistige Welt und unser Höheres Selbst zu verlassen, können wir ein leichtes, harmonisches Leben führen und wahrhaftig ein Super Attractor sein.

7

WENIGER TUN, MEHR ANZIEHEN

Im Frühjahr 2017, etwa zu jener Zeit, als ich erstmals Wayne Dyer channelte, empfing ich noch eine weitere Bestätigung, dass er sich tatsächlich mit mir verband. Ich hatte eine private Sitzung bei meiner Freundin, dem Medium Rebecca Rosen. Mitten in der Sitzung sagte sie: »Dein Guru verbindet sich mit dir. Es ist dein Lehrer. Es ist Wayne!« Sie bestätigte, dass die Botschaften, die ich erhielt, tatsächlich von ihm stammten, und versicherte mir, ich solle auf meine Fähigkeit vertrauen, mich mit seiner Führung zu verbinden. Dann erklärte sie mir, er könne eine großartige Quelle der Unterstützung für mich sein, wenn ich in der Öffentlichkeit sprach. Sie sagte, dass ich vor jedem Vortrag Kontakt zu ihm aufnehmen solle, denn dann würde mich sofort ein Gefühl der Ruhe überkommen. Ich fand es schön, diese Führung zu erhalten, und freute mich darauf, Wayne vor meinem nächsten Vortrag als Unterstützung willkommen zu heißen.

Später in diesem Monat hielt ich einen der wichtigsten Vorträge meines Lebens. Ich war eingeladen worden, bei Oprah

Winfreys SuperSoul Sessions zu sprechen; der Titel lautete »Das Universum steht hinter dir«. Bei diesem Vortrag wollte ich auch etwas sehr Persönliches preisgeben und war deswegen sehr nervös. (Ganz zu schweigen davon, dass mein Ego schon allein bei der Vorstellung ausflippte, dass es Oprahs Event war.) Ich hatte Oprah auf ein Podest gehoben und für mich immer wieder betont, wie wichtig dieser Vortrag war. In jenem Stadium meiner Sprecherkarriere wurde ich zwar normalerweise nicht mehr nervös, aber in diesem Fall fühlte ich mich wegen der Projektionen meines Egos nicht wohl.

Am Morgen meines Vortrags war ich sehr ängstlich. Ich wusste, dass mein Ego meiner Super-Attractor-Macht im Weg stand. In diesem Moment der inneren Krise erinnerte ich mich an Rebeccas Vorschlag, Wayne anzurufen, damit er durch mich wirkte. Also setzte ich mich auf mein Hotelbett und meditierte. In meiner Meditation lud ich Wayne ein, in meinen Geist einzutreten und mich zu leiten. Innerhalb weniger Sekunden spürte ich, wie eine äußerst beruhigende Präsenz über mich kam. Nahezu sofort empfand ich große Erleichterung. Es war, als würde sich seine Energie in meine integrieren, sodass ich nun imstande war, großen Frieden zu verkörpern. Meine Angst verflog, und ich war in einem Zustand vollkommener Harmonie. Ich schlug die Augen auf und fühlte mich bereit für meinen Vortrag, bei dem nun mein Höheres Selbst durch mich sprechen würde.

Eine Stunde darauf bog ich auf den Parkplatz beim Backstage-Eingang des Veranstaltungsortes ein. Vor meinem Wagen war ein großer SUV. Ich stieg aus dem Auto, und wie es das Universum wollte, stieg Oprah Winfrey genau zur gleichen Zeit aus ihrem SUV aus. Wäre ich immer noch in meinem Ego gefangen gewesen, hätte ich mich wahrscheinlich irgendwie durch ein Gespräch mit ihr hindurchgewurstelt. Doch mit Wayne an meiner Seite konnte ich ihr auf Augenhöhe begegnen und sie mit Grazie begrüßen. Wir umarmten uns und sprachen darüber, wie sehr wir uns auf den Tag freuten.

Die Stunden bis zu meinem Vortrag vergingen entspannt und locker. Kurz bevor ich die Bühne betrat, lud ich Wayne ein, mich zu begleiten. Ich spürte, dass er an jenem Tag bei mir auf der Bühne war. Die Worte entströmten mühelos meinem Mund. Ich konnte die Projektionen meines Egos im Zusammenhang damit, auf Oprahs Bühne zu stehen, loslassen und hörte auf, mich selbst zu thematisieren. Stattdessen konnte ich meinen Vortrag nun über den Einsatz für andere und über die Liebe halten. Ich sprach von Herzen. Durch Waynes Führung stand ich mir nicht mehr selbst im Weg und konnte mich auf eine Bescheidenheit und Stärke stützen, die meine überstieg. Der Vortrag wurde seitdem Zuschauern weltweit auf YouTube zur Verfügung gestellt und hat hoffentlich vielen geholfen, die spirituelle Praxis des Überantwortens zu erlernen. Waynes Energie fließt jedes Mal aufs Neue mit ein, wenn das Video aufgerufen wird.

Geistführer helfen uns beiseitezutreten, uns selbst nicht mehr im Weg zu stehen und uns nicht mehr ausschließlich auf die eigene Kraft zu verlassen. Sie bringen uns immer dazu, uns mit unserer Super-Attractor-Energie zu verbinden und zuzulassen, dass der Fluss der Liebe alles, was wir tun, durchdringt. Wie Wayne sagen würde: »Wenn du im *Spirit* bist, bist du inspiriert.«

Ein Super Attractor zu sein bedeutet, dein Vertrauen zu stärken, dich auf die Energie der Liebe einzustellen und dem Universum zu erlauben, dich zu führen. Um die Praxis des Zulassens zu beginnen, müssen wir aus dem Weg gehen und uns vom *Spirit* leiten lassen.

Im letzten Kapitel habe ich dir die verschiedenen Geistführer vorgestellt, mit denen du dich verbinden kannst. Auf den nächsten Seiten werde ich darauf noch einmal eingehen und dir zeigen, wie du deine Wünsche regelmäßig dem Universum oder einer geistigen Führung, die deiner eigenen Sicht entspricht, überantworten kannst. Mithilfe der täglichen Praxis, deine Pläne an den *Spirit* abzugeben, kannst du die Fähigkeit weiterentwickeln, still zu sein und den Moment anzunehmen. In Stille kannst du empfangen. Dadurch, dass du eine starke spirituelle Verbindung aufbaust, kannst du deine Angst loslassen. Du verwendest dann nicht mehr all dein geistiges, emotionales und sogar körperliches Bemühen darauf, die Dinge zu pushen, zu kontrollieren und dafür zu sorgen, dass etwas Bestimmtes geschieht. Stattdessen wirst du geführt.

Ich möchte dir die Erfahrung ermöglichen, dich speziell mit deinen eigenen geistigen Führern zu verbinden. Ich möchte, dass du das freie Gefühl erlebst, das sich einstellt, wenn du die Kontrolle abgibst und eine Präsenz jenseits deiner eigenen den Weg weisen lässt. Und ich möchte, dass du dich noch mehr mit deiner Super-Attractor-Power verbunden fühlst. Wenn du diese Schritte befolgst, wird *Spirit* sich schnell zeigen.

Verlass dich nicht nur auf deine eigene Stärke

Wir haben uns daran gewöhnt zu glauben, dass es unser Wille ist, der alles in Gang bringt. Doch das Geheimnis, wie wir uns wohlfühlen und unsere Wünsche manifestieren können, ohne zu kämpfen und zu leiden, besteht darin, uns nicht mehr nur auf unsere eigene Stärke zu verlassen! Und das tun wir, indem wir die Kraft des *Spirit*, die Universelle Energie der Liebe, willkommen heißen, unsere Gedanken und Handlungen zu leiten. Betrachte es als eine Zusammenarbeit zwischen dir und dem Universum. Du brauchst nicht mehr allein die Verantwortung dafür zu tragen, aus dem Leben schlau zu werden, alle wichtigen Entscheidungen zu treffen und deine Träume zu verwirklichen. Eine Kraft der Liebe, die all deine Aktivitäten unterstützt, ist in dir und um dich herum. Und auf diese Kraft kannst du ganz einfach dadurch zugreifen, dass du aus dem Weg gehst. Solange du dich auf deinen Willen, deine Pläne und deinen Zeitplan verlässt, bist du ängstlich und voller Blockaden – gestresst in der Gegenwart, besorgt um die Zukunft, unsicher bei Entscheidungen und so weiter. Doch genau dann, wenn du loslässt und die Dinge einfach geschehen lässt, gewinnt eine unterstützende Energie die Oberhand.

Diese starke Kraft der spirituellen Verbundenheit in deinem Leben willkommen zu heißen kann für dein Ego verwirrend sein. Oft verlassen wir uns auf unsere Angst, um ein Gefühl von Sicherheit und Kontrolle zu haben – das ist jedoch trügerisch, denn in Wahrheit führt genau diese Angst zu noch mehr Unsicherheit, Schmerz und Leiden. Nur zu leicht verfällt man in ängstliche Denk- und Verhaltensmuster aus der Kindheit oder aus vergangenen Erfahrungen und ist dadurch quasi gelähmt. Wenn Angst uns triggert, kann es passieren, dass wir zu einem kindlichen Teil unserer selbst zurückkehren, einem Teil, der alles für das Gefühl tut, sicher zu sein und die Dinge im Griff zu haben. Viele Menschen leben fortwährend am Rande eines Kampf-oder-Flucht-Zustands und geraten sofort in diesen Zustand hinein, wenn ihr Ego Alarm schlägt. Stell dir dagegen einmal vor, wie wunderbar es wäre, diesen Teil von dir in die Obhut einer höheren Macht zu geben. Wie sähe dein Leben ohne den Gedanken aus, dich schützen oder um alles kümmern zu müssen, um dein Leben voranzubringen? Inwiefern wärst du anders, wenn du wüsstest, dass du dein Leben einer Präsenz überantworten kannst, die dich unterstützt und führt?

Der naheliegendste Weg zu dieser Freiheit besteht darin, dir anzugewöhnen, dich auf geistige Führung und die Energie des Universums zu stützen. Die konsequente Hinwendung zu Engeln, Geistführern, deinem Höheren Selbst und der Weisheit des Universums wird dich zu dem führen, was für alle das Beste ist. Zu lernen, dich auf spirituelle Stärke zu verlassen, wird dir unglaubliche Freiheit geben. Um deine Verbindung zur geistigen Welt herzustellen oder zu stärken, musst du den Weg freigeben.

Willst du dich der liebevollen Führung überantworten, die dir stets zur Verfügung steht, ruf als Erstes die Führung an, mit der du dich verbinden möchtest.

Am wohlsten fühlst du dich vielleicht, wenn du dich mit deinem Höheren Selbst (innere Weisheit) oder mit der Liebe des Universums (oder Gottes) verbindest. Oder die Erzengel inspirieren dich, und du beschließt, dich mit einem bestimmten Engel zu verbinden, der dir in deiner speziellen Situation helfen kann. Vielleicht gefällt dir auch die Vorstellung, mit einem geliebten Verstorbenen, den du vermisst, in Kontakt zu treten. Wenn dir nicht sofort klar ist, mit wem du dich verbinden möchtest, nimm dir einen Moment Zeit, um dir die geistigen Führer im sechsten Kapitel noch einmal anzusehen und herauszufinden, was dich inspiriert. Als meine Lektorin Katie das sechste Kapitel las, wusste sie sofort, dass Erzengel Ariel ihre Führerin war. Sie fühlte sich sofort mit Ariel verbunden, weil sie für Tierfreunde und Umweltschützer zuständig ist. Stell deine Intuition nicht infrage, wenn es darum geht, dich mit Führern zu verbinden. Welcher auch immer dir sofort in den Sinn kommt: Das ist derjenige, mit dem du dich verbinden solltest. Denk daran: Sie warten nur darauf, dass du dich an sie wendest.

Sich mit der Energie des Spirit verbinden

Liebevolle Unterstützung kann in verschiedenen Abständen kommen, und je klarer dir ist, welche spirituelle Führung du erhalten möchtest, desto vertrauter wird dir die Energie der Führung, mit der du dich verbindest. Wenn ich zum Beispiel darum bitte, mich mit Erzengel Michael, für Schutz zuständig, zu verbinden, spüre ich, dass sich die Energie im Raum ausdehnt. Ich fühle mich geschützt. Wenn ich Wayne um Unterstützung bitte, empfinde ich ein schönes Gefühl des Friedens und der Ruhe. Wenn ich mein Höheres Selbst bitte, mich auf meine innere Weisheit auszurichten, fühle ich eine schnelle, gespannte Energie, als würde ich darauf vorbereitet, dass neue Informationen durchkommen. Es gibt viele verschiedene energetische Frequenzen, und es ist sehr wirkungsvoll, in Erfahrung zu bringen, welche Formen der Führung jeweils von ihnen kommen.

Die geistigen Führer verwenden Symbole und Zeichen, um dir mitzuteilen, dass sie da sind. Du hast vielleicht eine religiöse Verbindung zu aufgestiegenen Meistern, wie Jesus, Buddha oder Mutter Maria, und dir wird regelmäßig ein Symbol ihrer Gegenwart gezeigt. Oder vielleicht hast du eine spirituelle Bindung zu einem verstorbenen Familienmitglied, das sich mit dir durch ein bestimmtes Zeichen, wie ein Lied, einen Duft oder ein Bild, verbindet. Die Führer sind kreativ und klar, wenn sie erscheinen. Vielleicht findest du es sogar verblüffend, *wie* klar sie sind. Lass dich von der großartigen Führung, die dir zur Verfügung steht, beeindrucken.

Es spielt keine Rolle, mit welchem Führer du dich verbindest. Vertrau darauf, dass dir deine Intuition den Weg zu der Führung weist, die für dich am besten passt. So wie du möglicherweise das Gefühl hast, mit einem bestimmten Yogalehrer oder einer Professorin in Übereinstimmung zu sein, fühlst du dich vielleicht auch einem bestimmten geistigen Führer verbunden. Du kannst mehrere geistige Führer haben oder dich regelmäßig mit nur einem verbinden. Es spielt keine Rolle, wie du geführt wirst. Was zählt, ist, dass du deinen Willen der Unterstützung einer liebevollen, machtvollen Präsenz jenseits deiner eigenen überantwortest. Jede Form der spirituellen Führung hat den gleichen Zweck: dir den Weg zurück zur Liebe zu weisen.

Wähle den Führer, mit dem du dich jetzt verbinden möchtest. Öffne dein Tagebuch und schreib den ersten Namen auf, der dir in den Sinn kommt. Es spielt keine Rolle, ob es sich um einen Erzengel, ein verstorbenes Familienmitglied, dein Höheres Selbst (dein System der inneren Führung) oder einen anderen Geistführer handelt. Denk nicht zu viel nach – schreib einfach auf, welche Art der Führung dich dazu inspiriert, dich mit ihr zu verbinden.

Jetzt, da du geklärt hast, mit welcher Führung du dich verbinden möchtest, ist es an der Zeit, dich auf diese energetische Frequenz einzustimmen. Zur Erinnerung: Jeder Führer hat seine eigene Energie, und je öfter du dich mit ihm verbindest, desto einfacher erkennst du, mit wem du es zu tun hast.

Sich mit einem Gebet einstimmen

Wenn du in deinem logischen, praktischen Denken feststeckst, kannst du dich nicht mit der unendlichen Weisheit verbinden, die dir jederzeit zur Verfügung steht. Wenn du aber betest, setzt du vorübergehend die Grenzen deines weltlich geprägten Verstandes außer Kraft und verbindest dich wieder mit der unendlichen Weisheit einer göttlichen Führung jenseits deiner eigenen. Beten ist der Weg zur Hingabe. Wenn du um Führung betest, gibst du deine Kontrolle, deinen Willen und deine Absicht in die Obhut deines Geistführers. Beten ist eine Brücke von deinem kontrollierenden, ängstlichen Geist hin zum rechten Geist der Liebe. Wann immer du um Führung betest, richtest du dich sofort wieder auf deine Super-Attractor-Macht aus. Ein Gebet erneuert dein Vertrauen auf eine höhere Macht und ist eine bescheidene Bitte, die falschen, angstbasierten Überzeugungen der Welt zu überwinden und dich daran zu erinnern, dass du das Licht bist. Wenn dir das Beten zur zweiten Natur wird, empfindest du Erleichterung, weil du weißt, dass du dich durch die geistige Führung, die dir stets zur Verfügung steht, jederzeit mit der Liebe des Universums verbinden kannst. Natürlich tauchen ängstliche Gedanken auf, aber du ersetzt sie durch ein Gebet. Lass das Gebet zu einer Gewohnheit werden, die stärker ist als deine Angst.

Das erste Gebet, das wir praktizieren, ist eines, um sich zu verbinden. Es kann die Tür für geistige Führung öffnen. Setz dich bequem hin an einem ungestörten Ort. Dein Super-Attractor-Tagebuch liegt neben dir. Sprich dann leise oder laut dieses Gebet:

Danke, Führer der höchsten Wahrheit und des äußersten Mitgefühls, (Name), dass du mir deine Gegenwart offenbart hast. Ich heiße dich jetzt willkommen.

Atme tief durch und lass dann los.

Atme weiter tief durch, während du deinen geistigen Führer in deinen Raum eintreten lässt.

Achte nach dem Gebet darauf, wie du dich fühlst. Hat sich die Energie im Raum verändert? Fühlst du dich leichter, kribbliger, ruhiger, inspirierter oder geschützter? Hattest du einen intuitiven Gedanken? Nimm dein Tagebuch und halte darin fest, wie du die Führung empfindest. Stell kein Gefühl infrage, das zu dir durchgedrungen ist. Immer wenn du dich mit einem Führer verbindest, richtest du dich auf ein Energiefeld jenseits der physischen Welt aus. Diese Energie fühlt sich wahrscheinlich anders an als das, woran du bislang gewöhnt bist. Urteile nicht darüber und hab keine Angst davor. Denk daran: Du hast dich auf die Energie des höchsten Wohls eingestimmt. Wenn du diese klare Grenze gezogen hast, kannst du nur eine hohe, liebevolle Energie anziehen.

Falls du nicht sofort eine Führung spürst, sei geduldig. Manchmal zeigt sie sich später. Vielleicht siehst du ein Zeichen, um das du gebeten hast, oder du hast einen Traum, der dir klar den Weg weist, oder vielleicht spürst du eine Präsenz, wenn du am Abend einschläfst. Überstürze nichts.

Spürst du erst einmal eine Verbindung zur geistigen Welt, hast du die Tür für göttliche Führung, klare Weisung und große Weisheit geöffnet. Nun nutzt du die Meditation, um innezuhalten und auf die Führung zu hören, die dir zur Verfügung steht. In friedlicher Stille kann sich der Geist mit dir verbinden. Im Gebet bittest du um Führung, und in der Meditation hörst du zu.

Eine Meditation für spirituelle Führung

Mit der folgenden meditativen Atemübung stimmst du deine Energie auf die Führung ein, die dir nun zugänglich ist.[13] Nimm im Anschluss an diese Meditation dein Tagebuch zur Hand und lass die Führung auf die Seite fließen.

Beginne damit, dass du langsamer atmest, damit du deine Energie auf die Frequenz der Führung abstimmen kannst, die dir jetzt zugänglich ist.

Atme durch die Nase ein und zähle bis vier.

Halte den Atem an und zähle bis vier.

Lass deinen Atem durch den Mund ausströmen und zähle dabei bis vier.

Wiederhole diesen Atemzyklus noch drei Mal.

Atme anschließend noch eine Minute lang tief und langsam durch. Dehn beim Einatmen dein Zwerchfell aus und lass es sich beim Ausatmen entspannen. Atme ein, dehn dein Zwerchfell aus, atme aus, entspanne. Dieses Atemmuster sorgt dafür, dass du vollständig ein- und ausatmest.

Fasse die feste Absicht, deine Energie auf die unterstützende Führung auszurichten, die dich jetzt umgibt.

Sobald du spürst, dass deine Energie in eine friedliche, ruhige, inspirierte Frequenz fällt, nimm dein Tagebuch und schreib diesen Satz oben auf die Seite:

Danke, Führung der höchsten Wahrheit und des äußersten Mitgefühls (du kannst hier einen geistigen Führer nennen, wenn du willst), dass du mir zeigst, was ich wissen soll.
Du kannst ruhig auch spezifischer sein und um Rat bitten, wie du mit einer bestimmten Situation umgehen sollst, oder nach dem fragen, was auch immer du wissen willst. Lass deinen Stift fünf Minuten oder länger über die Seite fließen. Korrigiere nichts. Lass es einfach geschehen.

Lass Führung fließen

Wayne Dyer hat oft betont: »Wenn du daran denkst, im *Spirit* zu bleiben, wirst du merken: Sobald eine Sache scheinbar schiefgeht, siehst du deutlich zehn Dinge, die richtig laufen.« Hast du deine Gedanken und deine Energie erst einmal mit einem liebevollen Führer in Einklang gebracht, empfängst du klare Wegweisung, kreative Lösungen, radikale Inspiration, Frieden und vieles mehr. Führung gibt es in vielen Formen. Achte auf alles und weise nichts zurück.

Wenn du deine spirituelle Verbindung durch diesen Prozess hergestellt hast, merkst du vielleicht, dass dein Umfeld anders auf deine Energie reagiert. Oder Erfahrungen, die dich früher gestresst haben, sind nun viel leichter zu bewältigen. In deinem Leben kommt es plötzlich zu unglaublichen Fügungen. Möglicherweise hast du sogar das Gefühl, dass die Präsenz des *Spirit* stets an deiner Seite ist. Jedes Mal, wenn du dich bewusst auf sie einstimmst, wird sich dir eine Führung zeigen, die der höchsten Wahrheit entspringt.

Praktiziere in der nächsten Woche weiterhin dein Gebet, deine Meditation und deine Tagebuchübung. Schreib dabei auf, welche Verbindungen du eingehst und welche Führung du erhältst. Mach dir den Tag über Notizen in deinem Tagebuch und achte genau auf jedes Zeichen, das auf Führung hindeutet. Mithilfe dieser drei Schritte ist geistige Führung leicht zugänglich, und deine Verbindung zu ihr wird gestärkt. Übe nächste Woche jeden Morgen diese drei Schritte:

1. Stimm dich durch Beten ein und ruf die Präsenz deines geistigen Führers an.
2. Entspann dich und empfange Führung durch die Meditation.
3. Schreib die Hinweise auf, die du erhältst.

Je mehr Zeit du diesen Methoden widmest, umso eindeutiger wird die Präsenz des *Spirit* vorhanden sein. Wenn du dich bewusst dafür entscheidest, dich mit ihr in Einklang zu bringen, wirst du unglaubliche Veränderungen in deiner Energie, deinen Erfahrungen und bei den Menschen deines Umfelds bemerken. Dein Ego will sich dann um jeden Preis widersetzen und sagt Dinge wie »Das ist doch nur Zufall« oder »Das wäre ja ohnehin passiert«. Dieser Reaktion des Egos kannst du deine konsequente Beharrlichkeit entgegensetzen. Wenn du die spirituelle Führung konsequent in deinem Bewusstsein willkommen heißt, gibst du dich einer tieferen Verbindung mit der Führung um dich herum hin. Achte auf die göttliche Führung, die du erhältst, und lass zu, dass der *Spirit* dir zeigt, was zu tun ist.

Sich auf eine höhere Macht stützen

Ein Super-Attractor-Leben zu führen bedeutet, dass wir lernen, uns auf eine höhere Macht zu stützen. Jedes Mal, wenn wir uns auf unsere eigene Stärke verlassen und vom *Spirit* abwenden, schwächen wir unsere Verbindung zum Universum und zu unserer Super-Attractor-Macht. Das Vertrauen auf eine höhere Macht sorgt dafür, dass wir mit der geistigen Welt und mit unendlichen Möglichkeiten, Synchronizität und Freude verbunden bleiben. Geführt zu werden ist nicht gleichbedeutend damit, dass wir unsere eigene Entscheidungsfähigkeit aufgeben; vielmehr bedeutet es, dass uns Entscheidungen leichter fallen. Wir haben eine klare Ausrichtung und sind nicht unsicher und zögerlich. Wenn wir auf Hindernisse stoßen, wissen wir, an wen wir uns um Hilfe wenden müssen, und erhalten göttliche Wegweisung. Dich auf eine höhere Macht zu verlassen, bereichert dein Leben, weil du dich nicht mehr unter Druck gesetzt fühlst, alles selbst herauszufinden. Du kannst loslassen und zulassen.

Die Universelle Energie der Liebe ist zwar in dir, aber oft brauchst du Hilfe, um dich mit ihr zu verbinden. Lass das Universum und deine Führer eine ständige Brücke zurück zu Liebe, Stärke und klarer Wegweisung für dich sein.

Scheu dich nicht, in jeder Situation um spirituelle Führung zu bitten. Bist du in einer Arztpraxis, bitte *Spirit*, durch den Arzt zu wirken. Wenn du in einem Vorstellungsgespräch bist, lade *Spirit* ein, selbstbewusst durch dich zu sprechen. Wenn du eine Auseinandersetzung mit einer Freundin hast, bitte *Spirit*, einzugreifen und dir zu helfen, zu verzeihen und Lösungen zu finden. Es gibt nichts, was du nicht überantworten kannst. Und vor allem: Vertrau jederzeit auf die Führung um dich herum, nicht nur dann, wenn es dir gerade gut passt, sondern immer. Mach es dir es zu einer täglichen Gewohnheit, dich auf die geistige Führung zu stützen. Je mehr du das tust, umso mehr wirst du geführt.

Weniger tun und mehr anziehen

Vertrau darauf, dass deine Ausrichtung auf das Universum genügt, um die Welt, die du dir wünschst, mitzugestalten. Der *Kurs in Wundern* lehrt: »Es gibt nichts, was meine Heiligkeit nicht vermag.«[14] Wenn du deinen Willen der Obhut der geistigen Welt und des Universums überantwortest, stimmst du deine Energie auf einen allgegenwärtigen Strom des Wohlbefindens ein. In diesem Zustand der Hingabe akzeptierst du deine heilige Natur, und es gibt nichts, was du nicht tun könntest. Dies anzunehmen bedeutet, dass du sehr stark auf das Universum und die geistige Führung vertraust. Dadurch wird es dir zur zweiten Natur, Dinge anzuziehen. In diesem Raum des Vertrauens lässt du den Fluss des Universums zu und bist in der Lage, weniger zu tun und mehr anzuziehen.

Spirit das Ruder überlassen

Viele Menschen leben in dem Irrglauben, sie müssten kontrollieren, um Dinge anzuziehen. Wir alle kontrollieren auf unsere jeweils eigene Weise (auch wenn wir es nicht gern zugeben).

Doch das Universum reagiert nicht auf kontrollierende Energie. Das Universum reagiert, wenn wir loslassen und die göttliche Führung willkommen heißen. Wenn hinter deinen Handlungen eine kontrollierende Energie steht, wirst du nicht das Ergebnis erzielen, das du wirklich haben willst. Der Schlüssel dazu, das anzuziehen, was du dir wünschst, liegt darin, es loszulassen.

Durch Loslassen erhalten wir alles, was wir wollen, aber vom Gefühl her kann das verzwickt sein. Deine Angst widersetzt sich hartnäckig dem Loslassen. Wie nicht anders zu erwarten, ist es in einigen Bereichen des Lebens einfacher, sich dem Geistigen zuzuwenden, während es in anderen schwieriger ist. Das ist normal. So findest du es möglicherweise leicht, dich in deiner Berufskarriere auf die geistige Führung zu verlassen, merkst jedoch, dass du dich in deinen Beziehungen dagegen sträubst. Es hilft, wenn du übst, dich mit deinen geistigen Führern zu verbinden und in jenen Bereichen zu überantworten, in denen du »lockerer« bist – wo deinem Empfinden nach nicht so viel »auf dem Spiel steht« und du eine entspanntere Einstellung zum Ergebnis hast. Mit der Zeit wird es einfacher, auch Angelegenheiten, an denen du noch stärker hängst, loszulassen. Gewöhn dir das an, indem du zunächst etwas überantwortest, an dem dir weniger liegt. Übe, dich von *Spirit* in einem Lebensbereich unterstützen zu lassen, in dem es dir leichtfällt zu empfangen. Auf diese Weise kannst du nach und nach spirituelle Beweise dafür ansammeln, dass du tatsächlich geführt wirst. Diese spirituellen Beweise vermitteln dir das nötige Vertrauen darauf, dass das Universum hinter dir steht, und dass es sicher ist loszulassen. Die Momente des Vertrauens summieren sich. Dein neu gewonnenes Vertrauen inspiriert dich dazu, immer mehr Bereiche deines Lebens in die Obhut einer höheren Macht zu geben, die deiner eigenen Sichtweise entspricht.

Eine spirituelle Verbindung ist eine Gewohnheit, die erfordert, dass du dich auf eine höhere Macht und nicht auf deinen eigenen Willen verlässt. Dementsprechend solltest du sowohl die kleinen als auch die großen Angelegenheiten überantworten. Bitte die geistige Führung ebenso beim Zubereiten einer Mahlzeit wie bei einem medizinischen Problem um Hilfe. Es gibt keine Bitte, die zu groß oder zu klein ist. Die geistige Welt wartet darauf, dass du bittest und empfängst. Überantworte alles dem Universum und erwarte göttliche Führung.

Wenn du dich auf eine höhere Macht stützt, entwickelst du die Fähigkeit, still zu sein und dich auf den gegenwärtigen Moment einzulassen. So machst du dich frei davon, Zeit oder geistige Anstrengung darauf zu verwenden, dir über den Lauf der Dinge Gedanken zu machen. Du bist dann nicht mehr auf die Zukunft fixiert und lässt dich auch nicht mehr wegen etwas, das noch gar nicht eingetreten ist, in Unruhe versetzen. Du bist unabhängig von den Umständen vertrauensvoll. Wenn wir eine Verbindung zum *Spirit* kultivieren, können wir auf das Universum vertrauen, egal was passiert.

An eine höhere Macht glauben

Glaube ist eine Voraussetzung, um ein Super Attractor zu werden. Jedes Mal, wenn wir unseren Willen an *Spirit* abgeben, vertiefen wir unseren Glauben an eine Macht, die größer ist als wir selbst. Ich erwarte nicht, dass du nun sofort deine Angst überwindest und an geistige Führung glaubst. Ich hoffe jedoch, dass du dich weiterhin regelmäßig mit der geistigen Führung verbindest, um deinen Glauben zu stärken. Sprich ein Gebet, meditiere über die Energie der Liebe, lass deinen Unglauben einmal eine Minute beiseite und spüre – jeweils einen Schritt nach dem anderen –, wie du dich dem Vertrauen immer mehr annäherst. Es liegt eine solche Erleichterung in dem Wissen, dass es eine Macht gibt, die größer ist als du und die dich bei jedem Schritt auf dem Weg führt.

Wenn wir an eine höhere Macht glauben, können wir aufhören, uns Sorgen zu machen, zu kontrollieren und uns zwanghaft auf das Wie, Wann und Warum zu versteifen. Wir können den Weg freigeben und zulassen, dass *Spirit* uns leitet. Wir können die Hilfe anderer annehmen, Intuition fließen lassen und aus einem Zustand der Inspiration heraus kreativ sein. Der Glaube an geistige Führung verleiht uns Sicherheit und die Freiheit weiterzuträumen, auch wenn wir das Ergebnis noch nicht sehen können. Und beim Warten auf ein Ergebnis ist es die geistige Macht, die uns in der Zwischenzeit Frieden gibt. Wenn sich das, was du dir wünschst, so anfühlt, als sei es völlig außer Reichweite, dann ist es *Spirit*, der dich leitet und inspiriert, dennoch weiter voranzugehen. Freiheit, Frieden und Freude entspringen einem Leben im *Spirit*. Und das beginnt mit deiner Bereitschaft loszulassen.

Zum Leben in Verbundenheit mit deinen Geistführern gehört das Vertrauen, dass du der Liebe des Universums würdig bist. Tendenziell sträuben wir uns gegen unsere geistige Verbindung, weil wir tief im Inneren nicht glauben, dass wir die Unterstützung und bedingungslose Liebe verdienen. Wir meinen, wir müssten der Schöpfer sein, und vergessen dabei, dass wir einer allgegenwärtigen Energie der Liebe entstammen, die uns geschaffen hat. In Verbindung mit *Spirit* zu leben bedeutet, wir vergegenwärtigen uns, dass wir eins sind mit dieser Energie der Liebe, und dass es nichts gibt, was wir nicht tun können, wenn wir mit dem Universum in Einklang sind. Ich bete dafür, dass diese Auffassungen für dich mehr werden als nur Worte, die du in spirituellen Büchern liest. Ich bete dafür, dass sie zu Wahrheiten werden, die du auf einer tiefen Ebene kennst. Du verdienst es zu wissen, wie großartig du bist. Du verdienst es, dich unterstützt zu fühlen und leicht zu leben. Wunder sind dein Geburtsrecht. Es ist Zeit, dich daran zu erinnern.

Ich möchte dich ermutigen, nicht mehr so streng mit dir zu sein und ein bisschen Spaß mit den Übungen in diesem Kapitel zu haben. Hier hast du die Gelegenheit, ein neues Verhalten auszuprobieren, also betrachte es als ein Abenteuer! Es wird immer leichter loszulassen, wenn du zulässt, dass du Vergnügen am Prozess des Geführtwerdens findest. Mit Vertrauen in deine Geistführer kannst du dich beruhigt zurücklehnen – in dem Wissen, dass du bei jedem Schritt des Weges geführt wirst.

Es ist so aufregend, über diese Lehren zu schreiben! Jedes Wort ruft mir in Erinnerung, dass uns jederzeit Unterstützung zur Verfügung steht. Ich habe große Visionen in Bezug darauf, wie dieses Buch dich unterstützen wird. Ich glaube, dass es einen mächtigen Plan jenseits meines eigenen gibt, denn ich spüre die frei fließende kreative Energie der geistigen Führung und Liebe, die beim Schreiben dieser Worte meine Hände durchströmt. Das ist geistige Verbundenheit und Manifestation in Aktion. Genau hier und jetzt.

Deine Verbindung zum Geistigen macht alles möglich. Im nächsten Kapitel wirst du mithilfe deiner geistigen Führer und der Energie des Universums die nächsten Schritte zur Gestaltung und Umsetzung deiner Wünsche tun. Ich werde dich meine Methode »Handeln mit spiritueller Ausrichtung« lehren; sie wird dir Vertrauen in die Schritte vermitteln, die du zur Verwirklichung deiner Wünsche tust. Freu dich auf das, was kommt, und lade *Spirit* ein, diesen Weg gemeinsam mit dir fortzusetzen.

8

HANDELN MIT SPIRITUELLER AUSRICHTUNG

Im Jahr 2008 war ich erst wenige Jahre Life Coach und Motivationsrednerin. Ich lebte in New York City und hielt Vorträge in Hotels, Yogastudios und Zentren. Ich leitete Gruppencoaching-Workshops in meiner Wohnung und »predigte« jedem, der bereit war zuzuhören – ich war auf einer Mission, um meine Botschaft an die Massen weiterzugeben.

Zu jener Zeit spürte ich, dass ein neuer Zeitgeist aufkam. Es schien, als ob sich vor allem Frauen auf der Suche nach Glück zunehmend der Spiritualität zuwandten, statt es in Schuhgeschäften zu suchen. Viele wurden gesundheitsbewusst, ersetzten Cocktails und Clubs durch Green Juice und Yoga. Überall auf der Welt, so konnte ich sehen, sehnten sich spirituell Suchende danach, erwachen zu dürfen. In ihnen erkannte ich mich selbst, als ich noch am Anfang meines spirituellen Weges stand. Sie waren auf der Suche nach einer Gemeinschaft

Gleichgesinnter. Sie wollten Anleitung, wie sie sich für eine spirituelle Verbindung öffnen konnten. Ich hatte das Gefühl, es lag in meiner Verantwortung, ihnen zu vermitteln, dass sie nicht allein waren. Ich wollte ihnen sagen, dass es angesagt war, spirituell zu sein, und dass sie ruhig ganz frei neue Überzeugungen erkunden sollten.

Es erschien mir so sinnvoll, meine Botschaft mit einem größeren Publikum zu teilen, dass ich beschloss, mein PR-Knowhow anzuwenden, um die Nachricht über das zu verbreiten, was mir auffiel. Eines Nachmittags hatte ich eine inspirierte Idee und platzte damit heraus: »Es gibt einen neuen Trend: Life Coaches und spirituell Suchende. Und ich werde der *New York Times* vorschlagen, eine Story für den *Sunday-Styles*-Teil darüber zu veröffentlichen!«

Das war scheinbar aus dem Nichts gekommen, und meine Praktikantin blickte mich verwirrt an. Doch ich war inspiriert, zuversichtlich und voller Überzeugung. Ich hatte die göttliche Führung angehört, die ich empfangen hatte, und wusste, dass es Zeit war, sie in die Tat umzusetzen. Ich suchte die Nummer eines Reporters heraus, den ich kannte und der für den *Styles*-Teil schrieb, und rief ihn umgehend an. Zu meiner Überraschung hatte ich ihn direkt am Telefon.

»Allen hier.«

»Hey, Allen, hier ist Gabby Bernstein«, sagte ich. »Wir sind uns vor einiger Zeit bei einem Dinner in Soho begegnet. Ich rufe an, weil ich eine tolle Geschichte für dich habe.«

»Dann erzähl mal schnell, ich habe nicht viel Zeit,« sagte er.

»Schon klar«, sagte ich. »Der Pitch ist in etwa der: Alle jungen Frauen, die früher Carrie Bradshaw sein wollten, wollen jetzt mehr wie der Selbsthilfe-Autor Wayne Dyer sein. Es ist eine neue Bewegung, und ich habe eine ganze Story über diesen Trend für dich.«

»Interessant. Ich melde mich wieder.«

Sein Ton war zwar ein bisschen abfällig, doch mir genügte es schon, wenn er interessiert war. Der Same wurde gepflanzt, und ich gab meinen Pitch an das Universum ab. Intuitiv wusste ich, dass etwas Tolles auf mich zukam.

Fast neun Monate vergingen, in denen ich kaum etwas von Allen hörte. Von Zeit zu Zeit meldete er sich, um sich nach dem Stand der Dinge zu erkundigen, und ließ mich wissen, dass nach wie vor Interesse an der Geschichte bestand. Ich blieb geduldig und zuversichtlich und vertraute darauf, dass meine starken Absichten in Verbindung mit meinem Vertrauen ausreichten, meine Vision für diese Story Wirklichkeit werden zu lassen. Ich ließ los und erlaubte dem Universum, das Seinige zu tun. Statt obsessiv über jeder E-Mail zu brüten oder etwas erzwingen zu wollen, gab ich mein Ziel in die Obhut des Universums. Ich wusste, dass sich alles genau so entwickeln würde, wie es sollte. Ich konzentrierte mich darauf, jeden Tag anderen dienlich zu sein, meine Botschaft zu verbreiten und mehr Menschen zu helfen, ihre geistigen Verbindungen zu entdecken und zu stärken. *Ein Kurs in Wundern* sagt: »Diejenigen, die sich des Ausgangs gewiss sind, können es sich erlauben zu warten und ohne Ängstlichkeit zu warten.«[15] Ich war mir sicher: Was auch immer passierte, es würde zum Besten aller sein, und das machte es leicht, Geduld zu haben.

Ich erhielt keine echte Antwort auf meinen Pitch bis zum Herbst 2009, als Allen mich aus heiterem Himmel anrief und sagte: »Gabby, hier ist Allen. Die *Times* hat deine Story genommen. Ich habe eine Woche Zeit, um dich zu interviewen, ein

Fotoshoot zu machen, mir dein Gruppencoaching anzugucken und das Ganze zu schreiben. Machen wir uns an die Arbeit!«

Meine Geschichte erwachte zum Leben! Innerhalb von vierundzwanzig Stunden hatte ich einen Fototermin festgelegt und mein Interview mit Allen arrangiert.

Abends um neun Uhr kam Allen an jenem Mittwoch in mein kleines Ein-Zimmer-Apartment, um an der Gruppencoaching-Sitzung teilzunehmen, umgeben von jungen Frauen, die eifrig meditierten und beteten. Anschließend blieb er noch da, um mich zu interviewen und sich dadurch einen besseren Eindruck von meiner Arbeit zu verschaffen. Wir saßen auf der Futon-Couch, hinter der ein riesiges Vision-Board hing, das die ganze Wand überspannte. An dieser Pinnwand hingen Bilder und Ausschnitte aus Zeitschriften, die ich gesammelt hatte und die all meine Lebensträume darstellten: ein Liebespaar, das sich an den Händen hielt, Verlobungsringe, inspirierende Zitate und weiße Sandstrände.

In der rechten unteren Ecke hatte ich einen Titelkopf der Rubrik *New York Times Sunday Styles* angeheftet. Allen wies darauf und fragte: »Was ist das?« Ich erklärte, dass ich die Story über meine Arbeit schon seit einiger Zeit manifestierte. Schon drei Jahre zuvor hatte ich in der *Styles*-Rubrik ein Feature über einige Freundinnen von mir gesehen, die Food-Bloggerinnen waren. Beim Lesen des Artikels hatte ich mir überlegt, dass ich ebenfalls eine solche Story über meine Arbeit haben wollte. Also hatte ich den Titelkopf herausgerissen und an meinem Vision-Board angebracht. Dort hing er seit drei Jahren.

Allen sah schockiert aus. Er wandte sich mir zu und sagte: »Ich war derjenige, der die Story über die Food-Bloggerinnen geschrieben hat! Dieser Titelkopf ist von dem Artikel, den ich vor drei Jahren geschrieben habe. Und jetzt, drei Jahre später, schreibe ich deine Titelgeschichte für den *Styles*-Teil. Wow, ich schätze, das ganze spirituelle Zeug funktioniert wirklich.«

Ich lächelte angesichts dieses kleinen Augenzwinkerns des Universums. Diese schicksalhafte Fügung war ein sicherer Hinweis darauf, dass ich mich den Naturgesetzen des Manifestierens überantwortet und zugelassen hatte, dass das Universum hinter mir stand, während ich meine Realität mitgestaltete.

Glücklicherweise hatte ich nicht versucht, die Manifestation zu kontrollieren, sondern sie auf natürliche Weise Form annehmen lassen. Diese Titelgeschichte gab meiner Karriere wichtige Impulse und trug dazu bei, dass ich meine Vision umsetzen konnte, Spiritualität einem breiteren Publikum zugänglich zu machen. Meine Geduld, meine Gewissheit und mein Vertrauen haben dem Universum, den Führern und Engeln den Weg bereitet, um zu »liefern«. *Spirit* wirkt durch Menschen und unterstützt so dein großes Werk in der Welt. Wenn du deiner Intuition und Inspiration folgst, kannst du sicher sein, dass die geistige Welt dich führt. Ich weiß, dass sie durch Allen gewirkt hat, damit meine Vision Realität werden konnte.

Die Geschichte ist ein schönes Beispiel dafür, dass wir mühelos mit dem Universum zusammen etwas kreieren können, wenn wir unser Handeln mit Inspiration verbinden. Ohne es damals zu wissen, hatte ich eine bestimmte Methode angewandt, um meine Vision zu manifestieren. Heute bezeichne ich diese Methode bei der man auf den *Spirit* ausgerichtet ist, als »Handeln mit spiritueller Ausrichtung«. Wenn du diese Methode, auf alles anwendest, was du dir wünschst, kannst du darauf vertrauen, dass du gemeinsam mit dem Universum etwas kreierst, statt zu erzwingen, dass eine Vision Form annimmt.

Die Methode »Handeln mit spiritueller Ausrichtung« ist eine Praxis, die Inspiration und Vertrauen in das Geistige erfordert. Wenn wir unseren Wunsch mit Vertrauen verbinden, können wir aus einem Zustand des Friedens statt aus der Kontrolle heraus handeln. Dieser Frieden ermöglicht dem Universum, uns voll zu unterstützen. Wenn wir mit spiritueller Ausrichtung handeln, können wir darauf vertrauen, dass eine Energie jenseits unserer eigenen für uns arbeitet, und dass alles sich gut fügen wird – auch wenn wir nicht genau wissen, wann und wie. Diese Methode hilft dir, deine Energie auf eine friedliche, inspirierte Präsenz einzustimmen, sodass all dein Tun von deiner Super-Attractor-Macht unterstützt wird. Folge diesen Schritten und übe sie regelmäßig, um zu sehen, wie unterstützend das Universum sein kann, wenn du mit spiritueller Ausrichtung handelst!

Meine Methode »Handeln mit spiritueller Ausrichtung«

Schritt eins: Sorge dafür, dass dein Wunsch durch Inspiration unterstützt wird und anderen dienlich ist

Mein Wunsch, eine Titelgeschichte in der Rubrik *New York Times Sunday Styles* zu haben, wurde dadurch untermauert, dass sie anderen dienlich war. Ich wusste, die Story würde neuen Suchenden helfen, sich weniger allein zu fühlen und ihre angstvollen Auffassungen aufzulösen; und sie würde zur Entstehung eines Unterstützungssystems für andere Menschen beitragen, die nach Lösungen suchten. Der Wunsch, anderen dienlich zu sein, inspirierte mich sehr stark. Ich verstand wirklich, wie es war, bei der spirituellen Suche noch ganz am Anfang zu stehen, und ich wollte, dass sich andere in derselben Situation niemals allein fühlten. Als ich anfangs meinen eigenen spirituellen Weg beschritt, sehnte ich mich sehr nach dem Gefühl der Zugehörigkeit. Mit einem klaren Nutzen für andere und einer entsprechenden Inspiration hinter meinem Wunsch, in der *Times* zu sein, räumte ich jeglichen Zweifel und Unglauben aus. Ich blieb meiner Manifestation treu, indem ich konsequent immer wieder positive Gedanken darüber in mir wachrief, wie diese Geschichte Lesern dabei helfen würde, ihr eigenes spirituelles Erwachen anzustreben.

Wenn der Wunsch, den du manifestierst, mit dem Dienst an anderen und mit Inspiration in Einklang steht, ist er unbezwingbar. Da es meine Hauptabsicht war, die Botschaft des spirituellen Bewusstseins Neulingen auf dem Weg zu vermitteln, wurde der Prozess von der unaufhaltsamen Kraft der Inspiration unterstützt. Es ging mir nicht darum, mein Ego zu nähren. Vielmehr wollte ich einer neuen Generation von Suchenden helfen. Aus dieser Erfahrung habe ich eine klare und nachhaltige Lektion gelernt: Echte Manifestationen werden durch Dienst an anderen und Inspiration angetrieben.

Vielleicht denkst du: »Woher weiß ich denn, ob hinter meinem Wunsch überhaupt der Dienst an anderen und Inspiration stehen?« Vielleicht denkst du auch: »Was ist, wenn es in Wirklichkeit bei dem, was ich will, nicht darum geht, die Welt zu verändern? Was, wenn ich geliebt werden oder aus meinen Schulden herauskommen will? Wie kann das anderen dienlich sein?« Es ist wichtig zu verstehen: Wenn dir dein Wunsch Freude bereitet, steht Inspiration dahinter. Und solange dein Wunsch auf das höchste Wohl aller abzielt, kannst du darauf vertrauen, dass er von *Spirit* unterstützt wird. Deine aufrichtige Freude und dein Wunsch, dienlich zu sein, bringen mehr Licht in die Welt.

Doch es ist ebenso wichtig herauszufinden, *warum* man etwas will, und zu verstehen, welche Energie dahintersteht. Bisweilen wollen wir etwas wirklich nur deswegen, weil wir uns dadurch besser fühlen oder meinen, es mache uns zu etwas Besonderem. Dann wieder wünschen wir uns etwas, weil wir hoffen, dass es eine unserer innersten Wunden verdeckt, sodass wir vermeiden können, uns damit auseinanderzusetzen und sie zu heilen. So kann es beispielsweise sein, dass du dir eine Beförderung bei der Arbeit wünschst, um die Anerkennung deiner Familie zu erhalten. Oder vielleicht möchtest du etwas Teures kaufen, nur um vor Freunden damit anzugeben. Oder vielleicht willst du eine Beziehung, weil du dich dann nicht mehr komplett allein fühlst und weil du Angst hast, Single zu sein. Die Wünsche in diesen Beispielen sind von Bedürftigkeit und Angst motiviert. Sie geben dir nicht das Gefühl, inspiriert oder anderen dienlich zu sein, weil sie von einem Bedürfnis nach äußerer Bestätigung oder Vollendung getragen werden und nicht vom Bedürfnis nach innerem Frieden. Prüf dich selbst und finde alle egogetriebenen Wünsche, die du eventuell hast. Es ist wunderbar, kompromisslos für das, was du willst, einzustehen, aber du solltest dabei stets darauf achten, welche Energie hinter deinem Wunsch steht.

Eine einfache Möglichkeit zu klären, welche Energie deinen Wunsch motiviert, besteht darin, dich zu fragen: »Fühle ich mich durch diesen Wunsch inspiriert und bin anderen dienlich?« Nimm dir etwas Zeit und schreib in dein Tagebuch, wie dein Wunsch dich beflügelt. Geh dann noch weiter und schreib, inwiefern deine Inspiration und deine positive Energie anderen dienlich sind. Lass deinem Stift freien Lauf und bring dich durch das Schreiben in eine starke Ausrichtung. Wenn du deine Energie mit diesem Dienlichsein und dieser Inspiration in Einklang bringst, kannst du darauf vertrauen, dass sie deine Vision voranbringt. Schreib mindestens fünf Minuten in dein Tagebuch und lies dann das Geschriebene noch einmal durch. Lass Freude und Inspiration in dir aufkommen und wecke das Gefühl in dir, einen großartigen Beitrag zu leisten. Gib dir die Erlaubnis, deine Wünsche zu feiern.

Schritt zwei: Glaub daran, dass das Universum liefert

Weil ich so inspiriert war und mich dem Dienst an anderen, der meinen Wunsch motivierte, so sehr verbunden fühlte, fiel es mir leicht zu glauben, dass das Universum hinter mir stand. Ich wusste, es gab ein Publikum für meine Arbeit, und ich wusste, dass sie in die Welt getragen werden musste. Als ich darüber nachdachte, welch großen Dienst mir meine spirituellen Lehrer auf meinem Weg erwiesen hatten, wusste ich, dass ich dasselbe für eine neue Generation Suchender tun konnte. Ich war so beseelt von diesem Wunsch, dass ich kompromisslos auf meiner Vision bestand, meine Arbeit zu den Menschen zu bringen, die sie am meisten brauchten. Wenn wir spirituell in Einklang sind mit dem, was wir uns wünschen, können wir darauf vertrauen, dass das Universum es gemeinsam mit uns kreiert.

Im Zusammenhang mit meinem Wunsch war mir zudem vieles klar: Ich wusste, dass die Story in der Rubrik *New York Times Sunday Styles* stehen musste, denn dort war meine Leserin. Sie suchte ihr Glück im nächsten Modetrend, während ich die gute Gelegenheit sah, sie dort abzuholen, wo sie stand, und an das zu erinnern, was sie in Wirklichkeit am meisten wollte: ein spirituelles Leben. Doch ich schränkte meinen Glauben an die Verwirklichung meines Wunsches nicht ein. Ich vertraute darauf, dass es die *New York Times* oder etwas Besseres sein würde. Wenn du deinen Wunsch geltend machst, ist es wichtig, klar zu sagen, was du willst, und es dann mit der Ergänzung »das oder etwas Besseres« zu überantworten. Auf diese Weise bleibst du offen für die kreative Führung durch das Universum und schränkst deine Manifestationskraft nicht ein. Oft hat das Universum einen Plan, der besser ist als dein eigener!

Je mehr du an die Unterstützung des Universums glaubst, umso mehr wirst du erhalten. Du akzeptierst, dass Manifestieren ein Prozess des Zusammenwirkens ist und dass *Spirit* dir, wenn du inspiriert bist, den Weg weist. Ich glaubte an meine Vision, weil ich mich damit gut fühlte. Dass ich so stark daran glaubte, verlieh mir die innere Kraft, zum Telefon zu greifen und Allen überhaupt anzurufen. Eine solche feste Überzeugung entsteht, wenn du zu deinen Wünschen stehst und keine Angst hast, sie einzufordern. Durch tägliches Beten und Meditieren blieb ich mit dem *Spirit* und dem Dienst an anderen, der hinter meinem Wunsch stand, in Verbindung. Und dadurch, dass ich diese Verbindung aufrechterhielt, konnte ich meiner Vision treu bleiben, auch wenn sich Allen monatelang nicht meldete.

Dein Ego sträubt sich vielleicht gegen die Vorstellung, an die Führung des Universums zu glauben. Wenn du das merkst, nimm dein Tagebuch noch einmal zur Hand und lies dir wieder durch, inwiefern dein Wunsch dir Freude macht und der Welt dienlich ist. Je mehr du dein Denken und deine Energie auf die Freude und den Dienst an anderen ausrichtest, die deinen Wunsch prägen, umso mehr wächst deine Überzeugung, dass das Universum hinter dir steht.

Schritt drei: Handle aus einem Zustand der spirituellen Ausrichtung heraus

Mit Inspiration, einer Einstellung des Dienlichseins und mit Glauben bist du bereit, zum Handeln überzugehen. Dass du mit spiritueller Ausrichtung handelst, merkst du daran, dass sich dein Handeln nahezu mühelos anfühlt. Du zweifelst nicht an dir und fragst auch nicht nach der Meinung anderer. Mit jedem Schritt, den du tust, fühlst du dich verbunden. Alles, was du tust, ist von echtem Selbstvertrauen und Furchtlosigkeit untermauert. Kein Widerstand steht dir im Weg.

Ich war klar in einem Zustand der spirituellen Ausrichtung, als ich furchtlos zum Hörer griff, um *The New York Times* zu pitchen. Meine positive Ausstrahlung und mein Selbstvertrauen drangen durch die Telefonleitung. Wäre ich in jenem Moment nicht im Zustand spiritueller Ausrichtung gewesen, hätte Allen aufgelegt, bevor ich ihm meinen Pitch überhaupt hätte präsentieren können. Die spirituelle Ausrichtung hat diese Manifestation in Gang gebracht.

Handeln aus einem Zustand der spirituellen Ausrichtung heraus ist ein großartiges Gefühl. Du stellst dich nicht infrage, bist optimistisch und weißt, dass du auf dem richtigen Weg bist. Es spielt keine Rolle, wie andere reagieren, denn deine Ausrichtung reicht aus, um deinen Wünschen positiven Schwung zu verleihen. Das Universum wird dir schnell widerspiegeln, dass du in Einklang mit ihm bist. Die nächsten Schritte ergeben sich dann ganz natürlich. Was auch immer du aus dieser Ausrichtung heraus tust, wird stark unterstützt.

Schritt vier: Sei geduldig

Weil ich geduldig blieb, habe ich Allen nicht dazu gedrängt, meine Story zu schreiben. Hätte ich das getan, wäre ich ihm wahrscheinlich auf die Nerven gegangen und hätte so die Gelegenheit von mir abgewendet. Stattdessen ruhte ich in meiner festen Überzeugung und ermöglichte so, dass die Geschichte zum richtigen Zeitpunkt gebracht wurde. Sie erschien einen Monat, bevor mein erstes Buch, *Mach Wunder wahr*, veröffentlicht wurde, nicht lange vor meiner Lesereise. Diese Werbung öffnete mir von da an unzählige Türen. Geduld und Vertrauen auf das Timing des Universums ermöglichten, dass die Manifestation zum perfekten Zeitpunkt stattfand.

Es ist wichtig zu verstehen, dass Geduld eine wichtige Tugend ist, um das, was du dir wünschst, anzuziehen. Wenn du dich mit dem Gefühl und dem Wissen verbindest, dass das zu dir kommt, was am besten für alle Beteiligten ist, dann kannst du dich entspannen und darauf vertrauen, dass es unterwegs ist. Falls du nun denkst »Jetzt bin ich aufgeschmissen!

Geduld ist nicht gerade meine starke Seite«, dann versichere ich dir: Du kannst Geduld entwickeln, indem du die ersten drei Schritte dieser Methode befolgst. Wenn du Inspiration, Dienst an anderen und festen Glauben verbindest, kannst du darauf vertrauen, dass du mit *Spirit* in Einklang bist und zu dem geführt wirst, was zum Besten aller ist. Begeistere dich, hab große Träume und scheu dich nicht, an deine Visionen zu glauben. Wenn du so vorgehst, wird sich Geduld ganz von selbst einstellen.

Manifestieren ist eine Kunst

Die Methode »Handeln mit spiritueller Ausrichtung« unterstützt dich dabei, Zugang zu einer kreativen Kraft in dir zu finden. Wie bei jedem kreativen Projekt müssen wir unsere Fähigkeiten verfeinern und zulassen, dass uns Inspiration durchdringt. Wenn wir diese kreative Kraft verkörpern, macht das Leben wirklich Spaß. Doch wir sollten wissen, dass es beim Manifestieren nicht darum geht, die totale Kontrolle zu haben oder all unsere kurzfristigen Wünsche zu erfüllen. Beim echten Manifestieren geht es noch nicht einmal darum, das zu erhalten, was wir unserer Ansicht nach wollen. Es geht darum, das zu empfangen, was zum Besten aller ist. Ja, du wirst Erfahrungen machen, in deren Verlauf du genau das Ergebnis anziehst, das du dir vorgestellt hast. Doch Ergebnisse zu kontrollieren, um genau das zu erhalten, was du willst, ist nicht das Ziel. Vergiss nicht: Dein Plan ist nicht immer der beste! Wenn du dich der Kunst des Manifestierens überantwortest, kannst du darauf vertrauen, dass das Universum dich zu dem führt, was du dir wünschst, und zu noch viel mehr.

Manifestieren ist der kreative Prozess, sich mit der Energie des Universums in Einklang zu bringen, um eine Erfahrung zu schaffen, die deinen *Spirit* und den der Welt erhebt. Beim Manifestieren geht es nicht darum, etwas zu erhalten, sondern etwas zu werden. Je mehr du loslässt, umso eher wirst du zur Entsprechung dessen, was du dir wünschst. Denk daran, dass deine Energie das anzieht, was ihr ähnlich ist. Die Methode »Handeln mit spiritueller Ausrichtung« hilft dir, den Weg frei zu machen und dich vom Universum unterstützen zu lassen. Du bist nicht mehr festgefahren, blockiert oder hilflos. Stattdessen nutzt du die kreativen Kräfte in dir und handelst wirksam aus diesem Zustand der Super-Attractor-Macht aus. Die positive, vertrauensvolle Energie, die du verkörperst, spiegelt dann die Energie des Universums wider. In einem Zustand des positiven Fließens passt das Universum zu deiner Schwingungsfrequenz und bringt dich in Einklang mit deinen Wünschen. Wenn du spirituell ausgerichtet bist, auf die Stimme deiner inneren Weisheit hörst und dich von der Liebe des Universums führen lässt, bist du in einem vertrauensvollen, nicht in einem angstvollen Zustand. Wenn du die Methode »Handeln mit spiritueller Ausrichtung« anwendest, erlaubst du dem Universum, dich zu dem zu führen, was zum Besten aller ist.

Es ist so weit: Wir probieren die Methode aus

Mach am Anfang eine ehrliche Bestandsaufnahme, wie du vielleicht betest, um das zu bekommen, was du deiner Ansicht nach brauchst. Wie – auf welch verschiedene Art und Weise – kontrollierst du deine Handlungen in dem Bemühen, ein Ergebnis zu erzwingen? Probierst du verschiedene Taktiken aus, um deinen Beziehungspartner in jemanden zu verwandeln, der er nicht ist? Drängst du, um zu bewirken, dass deine Arbeit auf den Social-Media-Kanälen gesehen wird? Sieh dir an, ob deinen Handlungen eher Angst als Vertrauen zugrunde liegt. Achte von jetzt an regelmäßig darauf, ob deine kontrollierenden Bitten an das Universum verhindern könnten, dass du das erhältst, was dem höchsten Wohl aller dient.

Es ist sicher, uns ehrlich klarzumachen, wie wir den Fluss des Universums blockieren. Wir müssen unser Ego sehen, um es ans Licht zu bringen. In meinem Leben habe ich unzählige Male versucht zu kontrollieren, statt die Situation zu überantworten. Ich versuchte, den Zeitpunkt der Schwangerschaft und das Ergebnis einer Buchpremiere zu kontrollieren, und ich verbrachte die Jahre zwischen zwanzig und dreißig damit, meine Partner zu kontrollieren, um mich sicher zu fühlen. Ich schäme mich nicht dafür, dass ich auf so vielfältige Weise in Angst abgerutscht bin. Ich bin stolz darauf, dass ich diese Momente falscher Ausrichtung als Gelegenheit wahrnehmen kann zu erkennen, dass ich vom Universum getrennt war. Je eher du dir ansiehst, auf welch verschiedene Art und Weise du versuchst, das Universum zu kontrollieren, umso eher bist du in der Lage, dich zu überantworten.

Erstelle in deinem Tagebuch eine Liste, auf welch verschiedene Arten du deine Wünsche kontrollierst.

Sobald dir klar ist, wie du Situationen zu kontrollieren versuchst, ist es an der Zeit, deine Energie umzuleiten und die Methode »Handeln mit spiritueller Ausrichtung« anzuwenden. Wähle einen Lebensbereich aus, den du kontrolliert hast, und wende die Methode in der folgenden Woche darauf an.

1. **Schöpfe aus der Inspiration hinter deinem Wunsch und erkenne, inwiefern sie der Welt dienlich ist.** Schreib in dein Tagebuch, auf welche verschiedenen Arten dich dein Wunsch beflügelt und inwiefern dies anderen dienlich ist. Denk daran: In deiner Freude ist das Dienlichsein mit enthalten, solange sie nicht auf Kosten eines anderen geht. Dein Wunsch nach Freude ist nicht egoistisch. Deine Freude ist ein Geschenk an die Welt und an alle um dich herum.

2. **Glaub daran, dass das Universum liefert.** Schreib in dein Tagebuch klar, was du dir wünschst, und überantworte es dann mit der Ergänzung »das oder etwas Besseres«. Verbringe dann jeden Tag Zeit in stiller Meditation, um deine Energie mit dem Dienst an anderen und der Inspiration hinter deinem Wunsch in Einklang zu bringen. Lass in deiner Meditation alle Zweifel und Fragen los und erlaube dir, von deiner Vision zu träumen. Spüre hinein in die Gefühle der Inspiration und des Dienstes an anderen, die deinen Wunsch motivieren. Stell dir immer wieder vor, wie du deinen Wunsch erfüllst und all die positive Energie in die Welt bringst. Sieh, wie die Menschen durch das, was du dir wünschst, und durch deine Freude positiv beeinflusst werden. Lass zu, dass sich ein

fester Glaube einstellt. Wenn du über den Dienst an anderen und die Inspiration hinter deinem Wunsch meditierst, hilft dir das zu glauben, dass du es wert bist, diesen Wunsch zum Leben zu erwecken. Als Audioanleitung in diesem meditativen Prozess kannst du dir meine kostenlose Vision-Making-Meditation auf der Seite »book resources« unter www.gabbybernstein.com/superattractor herunterladen.

3. **Handle aus einem Zustand der spirituellen Ausrichtung heraus.** Sobald du spürst, dass Schritt eins und zwei ihre Wirkung entfalten, weißt du, dass du bereit bist, mit spiritueller Ausrichtung zu handeln, denn du bist entspannt, vertrauensvoll und zuversichtlich. Ein sicheres Zeichen, dass es an der Zeit ist zu handeln, ist der Umstand, dass du keine Erwartungen mehr in Bezug auf das Ergebnis hegst. Losgelöst zu sein setzt Vertrauen voraus. Spüre das Vertrauen hinter deinem Wunsch und geh selbstbewusst den ersten Schritt. Vielleicht greifst du zum Telefon, rufst die Frau an, die du bewunderst, und bittest sie um ein Date. Oder du schlägst an deinem Arbeitsplatz ein gewagtes neues Projekt vor. Sobald du das Gefühl hast, ausgerichtet zu sein, schreite zur Tat.

4. **Sei geduldig.** Geduld bedeutet, dass du weißt: Das, was du dir wünschst, ist unterwegs. Wenn du geduldig bist, lässt du das Universum für dich das tun, was du nicht selbst für dich tun kannst. Du schaffst Raum, damit dich die Energie des Universums auf eine Weise unterstützen kann, die deine Vorstellungskraft übersteigt. Übe dich in Geduld und lass es einfach geschehen.

Wenn du üben willst, geduldig zu sein, ist dieses Gebet hilfreich. Es unterstützt dich dabei, loszulassen und geschehen zu lassen:

> *Ich unterstütze die Inspiration, die hinter meinen Wünschen steht, und weiß, dass das genügt, um mich zu dem zu führen, was das Beste ist. Ich überantworte diesen Wunsch dem Universum und weiß, dass ich geführt werde.*

Geduld ist auch dann besonders nützlich, wenn du darauf wartest, dass andere deine Wünsche fördern. Geduld schafft Raum, damit das Universum durch Menschen wirken kann. Wenn du andere nicht mehr energetisch erstickst, damit Dinge entsprechend deiner Planung ablaufen, kannst du sie freigeben und ihnen dadurch ermöglichen, ihre eigene Führung vom Universum zu empfangen. Jemand, der sich unter Druck gesetzt fühlt, kann nicht die Botschaften empfangen, die er braucht, um deine Wünsche zu unterstützen. Das ist eine wichtige Lektion, die ich in Bezug auf den Umgang mit meinem Team gelernt habe. Als Unternehmerin muss ich sehr viel Geduld üben. Sobald ich aber loslasse, die Methode »Handeln mit spiritueller Ausrichtung« anwende und bereitwillig geduldig bin, läuft mein Team in vielfältiger Weise zur Hochform auf. Die Mitarbeiter präsentieren mir Ideen, an die ich nie gedacht hätte, und treffen kreative Entscheidungen, ohne dass ich ihnen hätte sagen müssen, wo es langgeht. Lass anderen Menschen ihren Freiraum, damit sie dem Universum erlauben können, durch sie zu wirken.

Von geduldigen Menschen geht eine Energie der Ausdehnung, des Friedens und der Harmonie aus. Diese Schwingungsfrequenz ist genau das, worauf das Universum reagiert.

Beobachte geduldig, wie die wunderbaren Geschenke, die du kreiert hast, ganz natürlich Form annehmen. Bewundere das Wirken und das Timing des Universums. Wenn du loslässt und geschehen lässt, wirst du ehrfürchtig sein angesichts dessen, was dann passiert.

Achte darauf, wie es sich anfühlt, mit spiritueller Ausrichtung zu handeln

Nachdem du eine Woche lang die Methode »Handeln mit spiritueller Ausrichtung« geübt hast, schreib deine Erfahrungen in dein Super-Attractor-Tagebuch. Beschreib ganz detailliert, wie es sich anfühlt, aus diesem Zustand heraus zu handeln: Vielleicht bist du frei und unbeschwert. Vielleicht ist dein Atem freier, weil du nicht mehr krampfhaft auf das Ergebnis fixiert bist. Schreib es auf, um dir das Gefühl und deinen emotionalen Zustand in Erinnerung zu rufen. Zu erkennen, wie du dich fühlst, wenn du mit spiritueller Ausrichtung handelst, wird dir helfen, wenn du das nächste Mal handeln willst. Mach dir den Unterschied zwischen dem Gefühl, aus Angst zu handeln und vertrauensvoll zu handeln, kristallklar. Erkenne ihn ganz genau, damit du dich in einem solchen Moment ertappen und eine andere Richtung einschlagen kannst. Wenn du merkst, dass du mit falscher Ausrichtung handelst, kehre zur Vier-Schritte-Methode zurück und richte dich wieder aus. Aus einem anderen Zustand als der spirituellen Ausrichtung heraus zu handeln, wird deine Wünsche nicht unterstützen.

Die Versprechen der Methode »Handeln mit spiritueller Ausrichtung«

Wenn du diese Methode konsequent praktizierst, hast du nicht mehr das Bedürfnis, dein Leben zu kontrollieren. Du fühlst dich durch das, was du tust, gestärkt. In vielerlei Hinsicht fühlst du dich wie ein neuer Mensch. Wenn du aufhörst zu kontrollieren und anfängst zuzulassen, wirst du bemerken, wie sich in deinem Nervensystem etwas verändert. Das ist mir auf ganz unglaubliche Weise passiert! Als ich mich wirklich auf das »Handeln mit spiritueller Ausrichtung« einließ und diese Methode regelmäßig anwandte, verwandelte sich mein Leben ganz und gar. Ich stand weniger unter Stress, mein Geist war klar und mein Körper entspannt. Ich fühlte mich mehr vom Universum und anderen Menschen unterstützt und spürte bei jedem Schritt des Weges göttliche Führung. Und das Beste von allem: Ich war gelassen, denn ich wusste, dass meine spirituell ausgerichteten Handlungen ausreichten, um das, was ich mir wünschte, in Gang zu bringen. Ich hatte meinen Teil getan – das wusste ich – und würde umso mehr empfangen, je geduldiger ich war. Ich lernte, den Weg frei zu machen und die natürliche Ordnung nicht mehr zu stören.

Meine Hoffnung ist, dass diese Methode dich stärkt, dich unterstützt und dir vor allem Frieden gibt. Wenn du darauf vertraust, dass deine spirituell ausgerichteten Handlungen ausreichend sind, kannst du aufhören, die Dinge zu forcieren, und beginnen zu empfangen. Das ist eine wunderbare Art zu leben! Wenn du jemand bist, der immer wieder versucht, das Leben zu kontrollieren, empfehle ich dir dringend, diese Methode zu deiner höchsten Priorität zu machen. Selbst wenn du keines der anderen Prinzipien aus diesem Buch anwendest und nur diese eine Methode beherrschst, wirst du merken, dass sich deine Super-Attractor-Macht enorm steigert. Ich will von deinen Wundern hören! Übe diese Methode einen Monat lang gewissenhaft – und dann freue ich mich, wenn du mir eine E-Mail über die Seite »Resources« unter www.gabbybernstein.com/superattractor schickst und mich wissen lässt, was passiert. Ich möchte deine Wunder mit dir feiern!

Durch das Anwenden der Methode »Handeln mit spiritueller Ausrichtung« erweist man der Welt einen großen Dienst. Wenn du aus einem Zustand der Inspiration, des Dienstes an anderen und des Vertrauens heraus handelst, kann das Universum eine Dynamik erzeugen, die andere stark beeinflusst. Die Story, die ich auf der Titelseite der *Sunday-Styles*-Rubrik veröffentlicht habe, war nicht nur eine fantastische Manifestation – es war ein göttlicher Dienst für die Welt. Diese Geschichte machte meine spirituellen Lehren bei neuen Suchenden bekannt und half ihnen, ihren eigenen spirituellen Weg zu finden.

Eine Woche nach Erscheinen des Artikels erhielt ich einen Anruf von einer jungen Frau namens Nicole, die in New York City lebte. Als ich ans Telefon ging, sagte sie: »Ich habe diesen Artikel im *Sunday-Styles*-Teil gelesen, und er ist genau das, was ich brauche! Bislang ist es mir schwergefallen, Sinn im Leben zu finden und glücklich zu sein, aber deine Arbeit hat mich dazu angeregt, meinen Fokus zu ändern und offen zu werden für einen spirituellen Weg.« Dieses Gespräch führte dazu, dass Nicole sich privat von mir coachen ließ. Wir arbeiteten einige Jahre lang miteinander, und ihr Leben änderte sich drastisch. Sie ließ sich immer mehr ein auf eine Welt jenseits des rasanten New Yorker Lebens, des Modemagazins, für das sie arbeitete, oder ihres sozialen Status. Sie begann ein spirituelles Leben, das ihr alles gab, was sie wollte. Heute, über zehn Jahre später, ist Nicole eine anerkannte Autorität im Bereich Wellness, eine spirituelle Leiterin ihrer Gemeinschaft und eine Mutter, die mit sich und der Welt in Einklang ist. Sie und ich sind enge Freundinnen, und ich bin sehr stolz auf ihren Beitrag zur Welt. Wir beide wissen, dass die Geschichte, die Nicole beim Brunch über eine junge Frau auf einem spirituellen Weg las, ein Auslöser war, der sie wachrüttelte und dem Lauf ihres Lebens eine neue Richtung gab.

Wenn du mit spiritueller Ausrichtung handelst, werden deine Wünsche auf eine Weise unterstützt, die du dir nie hättest träumen lassen. Verlass dich darauf: Wenn du diese Methode anwendest, kannst du schneller Dinge anziehen, bist ausgeglichener und leistest einen Beitrag für die Welt. Dein Wunsch, dein Vertrauen und deine Geduld, unterstützt von einer Einstellung des Dienlichseins, bringen dich energetisch in Einklang mit dem Universum und machen den Weg frei für Wunder, die weit über alles hinausgehen, was du selbst durch dein Bemühen realisieren könntest.

Wenn du die Methode »Handeln mit spiritueller Ausrichtung« praktizierst, bist du in der Lage, das, was du dir wünschst, in Anspruch zu nehmen, sobald das Universum es liefert. Eine wirksame Methode, das zu tun und Wunder zu vermehren, ist die, dankbar zu sein und wertzuschätzen – immer mehr! Im nächsten Kapitel möchte ich dich anleiten, Wertschätzung zu einer täglichen Praxis zu machen. Wenn du frei, offen und kontinuierlich alles wertschätzt, was dir erfolgreich gelingt, jede wertvolle Lektion, die du gelernt hast, und jedes Wunder, das dir zuteilwird, dann wirst du ein Magnet für Großartiges. Blättere um und heiße die Macht der Wertschätzung willkommen.

9

DANKBAR WERTSCHÄTZEN – IMMER MEHR

Im Jahr 2012 lud mich mein britischer Verlag Hay House als Teil meiner Lesereise für *Spirit Junkie* nach London ein. Ich war vorher noch nie dort gewesen, darum fand ich es besonders nett, von der jungen, enthusiastischen PR-Frau Jessica von Hay House in Empfang genommen zu werden. Jessica war etwa in meinem Alter und eine echte Powerfrau. Sie freute sich, mich willkommen zu heißen. Meine zwei Wochen dort hatte sie perfekt durchorganisiert. Sie hatte nicht nur mehrere Veranstaltungen koordiniert, sondern mir auch einige der besten Platzierungen in den Medien des Landes verschafft. Ich war hin und weg angesichts ihrer harten Arbeit, ihrer Professionalität und ihrer einnehmenden Persönlichkeit. Und als Krönung stellte sie mir ihre Lieblingsorte für High Tea und Torten vor!

Jessica und ich verbrachten in diesen zwei Wochen viel Zeit miteinander. Ich verließ mich wirklich auf sie; etwas an ihrer

Energie gab mir das Gefühl, bei ihr sehr gut aufgehoben zu sein. Gegen Ende der Lesereise fuhren wir nach Birmingham, wo ich einen Vortrag halten sollte. Es war ein echtes Abenteuer! Wir trafen uns am Bahnhof, um die zweieinhalbstündige Reise nach Norden anzutreten. Auf dieser Zugfahrt sprachen wir über alles, was wir in unserem Leben gern manifestieren wollten. Ich vertraute mich Jessica an und erzählte ihr: »Ich treffe meinen Freund nächste Woche in Paris, und ich glaube, er wird mir einen Antrag machen.«

Sie antwortete: »Na, so ein Zufall, ich fahre in zwei Wochen mit meinem Freund nach Portugal und habe auch das Gefühl, dass er mir einen Antrag machen wird!«

Begeistert sprachen wir darüber, wie wir uns die Zukunft mit unseren künftigen Verlobten, den Kindern, die wir haben wollten, und unserer Karriere vorstellten. Das, was wir beide in unserem Leben am meisten wollten, war die Freiheit, das zu tun, was uns Freude machte. Jessica gestand mir offen, dass sie zwar gern in London wohnte und sehr dankbar für ihren Job war, aber eines Tages dennoch gern in einer beschaulicheren, ruhigeren Stadt in der Provinz leben wollte. Sie träumte von einer Arbeit, die sie von zu Hause aus tun konnte, um bei ihren Kindern bleiben zu können. Ich hörte ihr aufmerksam zu und sagte: »Mit deinen Fähigkeiten kannst du doch überall arbeiten. Tolle PR-Berater und Eventplaner werden überall gesucht!« Ich fuhr fort und redete immer weiter, wie sehr ich ihr Fachwissen und ihre harte Arbeit schätzte. Ich lobte ihre Arbeitsmoral und brachte meine tiefe Wertschätzung zum Ausdruck. Dann sagte ich aus dem Nichts: »Vielleicht arbeiten wir eines Tages zusammen. Stell dir das mal vor?!«

Sie sagte: »Das wäre ein Traum!«

Nach meiner erfolgreichen Englandreise ging es für mich weiter nach Paris, voller Dankbarkeit für Jessica und all ihre Unterstützung. Tatsächlich machte mir Zach in Paris einen Heiratsantrag! Ich war in Hochstimmung. Nach meiner Rückkehr nach New York schickte ich Jessica eine E-Mail, um ihr davon zu berichten. Sie antwortete, dass ihr Freund ihr ebenfalls einen Antrag gemacht hatte! Die Wünsche, über die wir im Zug gesprochen hatten, begannen sich zu manifestieren.

Vier Jahre vergingen, und ich arbeitete weiterhin mit Jessica zusammen, wenn ich Großbritannien besuchte. Jedes Jahr wurde unsere Freundschaft noch enger. Zu jener Zeit stieg sie bei Hay House UK bis zur Ebene der Eventleitung auf. Ich sah, dass Jessica ihr berufliches Selbstvertrauen wirklich umsetzte – sie war erfolgreich. Doch trotz ihres Erfolgs war ich nicht überrascht, als sie mir in einer E-Mail schrieb, sie wolle aufs Land ziehen und sich eine neue Arbeit außerhalb der Stadt suchen. Sie war zwar traurig, ihre großartige Stelle bei Hay House zu verlassen, wusste aber, dass es die richtige Entscheidung für ihre Zukunft war. Sie wollte ein Kind haben, von zu Hause aus arbeiten und ein so ruhiges, entspanntes Leben führen, wie es ein langer Weg zur Arbeit nach London nicht zuließe.

In vielerlei Hinsicht waren Jessica und ich im selben Tempo unterwegs. Zach und ich verbrachten inzwischen die meiste Zeit außerhalb von New York City. Damals wollte auch ich meine Lebensweise bewusst entschleunigen und wiederholte immer wieder mein Lebensmantra: »Alles um mich herum geht seinen Gang, und ich bin wirklich gut aufgehoben.« Ich manifestierte mehr Unterstützung in meiner Karriere und war offen für kreative Möglichkeiten. An dem Tag, als ich die E-Mail von Jessica erhielt, dass sie Hay House verlassen und aufs

Land gezogen war, sprach eine laute innere Stimme durch mich und sagte: »Arbeite mit ihr!« Ich hatte keine Ahnung, ob das überhaupt einen Sinn ergab, da ich eigentlich niemanden für Events oder PR suchte. Aber ich wusste, wie hart sie arbeitete und wie klug sie war, und hatte das Gefühl, dass sie mit allem zurechtkommen würde, was auch immer ich ihr vorsetzte. Also folgte ich meinem Bauchgefühl und rief Jessica sofort an, um ihr eine Stelle anzubieten. Sie akzeptierte. Innerhalb eines Monats der Zusammenarbeit mit Jessica war klar, dass sie ein fester Bestandteil meines Teams sein würde.

Nun lebt Jessica mit ihrem Mann und ihrem Baby auf dem Land und arbeitet mit mir als Senior-Projektmanagerin zusammen! Sie erinnert mich regelmäßig daran, wie dankbar sie ist, in einem Unternehmen mitzuwirken, dass von einer so starken Mission geleitet wird, dass sie vielen Menschen helfen und dabei viel Spaß haben kann. Wir haben uns gegenseitig Freiheit und Sicherheit gegeben und Wachstum ermöglicht. Ein kleiner Traum und viel Anerkennung sorgten dafür, dass unsere Wünsche Form annahmen. Es vergeht kein Tag, an dem ich Jessica nicht wertschätze für all das, was sie in mein Unternehmen und mein Leben einbringt. Unsere gegenseitige Wertschätzung hat eine Zusammenarbeit geschaffen, die über unsere kühnsten Träume hinausgeht. Wir haben alles, was wir uns erhofft hatten!

Ich glaube fest daran, dass diese göttliche Manifestation aus der Energie der Wertschätzung hervorgegangen ist. Die Gefühle der Wertschätzung und des Enthusiasmus, die wir 2012 auf unserer Zugfahrt empfanden, sandten einen klaren Wunsch an das Universum aus. Unsere Achtung voreinander löste jeglichen Widerstand und Zweifel auf. Sie machte den Weg frei, damit die Manifestation sich natürlich und zum richtigen Zeitpunkt ergeben konnte.

Um das Leben, das du dir wünschst, mitzukreieren, ist es ganz wesentlich, dass du dich von Wertschätzung leiten lässt. Von allem, was du wertschätzt, kreierst du noch mehr. Das hat folgenden Grund: In einem Zustand der Wertschätzung ist deine Schwingung in Einklang mit deiner wahren Natur, die Liebe ist. Wertschätzung ist eine Energie der Akzeptanz, in der kein Widerstand vorhanden ist – und ohne Widerstand sind wir ein Super Attractor. In einem Zustand der Wertschätzung bist du entspannt, voller Hingabe und vertrauensvoll. Das ist die perfekte Energie, damit deine Wünsche Form annehmen. Wenn du wertschätzend bist, kannst du deine Wünsche dem Universum überantworten und auf einen Plan vertrauen, der über deinen eigenen hinausgeht. Das war bei Jessica und mir der Fall. Wir konzentrierten uns auf Wertschätzung, und das Universum führte uns in die richtige Richtung.

Durch Wertschätzung machst du dir selbst den Weg frei

Dieses Buch soll dir helfen, weniger zu kontrollieren und dem Universum zu erlauben, deine Wünsche zu unterstützen. Die Kontrolle loslassen kannst du am besten in einem Zustand der Wertschätzung. Wenn du eine solche Energie annimmst, fühlst du dich – unabhängig davon, ob sich deine Wünsche schon manifestiert haben oder nicht – im gegenwärtigen Moment wohl und hast Spaß auf dem Weg zu dem, was du willst. In einem Zustand der Wertschätzung lassen wir aktiv mehr von dem zu, was entsprechend unseren Wünschen zu uns kommen soll, während wir gleichzeitig das auflösen, was unsere Super-Attractor-Macht blockiert.

Wertschätzung verbindet dich mit deiner Super-Attractor-Macht

Wenn du dich auf das konzentrierst, was funktioniert und erfolgreich ist, fühlst du dich gut, und dieser positive Zustand zieht mehr von dem an, was du willst. Viele Menschen tun jedoch genau das Gegenteil. Sie beschäftigen sich obsessiv mit dem, was nicht funktioniert, weil ihnen alles hoffnungslos erscheint. Oder sie klagen oft. Das mag ihnen in ihrer misslichen Lage zwar eine vorübergehende Erleichterung verschaffen, aber mehr auch nicht. Sich auf das Negative zu fixieren erzeugt nur mehr von dem, was wir nicht wollen, während wir durch die Konzentration auf das, was wir im Leben wertschätzen, unseren Anziehungspunkt verbessern. Fast alle von uns können für irgendeinen Aspekt unserer Welt dankbar sein.

Wenn ich diesen Vorschlag mache, stößt er bei anderen oft auf Widerstand. Sie sagen dann etwas wie: »Aber wenn ich diese schlechte Situation wertschätze, bleibe ich doch darin stecken!« Sie meinen, durch ihre Wertschätzung teilen sie dem Universum mit, dass sie mit ihrer jetzigen Situation glücklich sind.

Doch in Wirklichkeit ist Wertschätzung das Ticket nach draußen. Uns darauf zu konzentrieren, dass es uns gut geht, ist wertvoller als die Fokussierung auf den genauen Wunsch oder das Ziel. Das Universum reagiert auf *Energie* und liefert Umstände und Möglichkeiten, die mit der Schwingung übereinstimmen. Wenn du das Gefühl hast, das, was du dir wünschst, sei für dich unerreichbar, dann konzentriere dich auf das, was sich gut anfühlt, und du wirst deinem Wunsch näherkommen. Lass zu, dass das Universum schnell auf deine guten Gefühle reagiert, und ehe du dich's versiehst, bist du näher an dem, was du wirklich willst.

Das wertzuschätzen, was du schon hast, versetzt dich in den richtigen Gemütszustand, um bessere Chancen zu erhalten, und macht dich empfänglicher für kreative Lösungen, die du sonst vielleicht versäumt hättest. Es schafft für dich den nötigen Raum, um auf die Freundlichkeit und Unterstützung anderer zu achten. Hinter dem Gefühl der Wertschätzung steht eine starke Energie, die dich erhebt, deinen Geist öffnet und zu einem Magneten für das macht, was du dir wünschst.

Du brauchst nichts wertzuschätzen, was nicht funktioniert. Wertschätze stattdessen etwas anderes – das, was nicht funktioniert, wird davon profitieren. Eine Energie der Wertschätzung in sich wachzurufen ist der schnellste Weg heraus aus der obsessiven Beschäftigung mit etwas Negativem. Ein gutes Beispiel ist mein Freund Alex. Er traf eine schlechte geschäftliche Entscheidung, die er nicht mehr rückgängig machen konnte. Monatelang fragte er sich wie besessen, was er hätte anders machen können und wie viel besser alles wäre, wenn er diese Entscheidung nicht getroffen hätte. Sein Anziehungspunkt war auf das ausgerichtet, was nicht funktionierte, und nicht auf das, was gut lief. Und je mehr er versuchte, aus der Negativität herauszukommen, desto negativer fühlte er sich. Das liegt daran, dass wir manchmal, wenn wir uns wirklich unbedingt aus einer negativen Haltung befreien wollen, ausgerechnet dadurch noch mehr Energie hineinbringen. Schließlich erreichte Alex mit seiner Fixierung auf das Negative einen Tiefpunkt und bat mich um Hilfe. Um ihn zu einer neuen Energie zu führen, fragte ich ihn, was er an seinem Leben schätzt. Seine erste Antwort war: »Eigentlich vieles, aber es fühlt sich für mich sehr weit entfernt und kaum erreichbar an, weil ich nur an diesen großen Fehler denken kann.« Ich erklärte ihm, dass er momentan nicht imstande sei, sich aus seiner negativen Geschichte herauszudenken, doch er könne seinen Fokus verlagern. Alex spielte bereitwillig mit und begann nach etwas zu suchen, das er wertschätzen konnte. Er sprach darüber, wie froh er war, dass er seine Frau und seine Kinder hatte. Er schätzte unsere Freundschaft. Er schätzte seine Fähigkeit, aus Fehlern zu lernen. Und dann platzte er heraus: »Wow, ich weiß diesen Fehler wirklich zu schätzen, denn jetzt tue ich so etwas bestimmt nicht wieder!« In wenigen Sekunden konnte sich Alex nun durch Wertschätzung aus seiner negativen Geschichte herausholen. Seine Wertschätzung führte ihn sanft dazu, dass er seine momentane Situation sogar zu schätzen wusste.

Probier das einmal aus! Nimm dir einen Lebensbereich vor, der, wenn es nach dir ginge, anders sein sollte. Vielleicht hättest du gern eine erfüllende Liebesbeziehung. Statt dich darauf zu konzentrieren, wie schwierig Verabredungen sind und dass du die Menschen, mit denen du zusammen bist, kaum noch ertragen kannst, nimm etwas, das du an deinem Leben im Moment schätzt. Denk an die erfüllende Beziehung zu einer guten Freundin. Sei dankbar für deine Familie und deine Gemeinschaft. Dadurch, dass du die gut funktionierenden Beziehungen wertschätzt, änderst du deine Energie in Bezug auf Beziehungen insgesamt.

Du kannst auch allgemeiner denken und deine Gesundheit, deine kreativen Projekte oder alles andere, das dir besonders gute Gefühle vermittelt, schätzen. Vielleicht möchtest du mehr Fülle in deinem Leben manifestieren, denkst aber nur an deine Schulden. Dann sei dankbar für die Fülle, die du bereits hast. Wertschätze, dass du dieses Buch gefunden hast. Schätze das Internet als ein mächtiges Hilfsmittel, um einen neuen Arbeitsplatz zu finden oder online Geld zu verdienen. Sobald du deinen Fokus umlenkst, verkörperst du das Gefühl der Fülle, das notwendig ist, um ein Super Attractor zu sein. Und genau dieses Gefühl zieht mehr Fülle in deinem Leben an.

Wertschätzung zur Gewohnheit machen

Es gibt viele Möglichkeiten, Wertschätzung zur Gewohnheit zu machen. Eine großartige Methode ist die, den Tag damit zu beginnen! Schreib jeden Morgen drei bis fünf Seiten voller wertschätzender Gedanken in dein Tagebuch. Abraham-Hicks bezeichneten diese Übung in einem Kurs einmal als einen »Amoklauf an Wertschätzung«. Während du jede Seite mit dem füllst, was du wertschätzt, breitet sich die Liebe in dir immer mehr aus, und du fühlst dich fantastisch. Du kannst über die einfachsten Dinge schreiben: darüber, wie sehr du dein bequemes Bett schätzt, deinen Morgenkaffee, die Arbeit, die du tust, die Freunde, die du hast … Oder, wie mein lieber Freund Joe Watson sagen würde: »Sei dankbar dafür, dass du morgens aufstehst, alles andere ist nur Beiwerk.« Du kannst auch ganz konkret werden und schreiben, inwiefern du dich selbst schätzt, weil du am Tag zuvor gut mit einer bestimmten Situation fertiggeworden bist. Bring dich einfach in einen schnellen Flow der Wertschätzung und lass deinen Stift über die Seiten gleiten. Du kannst diese Tagebuchübung auch vor dem Schlafengehen durchführen. Wenn du in einem Zustand der Wertschätzung einschläfst, erhöhst du deine Schwingung im Schlaf. Wenn du dann morgens aufwachst, spürst du keinen Widerstand, nur Liebe.

Voller Dankbarkeit wertschätzen – immer mehr

Hast du erst einmal angefangen, ein Gefühl der Wertschätzung zu entwickeln, fahr immer weiter damit fort. Wenn du im Flow des Wertschätzens bist, bring noch mehr Schwung hinein. Sobald deine Wertschätzung bewirkt, dass du lächelst, dich gut fühlst oder möglicherweise sogar ein Kribbeln spürst oder Tränen in den Augen hast, mach weiter! Such nach weiteren Gründen, dankbar und wertschätzend zu sein. Während du deine Gedanken in Richtung Wertschätzung lenkst, baust du Schwungkraft auf und vergrößerst deine positive Schwingung.

Oft versucht unser ängstliches Ego, unsere positive Dynamik zu hemmen. Der innere angstvolle Dialog des Ego wird durch negative Gedanken und Überzeugungen aufrechterhalten. Wir haben gelernt, uns auf solche angstbasierten Überzeugungen zu verlassen, weil wir ein (trügerisches) Gefühl der Kontrolle und

Sicherheit bewahren wollen. Doch in Wirklichkeit liegt unsere Sicherheit in der Fähigkeit, uns mit der Liebe zum Universum in Einklang zu bringen. Deshalb ist es so wichtig, deine guten Gefühle bewusst wahrzunehmen und immer mehr davon zu suchen. Voller Dankbarkeit wertschätzen – immer mehr. Lass die Gefühle frei fließen, sodass du eine anschwellende Woge der Energie in deinem Körper spürst. Wenn du merkst, dass Wertschätzung aufkommt, denk an weitere Dinge, für die du dankbar bist. Reite auf der Welle der guten Gefühle und nutze deinen positiven Flow. Achte darauf, was passiert, wenn du nach noch mehr Dingen, die du wertschätzt, Ausschau hältst. Vielleicht hast du das Gefühl, energiegeladener zu sein. Menschen um dich herum werden durch deine Gegenwart angeregt. Inspirierte Ideen kommen ganz natürlich auf, und du spürst eine starke Verbindung zu einer höheren Macht. Wenn du Wertschätzung durch dich hindurchfließen lässt, wirst du eins mit der Liebe des Universums.

Vielleicht möchtest du deine Wertschätzung sogar mit jemandem teilen, denn andere können enorm von deinen hohen Schwingungen profitieren. Wenn du jemandem dankbar bist, sag es ihm ruhig. Wertschätzung ist ansteckend und kann die Energie einer Beziehung völlig verändern. Mein Mann und ich praktizieren, uns direkt nach dem Aufwachen gegenseitig unsere Wertschätzung zum Ausdruck zu bringen.

Die ersten Worte, die morgens aus unserem Mund kommen, sind: »Ich schätze dich, weil …« Wir nennen mehrere Gründe, warum wir einander lieben und schätzen. Ein Morgen, an dem wir aus dem Bett springen und unsere gegenseitige Wertschätzung weglassen, hat nie den gleichen Flow und die gleiche positive Energie wie ein Tag, der mit dieser Praxis beginnt. Mach dir Wertschätzung zur Gewohnheit, damit du mühelos einen Zustand des positiven Flow in deinem Leben aufrechterhalten kannst.

Deine Manifestationen wertschätzen

Vergiss nicht, deiner Wertschätzung und Dankbarkeit Ausdruck zu verleihen, sobald sich das, was du dir wünschst, in deinem Leben manifestiert! Es gibt ein wirklich häufiges Phänomen, das immer dann auftritt, wenn die Manifestationen der Menschen Form annehmen. Zuerst sind sie begeistert – doch schon bald meldet sich die innere Stimme der Angst und sabotiert die Party. Die Stimme der Angst wird dir weismachen, deine Manifestation sei zu schön, um wahr zu sein, oder es könnte etwas schiefgehen. Besonders häufig geschieht das, wenn man lange darauf gewartet hat, den Wunsch zu manifestieren. Hier kommt die Wertschätzung ins Spiel. Sei in dem Moment, wenn du deinen Wunsch manifestierst, ganz besonders dankbar und wertschätzend. Setz dich ein oder zwei Minuten hin und denk daran, wie dankbar du für das bist, was du erschaffen hast. Forciere nichts, nachdem die Manifestation stattgefunden hat. Feiere den Moment!

Deine Manifestation kann Angst auslösen, wenn du etwas anziehst, das du krampfhaft behalten willst. So hat beispielsweise eine Freundin von mir keine Schwierigkeiten, Beziehungen zu manifestieren, kämpft aber dann darum, sie aufrechtzuerhalten. Es ist immer wieder dasselbe: Die Beziehung lässt sich wunderbar an, aber nach spätestens sechs Monaten lässt sich der Mann nicht mehr blicken. Jedes Mal ist es am Ende ihrer Beziehung so, als würde sich eine Szene aus einem Minidrama wieder abspielen. Als sie mich schließlich um Rat bat, gab sie sich selbst die Schuld für den Verlust der Beziehungen. Sie wiederholte fortwährend: »Ich bin bestimmt nicht interessant oder klug genug. Stimmt etwas nicht mit mir?«

Ich antwortete mit viel Mitgefühl und erklärte, dass absolut nichts an ihr falsch sei. Was nicht stimmte, war ihr Fokus. Sie hatte nie zugelassen, sich wirklich an der Beziehung zu freuen, aus Angst, sie zu verlieren. Das Gefühl, am Boden zerstört zu sein, war seit ihrer ersten Trennung in ihrem Hinterkopf geblieben, auch in allen nachfolgenden Beziehungen. Ausgerechnet ihre Angst vor dem Ende der Beziehung war der Grund, warum jede neue Beziehung bald wieder endete. Jedes Mal, wenn ein Mann Schluss machte, sagte er dasselbe: »Du bist wunderbar, aber irgendetwas stimmt nicht.« Und das, was nicht stimmte, waren ihr Widerstand und ihre Angst.

Kommt dir diese Situation bekannt vor? Energetische Sabotage kann bei jeder Manifestation auftreten, sofern immer noch Widerstand in uns vorhanden ist. Gerade dann, wenn du genau das manifestierst, was du willst, versucht die Stimme der Angst, dich zu Fall zu bringen. Wehre also in dem Moment, wenn du deine Wünsche manifestiert hast, die Gegenreaktion des Ego ab, indem du einen Zustand tiefer Wertschätzung in dir hervorrufst. Der beste Weg, um deine Manifestation auf Erfolgskurs zu halten, besteht darin, dankbar dafür zu sein. Begib dich auf eine innere Reise der Wertschätzung. Denk daran, wie stolz du auf dich bist, weil du diese Sache, die du dir gewünscht hast, angezogen hast. Feiere die wunderbaren Nachrichten und freu dich darauf, die Erfahrung dieser neuen Art des Seins zu machen.

Steh deinen heiligen Manifestationen ausschließlich positiv und wertschätzend gegenüber. Diese Praxis ist nicht nur hilfreich, um dich an dem zu freuen, was du manifestiert hast, sondern sie erhöht auch deine Energie, sodass du weitermachst und noch mehr manifestierst. Gutes kommt zu denen, die sich gut fühlen.

Wertschätzung wirkt gegen Sorgen

Ich bin eine geläuterte Sorgenwälzerin. Unzählige Stunden habe ich damit zugebracht, mir Sorgen um Dinge zu machen, die ich nicht kontrollieren konnte. Glücklicherweise habe ich im Laufe der Zeit eine wirksame spirituelle Praxis aufgebaut und viele Hilfsmittel zusammengetragen, die mir helfen, meinen Weg aus dem Chaos des Sich-Sorgen-Machens zu finden. Das beste Hilfsmittel von allen war dankbare Wertschätzung. Im Zustand der Wertschätzung gibt es keinen Grund zur Sorge, denn beides kann nicht nebeneinander existieren. Wann immer ich merke, dass ich mir Sorgen um etwas mache, das außerhalb meiner Kontrolle liegt, finde ich sofort etwas, wofür ich dankbar sein kann. Eine solche dankbare Wertschätzung kann sich auf das Problem beziehen, um das ich mich sorge, muss es aber nicht – es spielt keine Rolle. Wichtig ist, dass ich meinen Fokus von dem Suchtverhaltensmuster der Besorgnis weg- und zur positiven Gewohnheit der Wertschätzung hinlenke. In dem Moment, in dem ich meinen Fokus umlenke, löst sich die Sorge auf. An manchen Tagen wende ich diese Praxis mehrere Male an. Inzwischen habe ich sie so oft wiederholt, dass Wertschätzung mein Standardmodus ist.

Wir verbringen viel Zeit damit, uns auf das zu konzentrieren, *was* wir erleben, und nicht darauf, *wie* wir es erleben. Dabei vergessen wir, dass wir jede beliebige Erfahrung einfach ändern können, indem wir unseren Fokus verlagern. Jede Situation kann mit mehr Liebe erlebt werden, wenn wir sie bewusst mit den Augen der Wertschätzung sehen. Auch schwierige Zeiten können wir so betrachten. Wenn du dich für eine Perspektive der Wertschätzung entscheidest, kannst du großartige Gelegenheiten entdecken zu wachsen, statt weiterhin nur Opfer deiner Erfahrung zu sein. Wenn ich zum Beispiel an 2005 zurückdenke, als ich mit meiner Drogen- und Alkoholabhängigkeit am Tiefpunkt angelangt war, empfinde ich nur dankbare Wertschätzung. Meine tiefe Dankbarkeit für meine Genesung hält mich seit so vielen Jahre clean. Ich wertschätze meine Sucht, weil sie mich auf den spirituellen Weg gebracht hat, auf dem ich heute bin. Ich verurteile mich nicht dafür, dass ich eine ehemalige Alkohol- und Drogenabhängige bin. Ich feiere es! Durch Wertschätzung war ich in der Lage, eine Zeit meines Lebens, auf die ich beschämt hätte zurückblicken können, in ein Wunder zu verwandeln. Wenn ich an meinen Tiefpunkt denke, danke ich dem Universum für all die göttlichen Lektionen und die klare Richtungsweisung auf meinem Weg. Und am wichtigsten: Ich bringe meiner Sucht Wertschätzung entgegen, denn durch meine Heilung konnte ich auch anderen Suchtkranken helfen, trocken zu werden.

Wenn du dich entscheidest, deine Erfahrungen mit den Augen der Wertschätzung zu sehen, kannst du etwas sehr Unangenehmes in ein Wunder umwandeln. Du kannst dich entscheiden, einen großen Kummer als Gelegenheit wertzuschätzen, tiefe Gefühle zu haben. Oder eine Diagnose als Auslöser dafür, dich auf einen Weg der Heilung zu bringen. Wertschätzung gibt dir eine Perspektive, die mit der Liebe des Universums in Einklang ist. Wenn du dein Leben aus einer solchen Perspektive siehst, versetzt du dich in eine Energie der Akzeptanz. Dadurch, dass du Dinge findest, für die du dankbar bist, kannst du mit Leichtigkeit sogar eine schwierige Erfahrung als großartiges Hilfsmittel annehmen, auf deiner spirituellen Reise etwas zu lernen. Lass Wertschätzung deinen Weg frei machen und dich führen. Immer weiter voran.

Menschen wertschätzen – auch die, die dich triggern

Wenn du deine Aufmerksamkeit auf das richtest, was du an anderen wertschätzt, überkommt dich sofort eine befreiende Erleichterung. In meinem Buch *Judgement Detox* gibt es ein Kapitel mit dem Titel »Sieh andere zum ersten Mal wirklich«. Darin empfehle ich meinen Lesern, sich in ihrer Praxis auf eine Person zu konzentrieren, über die sie sich ärgern, und dann alles aufzulisten, was sie an ihr schätzen. Ziel ist, die Person ganz bewusst in ihrem Licht zu sehen, anzunehmen, dass wir alle eins sind, und zu erkennen, dass die Liebe in ihr unsere eigene Liebe widerspiegelt.

Dieser Schritt kann für Menschen, die meinen, sie seien schlecht behandelt worden, sehr schwierig sein. In solchen Fällen empfehle ich den Betreffenden, dass sie wertschätzen, was sie aus der Beziehung gelernt haben, auch wenn es leidvoll war. Ich erzähle ihnen, dass ich diese Praxis auf meine eigenen Beziehungen angewandt habe – und noch anwende – und damit wunderbare Ergebnisse erzielt habe. Dadurch, dass ich geübt habe, die Menschen, denen ich grollte, zum ersten Mal wirklich zu sehen und wertzuschätzen, habe ich eine neue Freiheit entdeckt. Als sich schließlich Vergebung einstellte, hatte ich keine Angriffsgedanken mehr und konnte mich von meinen täglichen Zorngefühlen befreien.

Menschen wertzuschätzen, die uns verletzt haben, ist hilfreich, um den energetischen Griff zu lösen, mit dem sie uns festhalten. Wenn wir anderen grollen, blockieren wir unsere Super-Attractor-Macht, weil uns der Ärger in einem Zustand niedriger Schwingung hält. Vergebung ist notwendig, wenn wir leicht leben und mühelos mehr von dem anziehen wollen, was wir wollen. Lass dich von dankbarer Wertschätzung dazu anleiten, wie du dich von deinen Angriffsgedanken und alten Ressentiments befreien kannst. Wenn du die Vergangenheit loslässt, schaffst du Raum, um das anzuziehen, was du in der Gegenwart willst.

Über Wertschätzung meditieren

Du kannst sehr wirksam deine Super-Attractor-Qualitäten erleben, wenn du über das Gefühl der dankbaren Wertschätzung meditierst. In nur wenigen Minuten kannst du wie ein Magnet für das werden, was du willst. Halte dich an folgende Schritte, um dich mit dem Universum in Einklang zu bringen und dich auf deine Kraft einzustimmen.[16]

Such dir zur Vorbereitung der Meditation einen ruhigen Raum und mach es dir dort bequem. Schlag dein Tagebuch auf und schreib eine ganze Seite voll mit Gedanken dankbarer Wertschätzung.

Drück auf »Play«, um dir einen aufmunternden Song anzuhören, den du magst. Achte darauf, einen Titel auszuwählen, bei dem du dich wirklich gut fühlst.
Setz dich zum Meditieren hin, während du den Song hörst, und denk an alles, wofür du dankbar bist. Lass deinen Geist in immer mehr Wertschätzung verfallen. Erlaube positiven Emotionen, durch dich hindurchzuströmen.
Spüre die Gefühle und lass sie fließen.
Geh mit dem Schwung der guten Gefühle mit.
Wenn du bereit bist, komm sanft aus deiner Meditation heraus und nimm dein Tagebuch auf. Lass deinem Stift noch einmal freien Lauf und schreib weiter über etwas, wofür du dankbar bist. Schreib, bis du das Gefühl hast, dass die Übung zu einem Ende kommt.

Es ist ein großartiges Gefühl, diese Wertschätzungsmeditation zu praktizieren. Wenn du deine Energie auf solche positiven Gefühle einstimmst, spürst du sofort eine wesentliche Veränderung. Du fühlst dich lebendiger und wacher. Inspiration durchströmt dich, andere möchten mehr Zeit mit dir verbringen, und du ziehst schneller Dinge an. Schon unzählige Male habe ich nach dem Praktizieren dieser Meditation eine erstaunliche Unterstützung des Universums und unglaubliche Fügungen erlebt. Wenn du sie praktizierst, wirst du sehen, wie schnell sich deine Manifestationen beschleunigen. Und am wichtigsten: Feiere, wie toll du dich fühlst!

Dadurch, dass du andere und dich selbst wertschätzt, kommst du so nah wie nur irgend möglich an den Zustand der Übereinstimmung mit der Energie des Universums heran. Wenn unsere Energie mit der Energie der Liebe mitschwingt, sind wir wirklich ein Super Attractor. Aus einem solchen energetischen Zustand heraus ist alles möglich. Du kannst die Vergangenheit heilen, das anziehen, was du in der Gegenwart willst, und erkennen, dass sich die Zukunft so entwickeln wird, dass es zum höchsten Wohl aller ist, wie auch immer das konkret aussehen mag. In diesem Zustand der Liebe bist du unermesslich mächtig, weil du in Einklang mit der Quelle dessen bist, der du bist. In diesem Zustand ist kein Widerstand vorhanden. Da ist nur Liebe. Und diese Liebe ist es, die alle Grenzen auflöst und den Weg frei macht. Wir denken, wir müssten uns abmühen, um zu bekommen, was wir wollen, obwohl wir in Wirklichkeit nur mit dem Abmühen aufhören und stattdessen dankbar und wertschätzend sein sollten. Dankbare Wertschätzung ist so wirksam, dass sie dich in einen entspannten Zustand versetzt, in dem du für den positiven Fluss des Universums empfänglich bist. In diesem Zustand der Empfänglichkeit ist deine Super-Attractor-Macht auf einem Höchststand, und du bist bereit, deine Wünsche zu manifestieren. Hör auf, dich abzumühen, und fang an wertzuschätzen.

Wertschätzung wird auch im kommenden Kapitel eine große Rolle spielen. Dort wirst du angeleitet, dein Vertrauen in das Universum zu stärken. Je mehr Wertschätzung du verkörperst, desto einfacher ist es, sich auf die Kraft des Universums zu verlassen und zu glauben, dass du es wert bist, Wunder zu empfangen. Nimm deine dankbare Wertschätzung mit ins nächste Kapitel, und dieses Vertrauen wird sich auf jeden Fall einstellen.

Meine tollsten Manifestationen sind jeweils von einem Moment der Wertschätzung geleitet worden. Auch heute noch, sechs Jahre nach jener Londoner Zugfahrt, verkörpern Jessica und ich die Energie der Wertschätzung. Wir schätzen unsere

Freundschaft, unsere geschäftliche Zusammenarbeit und die großartige Arbeit, die wir in dieser Welt tun können. Wir sind dankbar für die unglaublichen Mitglieder unseres Teams. Und wir sind froh über euch, liebe Leserinnen und Leser, dass ihr uns den besten Grund gebt, jeden Tag aufzustehen und zur Arbeit zu gehen. Unsere Freundschaft und unsere Geschäftsbeziehung ist Gottes Schöpfung, weil sie dankbarer Wertschätzung entspringt. Und genau diese Wertschätzung treibt uns weiterhin voran, während wir eine weltweite Bewegung erschaffen. Während ich dieses Kapitel abschließe, denke ich an mein morgendliches Dankbarkeits- und Wertschätzungstagebuch und feiere, dass Jessica stets ganz oben auf der Seite ist.

Möge dankbare Wertschätzung deinen Weg frei machen, so wie sie auch meinen frei gemacht hat. Ich weiß: Sobald du die Übungen in diesem Kapitel anwendest, wirst du Wunder erleben. Konzentriere deine Aufmerksamkeit auf dieses gute Gefühl und nimm wahr, dass deine positiven Emotionen zunehmen. Und während es dir immer besser geht, sei dankbar für deine Fähigkeit, deine Energie so schnell zu verändern. Such nach noch mehr Dingen, die du dankbar wertschätzt, und feiere weiterhin, wie großartig sich das anfühlt. Vertrau auf diesen Prozess und mach dir bewusst: Je mehr du dich auf die Energie der dankbaren Wertschätzung einstellst, umso mehr wird das Universum »liefern«.

10

LASS DAS UNIVERSUM DEINE TRÄUME ERFÜLLEN

Im März 2017 arbeitete ich hart daran, Kernwunden aus meiner Vergangenheit zu heilen, in meinem Unternehmen Kontrolle abzugeben und zu lernen, den Menschen zu vertrauen, die mich unterstützen. Es war auch das dritte Jahr, in dem ich versuchte, schwanger zu werden. Ich hatte zwar den tiefen Wunsch, Mutter zu werden, stieß jedoch weiterhin auf emotionale Hürden. Es schien, als wolle das Universum, dass ich mich auf meine eigene Heilung konzentriere. Während mein Höheres Selbst sehen konnte, dass es für mich eine wichtige spirituelle Arbeit zu tun gab, war meine logische Seite frustriert und traurig. Dennoch verfolgte ich gewissenhaft meinen Eisprung und tat mein Bestes, um mein Ziel zu erreichen. Doch je mehr ich versuchte, meine Empfängnis zu kontrollieren, umso enttäuschter war ich. Warum war ich in jedem anderen Bereich meines Lebens ein Super Attractor, konnte aber mein Baby nicht anziehen?

Eines Nachmittags saß ich in meinem Büro und blickte verzweifelt aus dem Fenster. Ich fühlte mich wie erschlagen, war traurig und beschämt. Ich hatte öffentlich über meinen Kinderwunsch geschrieben und gesprochen und mich dabei sehr bemüht, ein Signalfeuer der Hoffnung für mein lesendes und zuhörendes Publikum zu sein. Doch in diesem Moment lag die Erfüllung meiner Hoffnung in weiter Ferne. Es war für mich schwierig, auf mein Vertrauen zu bauen und meine Verbindung zum Universum zu spüren. Ich brauchte eine spirituelle Intervention.

Ich schloss die Augen, saß in Stille und atmete tief durch. Dann sprach ich ein Gebet zum Universum: »Ich überantworte diesen Wunsch nochmals und heiße Führung willkommen.« Als ich meine Augen öffnete, erschien etwas in meinem peripheren Blickfeld. Zwei riesige Wildtruthühner stolzierten langsam über meinen Rasen. Sie zogen meine Aufmerksamkeit auf sich und lenkten sie um, weg von meiner Entmutigung, hin zur Zufriedenheit. Meine Gefühle stiegen auf der emotionalen Ebene direkt nach oben, noch in derselben Sekunde, in der ich meinen Fokus nicht mehr auf mich selbst richtete, sondern auf diese schönen Tiere. Ich beobachtete, wie sie sich über den Rasen den Hang hinabbewegten und dabei immer wieder an Grashalmen pickten. Der Anblick ihrer Ruhe und Gelassenheit, während der spätwinterliche Schnee auf ihren Rücken fiel, machte mich ehrfürchtig. Es war ein echter meditativer Moment und eine schöne Veränderung meiner Wahrnehmung, die mir half, von der Verzweiflung zur Hoffnung zu wechseln und mich wieder auf das Universum auszurichten.

Später am Nachmittag lud ich meinen Mann ein, mit mir zu meditieren. Ab und an sitzen wir gemeinsam in Meditation, und ich lade unsere geistigen Führer ein, durch mich zu sprechen und uns Wegweisung zu geben. Ich habe oft festgestellt, dass ich am besten mit meinen Führern in Verbindung treten kann, wenn ich spreche. Darum offenbart sich mitunter große Weisheit, wenn ich mit Zach meditiere und sie einlade, durch mich zu sprechen. Die Geistführer besuchen uns auch gern zusammen. An jenem Nachmittag meditierten wir gemeinsam, und ich lud meine Geistführer der höchsten Wahrheit und des äußersten Mitgefühls ein, in unsere Meditation einzutreten und uns eine klare Weisung zu geben. Innerhalb weniger Augenblicke spürte ich, dass meine Hände kribbelten und eine warme Energie der Liebe meinen Körper überkam. Wir saßen einige Minuten in Stille, dann begannen die Geistführer, meine Gedanken zu lenken. Worte, die nicht meine waren, drangen zu mir durch. Die Führer versicherten uns, das Universum habe einen Plan für unser Kind. Sie ermutigten uns, geduldig zu sein und auf den Zeitplan des Universums zu vertrauen. Dann schlugen sie mir vor, die spirituelle Bedeutung von Wildtruthühnern zu googeln. Ich lachte laut und erzählte Zach von dem Augenblick mit den Vögeln auf dem Rasen. Es war offensichtlich, dass sie gekommen waren, um mir eine Botschaft zu überbringen.

Nach unserer Meditation googelten wir an meinem Computer »spirituelle Bedeutung von Wildtruthühnern«. Ich klickte auf das erste Suchergebnis, und oben auf der Seite stand: »Die spirituelle Bedeutung von Wildtruthühnern ist Fruchtbarkeit.« Zach und ich schnappten nach Luft angesichts dieser deutlichen Botschaft. Ich weinte aus Dankbarkeit für die spirituelle Weisheit, die mir immer zur Verfügung stand.

Dieser Tag war ein weiterer Wendepunkt auf meinem Kinderwunschweg. Ich sah ihn als neue Gelegenheit, mich mehr zu überantworten und mein Vertrauen in einen Plan jenseits meines eigenen zu vertiefen. Abermals akzeptierte ich, dass Hingabe und Vertrauen auf das Universum erforderlich waren, damit ich das, was ich mir wünschte, wirklich mitkreieren konnte. Auch wenn sich mein Wunsch noch nicht manifestiert hatte, half mir diese Erfahrung, vertrauensvoll zu bleiben. An jenem Tag nahm ich mir fest vor, jegliche Zeitpläne loszulassen und mir vom Universum zeigen zu lassen, was zu tun war.

Wenn wir unsere Wünsche wirklich dem Universum übergeben, kann sehr starkes Vertrauen aufkommen. Dieses Vertrauen weist uns klar den Weg, wenn wir uns verirrt haben. Sobald wir uns in eine Energie des Vertrauens versetzen, sind wir empfänglich, lassen los und haben eine magnetische Wirkung. Die Energie des Vertrauens ist eine Energie des Zulassens. Wenn wir zulassen, dass das Universum uns führt, können wir die Hände vom Lenkrad nehmen. Mein Vertrauen gab mir das Gefühl von Gewissheit und Freiheit. Ich wusste, dass ich aufhören konnte zu kontrollieren, und anfangen konnte zuzulassen. Die Energie des Zulassens fühlte sich für mich so viel besser an – ich empfand sie als natürlich und stärkend.

Wenn ich in den folgenden Monaten die Hoffnung verlor, wandte ich mich dem Bild der Truthühner im Schnee zu. Ich hielt mich weiterhin an die göttliche Botschaft meiner Geistführer und kehrte immer wieder zum Vertrauen zurück. Das Wunder war nicht, schon schwanger zu sein, sondern darauf zu vertrauen, dass mein Kind unterwegs war. Vertrauen ist das größte Wunder von allen, denn wenn wir vertrauensvoll sind, fühlen wir uns gut, und wenn wir uns gut fühlen, tut das Universum alles, um unsere Wünsche zu verwirklichen.

Ende 2017 bereitete ich mich auf eine Buchtour vor. Ich fühlte mich überfordert angesichts der Arbeit und der Reise, die vor mir lagen. In stressigen Momenten konnte es passieren, dass ich mit meinem Vertrauen vom Kurs abkam und in Zweifel verfiel. Ich war auf einer Landstraße unterwegs, und mein Verstand wanderte zu all meinen To-do-Listen, Zielen und Erwartungen. In diesem gestressten Zustand dachte ich: »Wann kann mein Baby denn nur kommen? Wie soll ich schwanger werden, wenn ich so viel um die Ohren habe?« Während ich mich immer mehr in diese Gedanken hineinsteigerte, fiel mir plötzlich auf, dass ein neuer Song im Autoradio lief. Es war »Bow to You« von Jaya Lakshmi und Ananda. Der Text war so tiefgründig, dass meine Aufmerksamkeit von meiner Angst und Unsicherheit abgezogen wurde und sich auf die Energie der Liebe richtete.

Ich hörte zu, wie sie sangen: »Du bist der Schöpfer. Du bist der Erhalter. Du bist der Zerstörer von allem. Du bist mein Geliebter. Du bist mein Partner. Du bist in allem mein Lehrer. Und ich verneige mich vor dir. Und ich verneige mich vor dir. Und ich verneige mich vor dir. Und ich verneige mich vor dir.« Der Text berührte mich so sehr, dass ich zu weinen begann. Er schloss mich ein in die Energie des Universums und die Präsenz eines Gottes, der meiner eigenen Sichtweise entsprach. Ich begann, laut mitzusingen: »Ich verneige mich vor dir. Ich verneige mich vor dir.« Die Tränen strömten mir über das Gesicht, als ich spürte, dass ein Kind im Auto bei mir war. Ich hatte das Gefühl, hinter mir säße ein Baby auf dem Rücksitz. Und ich hörte, wie dieses Kind sagte: »Ich komme im März. Sei geduldig und hab Vertrauen.« Ich spürte diese Präsenz so stark, dass ich sie nicht leugnen konnte. Ich sang weiter: »Ich verneige mich vor dir. Ich verneige mich vor dir.« Wieder einmal hatte ich die spirituelle Führung erhalten, die ich brauchte, um mein Vertrauen aufrechtzuerhalten.

Jedes Mal, wenn ich mich überantwortete, wurde ich dahin geführt, mich noch mehr hinzugeben. Meine Bereitschaft, mich vom Universum führen zu lassen, half mir, auf Kurs zu bleiben und inmitten von Ungewissheit und Gefühlen des Mangels mein Vertrauen zu bewahren. Der Februar kam und ging, und als die Präsentation meines neuesten Buches hinter mir lag, begann ich mit meiner Schwangerschaftsberechnung. Ich überlegte mir, wenn ich im Februar schwanger würde, dann erhielte ich – entsprechend der Botschaft einige Monate zuvor in meinem Auto – Anfang März die Nachricht über mein Kind. Meine Hoffnung wuchs, dass die Botschaft sich vielleicht bewahrheiten würde. Wieder einmal hatte ich einen eigenen Plan.

Der März kam heran, und ich hatte hohe Erwartungen, dass der Schwangerschaftstest positiv ausfiele.

Stattdessen bekam ich meine Periode. Ich fiel zurück in die Niedergeschlagenheit, die ich nur allzu gut kannte. Ich war enttäuscht vom Universum. Warum ergab sich meine Führung nicht so, wie ich es gehört hatte? Doch trotz meiner Enttäuschung und Trauer wusste ich auch diesmal, dass die Antwort darin bestand, mich nach innen zu wenden. Obwohl ich mein Vertrauen hinterfragte, war die Stimme meines Höheren Selbst lauter als die Stimme der Angst. Ich wusste: Wenn ich in Meditation saß, konnte ich mich wieder auf meine Wahrheit ausrichten und weitere Führung erhalten, um nicht von meinem Weg abzukommen. So kehrte ich zur Führung der Liebe zurück. Ich hatte mich verpflichtet, auf Angst mit Vertrauen zu antworten und um spirituellen Beistand zu bitten. Während meiner Meditation bat ich um ein weiteres Zeichen, diesmal um eines, das für mich auf meinem Kinderwunschweg eine große Bedeutung haben würde. Ich wusste, dass Erzengel Gabriel bei den Themen Mutterschaft und Schwangerschaft hilft und mich führte. Und ich wusste, dass *sie* – Gabriel kann auch weiblich sein – oft mit Lilien dargestellt wurde. Also bat ich Gabriel, mir eine Lilie zu zeigen, um mein Vertrauen wiederherzustellen und mir den Weg zu weisen.

Am nächsten Tag ging ich ins Büro meines Mannes, immer noch niedergeschlagen. Ich saß auf Zachs Schoß und legte mein Handy auf seinen Schreibtisch. Zach umarmte mich und sagte: »Alles ergibt sich zur richtigen Zeit.« Noch in derselben Sekunde, als er dies sagte, ertönte eine Melodie auf meinem Handy. Das war seltsam, wenn man bedenkt, dass es gesperrt gewesen war, als ich es auf seinem Schreibtisch abgelegt hatte. Ich wollte den Song gerade ausschalten, als ich schockiert den Namen des Albums auf dem Bildschirm sah. Es hieß *I See the Sign* (»Ich sehe das Zeichen«) und der Song war »Way Go, Lily«. Ich schaute zu meinem Mann und sagte: »Lily – Lilie! Das ist unser Zeichen! Lass uns zuhören.« Ich fasste das Zeichen als weitere Erinnerung des Universums auf, dass mein Vertrauen stärker ist als meine Angst. Wir lehnten uns zurück und erhielten die unglaublichste Führung. Der Künstler, Sam Amidon, sang das Wort »Lilie« immer wieder. Das Universum sprach wieder einmal direkt zu uns. So wie bei den Truthühnern und dem Lied in meinem Auto fühlte ich mich weiterhin geführt. Es war eines der lautesten und deutlichsten Zeichen, die ich je erhalten hatte: Vom Album *I See the Sign* spielte es den Song »Way Go, Lily«, als mein Handy gesperrt war. Ganz zu schweigen davon, dass ich diesen Song noch nie zuvor gehört hatte und ihn nicht auf einer Playlist gespeichert hatte. Ich brach in Freudentränen aus. Es war ein wunderbares Gefühl, so eine klare Führung zu erhalten.

Wenn uns das Vertrauen abhandenkommt, haben wir zwei Möglichkeiten: Wir können uns in unsere Angstgeschichte verbeißen und versuchen, unsere Wünsche zu kontrollieren. Oder wir können uns dem Universum überantworten und Führung willkommen heißen, um unser Vertrauen wiederherzustellen. Wann immer du dich für Letzteres entscheidest, wirst du zu Vertrauen und Liebe zurückgeführt. Das Vertrauen steht dir immer zur Verfügung, wenn du deinen zweifelnden Unglauben einstellst und dich vom Universum zurück zum rechten Geist der Liebe führen lässt. Du kannst ganz leicht auf das Universum vertrauen, sobald du bereit bist zu empfangen. Egal wie oft du auf angsterfüllte Abwege gerätst, du kannst stets die Führung des Universums anrufen, damit es dich wieder dahin zurückführt, dass du der Liebe vertraust.

Spirit führte mich an jenem Märztag, als »Way Go, Lily« zu spielen begann, zurück zur Liebe. Und heute höre ich beim Schreiben dieses Kapitels diesen Song im Hintergrund, voller Staunen angesichts der Führung, die ich erhalten hatte. Heute ist der 28. Juli; seit dem 30. März, dem Tag, an dem ich meinen kleinen Sohn empfangen habe, sind genau einhundertzwanzig Tage vergangen. Dieser Tag ist von Bedeutung, denn in der yogischen Tradition ist der einhundertzwanzigste Tag nach der Empfängnis der Tag, an dem die Seele in den Körper des Kindes eintritt und sich entscheidet, in dieser Welt zu sein. Wie es das Universum wollte, kam mein Kind pünktlich – Ende März wurde unser kleiner Junge empfangen.

Heute Morgen nach dem Aufwachen wusste ich, dass es Zeit ist, dieses Kapitel zu schreiben. Ich wusste, dass es Zeit ist, meinen unglaublichen Weg zur Empfängnis und meine Bereitschaft, mich führen zu lassen, mit meinen geistigen Führern zu feiern. Mein Kind zu empfangen war eines der größten Wunder, die ich je erlebt habe. Das Wunder daran ist die Tatsache, dass ich dadurch praktizieren konnte, mich zu überantworten, und dass mein Vertrauen stärker werden konnte. Das wahre Wunder ist das Vertrauen, egal was passiert. Wenn deine Wünsche noch keine Form angenommen haben, mach dir bitte bewusst, dass du jedes Mal, wenn du zum Vertrauen zurückkehrst, das ultimative Geschenk des Universums erhältst. Vertrauensvoll zu sein ist hilfreich, um dich heil, sicher und unterstützt zu fühlen, auch wenn du nicht alles hast, was du willst oder brauchst. Vertrauen auf eine höhere Macht ist das größte Geschenk, das du erbitten kannst.

Mein Vertrauen hat mir auch die Geduld verliehen, mich darauf zu verlassen, dass das Universum einen besseren Plan hat als ich. Ich feiere die Zeitplanung des Universums, die sinnvoller ist als meine eigene. Mein Kind wurde zu einer Zeit empfangen, in der ich mich sicher, gesund und geborgen fühlte. Ich feiere meinen Körper dafür, dass er sich genug erholt hat, um ein Kind auszutragen. Ich feiere meinen Mann dafür, dass er mein Vertrauen war, als ich selbst vom Weg abkam. Ich feiere meine Bereitschaft, meinen Wunsch drei Jahre lang zu überantworten, während ich immer mehr zuließ, dass das Universum meinen Traum erfüllte. Während ich dies hier schreibe, habe ich die Hälfte meiner Schwangerschaft hinter mir und sehe mein Kind bereits als meinen größten Lehrer. Es hat mir bereits das Geschenk des Überantwortens gegeben und mir geholfen, mein Vertrauen in das Universum zu vertiefen. Liebes Kind, ich verneige mich vor dir …

Der Weg zum Vertrauen

Eine tiefe Führung kann offenbar werden, wenn wir bereit sind zuzulassen, dass das Universum unsere Träume erfüllt. Synchronizität, Unterstützung und klare Wegweisung stehen dir in dem Augenblick zur Verfügung, in dem du bereit bist, dich zu überantworten. Wenn du dein Vertrauen aus den Augen verloren hast, lass dich durch meine Geschichte daran erinnern, dass es einen Plan und ein Timing gibt, die über deine eigenen hinausreichen. Betrachte dies als eine Gelegenheit, dich mehr zu überantworten und dein Vertrauen zu stärken, indem du der Weisheit des Universums erlaubst, dich zu durchdringen.

Ich möchte dich in Einklang mit dem Vertrauen bringen, dass du ein Super Attractor bist – das ist mein Ziel. Mit diesem Vertrauen kannst du vom Universum geführt werden. Ich möchte, dass du weißt, wie es ist, spirituelle Führung zu erhalten. Wenn du diese Führung in deinem Leben zulässt, vertraust du jedem Schritt des Plans, der sich entfaltet.

Befolge die Methode, die ich weiter unten beschrieben habe, und lass das Universum deine Träume zur rechten Zeit erfüllen.

Deine Pläne überantworten

Vertrauen zu entwickeln erfordert, dass wir unsere Pläne, unsere Zeitvorgaben und unsere Agenda überantworten, damit wir dem Universum erlauben können, uns zu leiten. Wie du inzwischen weißt, können unsere Pläne und unser Kontrollwunsch der Führung, die wir uns am meisten wünschen, im

Weg stehen. Wir glauben fälschlicherweise, wir wüssten, was das Beste ist, und könnten es möglich machen, egal was »es« ist. Zum Beispiel habe ich auf dem Weg zu meinem Kind mehrere Jahre damit verbracht, die Zeitplanung und das Ergebnis zu kontrollieren – bestimmte Lebensmittel zu essen, meinen Eisprung zu planen, mir die Zukunft des Ganzen zurechtzuspinnen und mich verrückt zu machen. All meine Energie in das Planen und Kontrollieren zu stecken ließ mir keinen Raum mehr zu vertrauen. Doch als ich schließlich meine Pläne an das Universum abgab, erhielt ich eine klare Wegweisung. Meine Pläne einer höheren Macht zu überantworten, gab mir die Freiheit innezuhalten, zuzuhören und zu empfangen. In diesem Zustand der empfangsbereiten Offenheit konnte ich meine innere Weisheit und meine Geistführer hören. Mir wurden Gewissheit, klare Zeichen und starkes Vertrauen zuteil. Ich hörte auf, Gott zu spielen, und ließ Gott durch Heiler, Ärzte, Freunde, meinen Mann und meinen Körper wirken. Ich konnte loslassen und geschehen lassen.

Der Weg zum Vertrauen beginnt immer mit dem Überantworten. Aber seien wir ehrlich – unsere Wünsche an das Universum abzugeben kann uns schwierig erscheinen. Es kann beängstigend sein. Unser angsterfülltes Ego hat uns davon überzeugt, uns zu überantworten sei gleichbedeutend damit, unsere Wünsche, unsere Kontrolle und unsere Handlungsfähigkeit aufzugeben. In Wahrheit ist es jedoch der erste Schritt, um zu empfangen. Falls es sich für dich unangenehm anfühlt, deine Wünsche und deine Pläne an etwas Höheres abzugeben, sei unbesorgt. Wenn du dazu bereit bist, dich in diesem Moment frei zu fühlen, genügt das schon, um den Prozess zu beginnen.

Nimm dir einen Moment Zeit, komm zur Ruhe und lies das folgende Gebet:

> *Danke, Universum und Führer der höchsten Wahrheit und des äußersten Mitgefühls. Ich bin bereit, mich frei zu fühlen. Ich heiße neu gefundenes Vertrauen willkommen.*

Sprich das Gebet laut und nimm dir einen Moment Zeit, um zu spüren, was es bedeutet, dich dem Vertrauen in das Universum zu überantworten.

Achte darauf, wie du dich fühlst. Regt sich in dir Widerstand dagegen, deine Pläne zu übergeben? Fehlt dir das Vertrauen, dass das Universum alles, was du brauchst und willst, regeln kann? Erkenne diesen Widerstand an, aber mach weiterhin die Übung »Eine neue Wahl treffen«. Wenn du Widerstandsgedanken bemerkst, entscheide dich erneut, indem du das eben beschriebene Gebet rezitierst. Präg es dir ein und sprich es so oft wie möglich. Sprich es laut oder leise, immer dann, wenn du bemerkst, dass du deine Wünsche kontrollieren willst. Gewöhn dir an, deine Wünsche immer wieder in die Obhut einer höheren Macht zu geben. Je mehr du um Erleichterung betest, umso freier fühlst du dich. Vertrau auf die Kraft dieses Gebets und sei bereit, dich zu überantworten.

Unsere größten spirituellen Veränderungen entspringen nicht dem Zwang, sondern der Freiheit. Wenn wir beten, begrüßen wir, dass wir frei von Widerstand sind. Erkenne, dass Überantworten überhaupt nicht viel Handeln erfordert. Es erfordert nichts weiter als deinen Wunsch, dich frei zu fühlen, und deine Bereitschaft, das Universum um Hilfe zu bitten. Mach dieses Gebet zu deinem täglichen Mantra und sprich es regelmäßig, um dich wieder mit der inneren Super-Attractor-Macht zu verbinden.

Um klare Wegweisung bitten

Sobald du deine Energie durch das Beten mit dem Universum in Einklang gebracht hast, spürst du unterschwellig eine Veränderung. Zunächst mag es vielleicht nicht ganz offensichtlich sein, aber um Vertrauen zu beten ist hilfreich, um eine Verbindung zu einer Kraft zu spüren, die größer ist als du. Jedes Mal, wenn du dein Gebet sprichst, rufst du dir die allgegenwärtige Energie der Liebe in Erinnerung, die dich unterstützt. Sobald du dir diese Verbindung vergegenwärtigst, bist du bereit, eine Wegweisung zu erbitten. Nun kannst du das Universum um Klarheit, Zeichen, Symbole und Führung bitten. Die Zeichen aus dem Universum sind wie ein ermunterndes geistiges Schulterklopfen und eine sanfte Erinnerung daran, dass du tatsächlich auf dem richtigen Weg bist.

In meinem Buch *Das Universum steht hinter dir* habe ich die Praxis erläutert, wie man das Universum um ein Zeichen bittet. Mein Zeichen war eine Eule. Immer wenn ich das Gefühl hatte, dass Widerstand und Kontrolle meiner Super-Attractor-Verbindung in die Quere kamen, überantwortete ich meine Pläne und bat das Universum, mir als wegweisende Unterstützung eine Eule zu zeigen. Manchmal brauchte ich Hilfe bei einer bestimmten Entscheidung und bat darum, mir dann eine Eule zu zeigen, wenn mein Entschluss in die richtige Richtung ging. An anderen Tagen bat ich das Universum einfach, mir eine Eule einfach als Erinnerung daran zu zeigen, dass ich geführt wurde. Menschen der ganzen Welt haben mir geschrieben, welche Zeichen sie verwenden und welch unglaubliche Führung sie erhalten haben. Leserinnen und Leser baten um Zeichen wie Schmetterlinge, Marienkäfer und Songs im Radio. Je klarer ihnen ihre Zeichen waren, desto einfacher war es, mit dem Universum zu kommunizieren und die Weisungen zu erhalten.

Wie in der Geschichte meines Kinderwunsches deutlich geworden ist, hat mir das Universum viele klare Zeichen geschenkt, die mir den Weg gewiesen haben. Die Zeichen kamen in Form einer inneren Stimme, als Song, der plötzlich abgespielt wurde, in Form von Lilienbildern und als großartiges Gefühl, mit der Präsenz der Liebe um mich herum verbunden zu sein. Diese Zeichen waren so unverkennbar, dass ich keine andere Wahl hatte, als rückhaltlos an die geistige Präsenz jenseits meiner physischen Welt zu glauben. Jedes Mal, wenn ich ein Zeichen erhielt, vervielfachte sich mein Vertrauen. Ich möchte, dass auch du dieses Gefühl des Vertrauens in das Universum und diese Gewissheit kennst. Ich möchte, dass du dein Zeichen empfängst, den Fluss des Universums spürst und die engelhafte unterstützende Präsenz wahrnimmst, die dir den Weg weist.

Es kann sehr schnell gehen, dass du diese Verbindung empfängst – wenn du es nur willst. Wie im siebten Kapitel erläutert ist das Einzige, was diese Führung blockieren kann, dein eigener Widerstand. Deshalb bitte ich dich, deinen Unglauben, und sei es nur vorübergehend, zu beenden, wenn du diese Praxis befolgst. Es ist an der Zeit, nach Zeichen zu fragen und darauf zu achten, welche Führung du erhältst.

Es gibt viele Möglichkeiten, das Universum um Führung zu bitten. Wähle eine der folgenden Praktiken und wende sie eine Woche lang an.

Das Universum um ein Zeichen bitten

Mit dem Universum zu kommunizieren kann sehr wirksam sein, besonders wenn dir klar ist, welche Führung du erhalten möchtest. Je klarer dir ist, worum du bittest, umso klarer wird die Antwort sein. Wenn dir eine Entscheidung Schwierigkeiten bereitet oder du unsicher bist, welches Ergebnis sie nach sich zieht, bitte das Universum um ein Zeichen dafür, dass du auf dem richtigen Weg bist. Wähle das Erste, das dir in den Sinn kommt, und zweifle es im Nachhinein nicht an. Dir sollte ganz klar sein, um welches Zeichen zu bittest. In *Das Universum steht hinter dir* habe ich beschrieben, wie ich über die Wahl eines Hauses nachdachte und das Universum bat, mir als Bestätigung, dass ich das richtige Haus gefunden hatte, eine Eule zu zeigen. Wenn du das Buch gelesen hast, weißt du bereits, dass überall Eulen auftauchten! Durch diese klaren Zeichen erhielt ich die Weisung, das Haus zu kaufen, was letztendlich meinem Leben eine andere Richtung gegeben hat. Leg genau fest, wann du dein Zeichen vom Universum empfangen möchtest. Je klarer du bist, umso leichter ist es für dich, die passenden Informationen zu erhalten.

Hier ist eine Möglichkeit, wie du fragen kannst: *Danke, Universum, dass du mir innerhalb von vierundzwanzig Stunden mein Zeichen … zeigst, wenn … für mich richtig ist.* Sei dann geduldig und lass das Universum dir eine klare Weisung geben. Du denkst vielleicht: »Was ist, wenn ich mein Zeichen nicht empfange?« Nun, das ist auch ein Zeichen! Wenn du dein Zeichen nicht empfängst, ist das als Führung ebenso wichtig. Hast du das Universum gebeten zu bestätigen, dass du in der richtigen Liebesbeziehung bist, und erhältst dein Zeichen nicht, dann ist auch das ein Zeichen! Nimm diese Weisung ernst. Ich sage nicht, dass du von einem Tag auf den anderen die Beziehung beenden sollst. Aber ich empfehle dir, die grundlegenden Probleme, die es zu lösen gilt, genauer zu betrachten. Letzten Endes bleibt dir natürlich stets dein freier Wille, aber betrachte die Zeichen des Universums (oder deren Fehlen) als unterstützende Weisung auf deinem Weg.

Sprich direkt mit einem Engel oder einem Geistführer

Wenn du deine Verbindung zu deinen geistigen Führern durch die Übungen aus dem siebten Kapitel vertiefst, verstehst du allmählich, auf welch einzigartige Art und Weise diese Wesen mit dir verbunden sind. Als ich nach einer Wegweisung im Zusammenhang mit meinem Kinderwunsch suchte, wusste ich, dass ich Erzengel Gabriel bitten konnte, mir Lilien zu zeigen. Wenn ich einen Funken weißen Lichts sehe, weiß ich, dass es die Präsenz eines Engels ist. Wenn ich ein blaues Licht sehe, weiß ich, dass es Erzengel Michael ist. Ein grünes Licht steht für Erzengel Raphael und seine Heilkräfte, ein goldenes Licht für Erzengel Gabriel. Engel und Führer zeigen sehr klar an, dass du mit ihnen verbunden bist, und geben dir Methoden an die Hand, ihre Präsenz jeweils von einer anderen geistigen Kraft zu unterscheiden. Leugne die Nachrichten nicht, die du von ihnen erhältst. Bitte deine Führer und Engel, in dem, was sie kommunizieren, spezifisch und klar zu sein. Sie sind kreativ, wenn es um das Übermitteln von Botschaften geht.

Ein Beispiel ist der Vater meiner Freundin Aimee, der vor vielen Jahren gestorben ist. Sie hatte immer das Gefühl, dass er mit ihr durch ihre Träume kommunizierte. In einem ihrer Träume besuchte mich Aimee bei mir zu Hause, und ihr Vater erschien in meinem Wohnzimmer. Er sagte zu ihr: »Mein Zeichen für dich ist ein weißer SUV. Schau aus Gabbys Fenster, und du wirst einen sehen.« Aimee erwachte, verwirrt wegen dieser Weisung, und rief mich an, damit ich ihr bei der Interpretation half. Als sie mir den Traum erzählte, atmete ich hörbar ein und sagte: »Aimée, ich fahre einen weißen SUV!« Bis heute weiß Aimee immer, dass ihr Vater sie führt, wenn sie einen weißen SUV sieht. Stell niemals die Zeichen infrage, die *Spirit* dir gibt.

Wenn du Zeichen von Engeln oder Geistführern erhältst, ist deine Energie empfänglich, und du wirst tatsächlich geführt. Gewöhn dir an, deine Geistführer und Engel immer um ein klares Zeichen zu bitten, wenn du eins brauchst. Ihre Führung wird dir Zuversicht und Gewissheit geben – so habe ich es empfunden, als ich weiterhin meine Lilien empfing.

Spirit spricht auch durch Kinder

Wie im fünften Kapitel dargelegt gibt es in unseren jungen Jahren nur einen dünnen Schleier zwischen der Welt, die wir mit den Sinnen wahrnehmen, und der geistigen Welt. Die Kinder in deinem Leben haben eine tiefe Verbindung zu Geistführern, Engeln und spiritueller Unterstützung. Ich denke immer gern: Wenn ich ein Kind oder Kleinkind sehe, das lächelt und über meinen Kopf hinwegblickt, dann sieht es einen Führer oder Engel und tritt in Verbindung mit ihm. Wenn Kinder mit dir über ihre imaginären Freunde sprechen, ignoriere es nicht! Sie können deine verstorbenen Angehörigen, deine Geistführer und Engel sehen. Kinder versuchen oft, uns Erwachsenen spirituelle Botschaften weiterzuvermitteln, doch viel zu häufig werden sie zum Schweigen gebracht oder ignoriert.

Es gibt wichtige Gründe, die geistige Verbindung deines Kindes zu fördern. Erstens hat es Zeichen für dich! Missachte die Botschaften nicht, die Kinder dir geben. So versucht meine Freundin Beth seit zwei Jahren, ihr zweites Kind zu bekommen, hatte aber mehrere Fehlgeburten. Nach ihrer letzten Fehlgeburt war sie zutiefst deprimiert. Sie hatte zwar mit ihrer dreijährigen Tochter nicht darüber gesprochen, dass sie ein Kind verloren hatte, doch ihre Tochter spürte die Verzweiflung ihrer Mutter intuitiv. Eines Nachmittags ging ihre Tochter zu ihr hinüber und sagte: »Mama, bald kommt ein Baby zu dir.« Beth brach in Tränen aus, als sie das hörte. Sie spürte, wie ein Energieschub sie durchdrang, so als erhielte sie eine göttliche spirituelle Führung. Es war genau die Botschaft, die sie brauchte. Kinder haben große Weisheit und Führung für dich. Achte darauf und sei bereit, sie zu empfangen.

Zweitens wird es deinen Kindern das ganze Leben hindurch sehr helfen, wenn du ihre geistig-spirituelle Verbindung förderst. Je mehr du ihre spirituellen Überzeugungen in jungen Jahren unterstützt, umso geringer ist die Wahrscheinlichkeit, dass sie sie wieder verlieren. Überleg einmal, wie viel einfacher das Leben gewesen wäre, wenn du immer gewusst hättest, dass *Spirit* an deiner Seite ist. Wenn es sich für dich stimmig anfühlt, ermutige deine Kinder, mit ihren Geistführern zu sprechen und ihre Verbindung zu vertiefen. Es wird ihnen in vielfältiger und großartiger Weise von Nutzen sein.

Bleib offen und empfänglich für all die vielfältigen Arten, wie du Zeichen von *Spirit* empfangen kannst. Es spielt keine Rolle, welche davon du für deine Bitte um Führung wählst; was zählt, ist, dass du auf die Führung achtest, die du erhältst. Je mehr Zeichen du empfängst, umso stärker wird dein Vertrauen. Hol dir weiterhin spirituelle Beweise durch deine Bereitschaft, zu bitten und zu empfangen.

Lass dir vom Universum zeigen, was du tun sollst

Dieser nächste Schritt hin zum Vertrauen besteht darin, nichts von dir aus zu tun und dir vom Universum zeigen zu lassen, was zu tun ist. Eine der besten Möglichkeiten, deine Super-Attractor-Macht zu steigern, besteht darin, beiseitezutreten und darauf zu vertrauen, dass du geführt wirst. All unser Tun vereitelt, dass wir empfangen. Übe darum, nicht in die Universelle Führung einzugreifen, die dir zur Verfügung steht. Wenn du nicht sofort eine klare Weisung erhältst, dann sei nicht ungeduldig, sondern entspann dich und lenk dich mit einer Aktivität ab, die dir Spaß macht. Je eher es dir gelingt, dass dein Ego den Weg frei macht, umso eher wirst du Führung erhalten. Das ist die Praxis des Nichteingreifens. Wenn du die Führung des Universums nicht mehr störst, kannst du deine Empfänglichkeit und Verbundenheit wirklich fein einstimmen.

Nichts zu tun ist für das Ego verwirrend. Wenn uns eine Situation verunsichert oder wir uns damit unwohl fühlen, ist es eine natürliche Reaktion, etwas dagegen tun zu wollen. Es fällt mir schwer, mit dem Unbehagen auszuharren, das ungelöste Beziehungen oder Probleme mit sich bringen. Ich mag es, Dinge schnell zu klären, Probleme beizulegen und in der gelösten Situation zu leben. Manchmal kann die Lösung jedoch nicht das Ergebnis unserer Logik und unseres Handelns sein. Manchmal müssen wir still sein und die Lösung hören, die von einer Kraft des Universums präsentiert wird – einer Kraft, die über das Bedürfnis unseres Egos, in einer gelösten Situation zu leben, hinausreicht. Die Zeit zwischen den Lösungen empfindest du vielleicht als beängstigend und außer Kontrolle geraten. Doch dadurch, dass du nichts tust, schaffst du Raum und ermöglichst, dass dir liebevolle Lösungen gezeigt werden.

Wenn du das nächste Mal versuchst, aus einem Gefühl der Dringlichkeit oder Angst heraus eine Lösung zu finden, atme tief durch. Denk daran, dass dir göttliche Führung zur Verfügung steht, und bitte das Universum um Hilfe. Sprich dann dieses Gebet: *Danke, Führung des Universums, dass du mich zu Lösungen geführt hast, die zum Besten aller sind.* Ob du das Gebet laut sprichst oder nicht, das Universum wird deine Bitte um Führung aufnehmen. Wenn du beschließt, dich nicht einzumischen, verlagert sich dein Fokus: weg von dem Versuch, Probleme zu lösen, hin zum Überantworten deiner Schwierigkeiten. Das ist eine viel wirksamere Energie, die du verkörpern kannst. Dein neuer Wunsch ist mit der Liebe in Einklang, und das Universum wird sich immer verschwören, dir das zu bringen, was für dich und für alle das Beste ist. Lass deine Erwartungen mithilfe eines Gebets los, überantworte dich, um Unterstützung zu erhalten, und vertrau darauf, dass das Universum dir den Weg weist.

Erlaube dem Universum, dich zu unterstützen

Ein Super Attractor zu sein bedeutet, dir wieder zu vergegenwärtigen, dass du eine Erweiterung der Energie des Universums bist. Du bist eins mit Gott und dem Universum. Du bist Liebe. Wenn du voller Freude, Vertrauen und Staunen bist, kannst du diese Verbundenheit vollständig spüren. Jede Methode in diesem Buch hat es dir zunehmend ermöglicht, deine Super-Attractor-Verbindung geltend zu machen. Ziel ist es, empfänglich zu werden und geschehen zu lassen. In einem Zustand ohne Widerstand kannst du zulassen, dass dich der Universelle Fluss des Wohlbefindens unterstützt. Das bezeichnen Abraham-Hicks als »die Kunst des Zulassens«. Wenn du diese Kunst praktizierst, beginne damit, dass du erkennst, ob du zulässt, dass der Strom des Wohlbefindens durch dich hindurchfließt oder nicht.

Lässt du gerade jetzt Liebe, Freude und Wohlbefinden zu, oder sträubst du dich dagegen?

Wenn du sie zulässt, fühlst du dich geistig klar und gelassen und hast großes Vertrauen. Wenn du sie nicht zulässt, fühlst du dich schlechter, bist traurig, schuldig, frustriert, kontrollierend und sogar deprimiert. Die Gefühle, die du empfindest, zeigen an, ob du mit deiner Super-Attractor-Macht in Verbindung bist. Negative Gedanken und Gefühle sind der Ausdruck niedriger Schwingungen, die dich davon abhalten, dich vom Universum unterstützen zu lassen. Abraham-Hicks zufolge bringst du dich durch die Aussage »Ich will das wirklich nicht« in Übereinstimmung mit dem, was du *nicht* willst. Wenn du zum Beispiel ständig darüber nachgrübelst, ob dir deine Arbeitsstelle wohl gekündigt wird, dann ist deine Energie ängstlich, panisch, bedürftig und außer Kontrolle. Diese Energie sendet eine Botschaft der Angst an deinen Arbeitgeber (bewusst oder unbewusst), dass du nicht der Richtige für die Position bist. Der fortwährende ängstliche Gedanke, deine Arbeit zu verlieren, hat die Fähigkeit, sich zu manifestieren und konkret Form anzunehmen. Deshalb sollten wir daran arbeiten, die Energie hinter unseren negativen Gedanken zu verlangsamen, indem wir uns den Praktiken in diesem Buch überantworten. Jedes Mal, wenn du ein Gebet sprichst, das Universum um Hilfe bittest, dich noch einmal entscheidest oder dich einfach von einem negativen Gedanken weglenkst, kommst du dem Zustand der richtigen Ausrichtung näher. Gib deinen positiven Gedanken und Energien eine so hohe Priorität, dass es selbstverständlich für dich wird, dich gut zu fühlen. Ziel ist es, Wohlbefinden durch dich hindurchfließen zu lassen, ohne ihm Widerstand entgegenzusetzen. Die Kunst des Zulassens ist die Kunst, das einzulassen, was du willst: Gesundheit, Reichtum, Freude und Liebe.

Wenn du zulässt, dass dich die Universelle Kraft des Wohlbefindens durchströmt, kannst du leicht Zeichen und Führung aus dem Universum empfangen. Vielleicht hörst du Songs, erhältst Nachrichten von Freunden oder spürst sogar die intuitive Wegweisung deiner eigenen inneren Stimme der Weisheit. Diese göttliche Führung kommt schnell, wenn du es zulässt.

Dein Ego wird sich wahrscheinlich zuerst dagegen sträuben und versuchen zu kontrollieren. Doch je mehr du akzeptierst, dass das Ziel ist, dich gut zu fühlen, umso leichter fällt es dir, den Fluss dieses Wohlbefindens zuzulassen. Du wirst sehen: Je mehr du zulässt, desto mehr ziehst du an.

Wenn Wohlbefinden fließt, fühlt es sich an, als öffneten sich unsichtbare Türen für dich und als würde dir das, was du brauchst, zur richtigen Zeit und in der perfekten Reihenfolge präsentiert. Wenn die Dinge sich scheinbar verzögern oder nicht so ablaufen, wie du willst, weißt du intuitiv, dass etwas Besseres unterwegs ist. Einfach ausgedrückt: Du lässt es zu. Die Energie des Zulassens zu verkörpern bringt Anmut, Leichtigkeit und magnetische Kraft in deine gesamte Präsenz. Wenn du mit dieser Leichtigkeit und diesem Magnetismus schwingst, bist du wahrhaftig ein Super Attractor.

Gewöhn dir an, hin und wieder deine Gefühle bewusst wahrzunehmen und zu erkennen, wann du nicht in Einklang bist. Wende dann eine Methode aus diesem Buch an, um zu einem empfänglichen Modus zurückzukehren. Beobachte deine Gefühle und gib dich dem Wohlbefinden hin. Dann tu gar nichts, sondern lass dir vom Universum zeigen, was zu tun ist.

Lass das Universum deine Träume zur rechten Zeit erfüllen

Der letzte Schritt zur Stärkung deines Vertrauens besteht darin zuzulassen, dass das Universum deine Träume erfüllt. Möglicherweise hast du große Visionen für dein Leben. Und vielleicht hast du gerade das Gefühl, sie seien außer Reichweite. Aber ich schreibe dieses Buch, damit du erkennst: Solange du mit stärkenden Gefühlen in Einklang bist, entspricht dir das, was du dir wünschst, von seiner Schwingung her. Wenn du auf das Universum vertraust, ist es sicher, große Visionen zu haben, auch wenn du sie noch nicht sehen kannst. Wenn du die Ausrichtung auf das Universum zu deiner Priorität machst, kannst du zu deinen Wünschen stehen. Es geht nicht darum, sich krampfhaft zu bemühen oder viel zu leisten. Vielmehr geht es beim Anziehen deiner Wünsche darum, dich gut zu fühlen und darauf zu vertrauen, dass dir das Universum den Weg weist. Ja, natürlich musst du dich für deine Träume einsetzen. Du musst zu diesem Vorstellungsgespräch oder jener Verabredung gehen oder Sport treiben. Wenn es dir aber dabei gut geht, wird dein spirituell ausgerichtetes Handeln von der Liebe des Universums unterstützt, und du erkennst, dass du Dinge anziehen kannst.

Zuzulassen, dass das Universum deine Träume zur rechten Zeit erfüllt, bedeutet, dass du bereit bist, Geduld aufzubringen. Du bist bereit, deinen Zeitplan, deine Agenda und die Bedürfnisse, die du deinem Empfinden nach hast, zu überantworten. Du bist bereit, auf einen Zeitrahmen jenseits deines eigenen zu vertrauen. Geduld war meine größte Tugend, als ich mein Kind manifestierte. Sobald ich wirklich akzeptierte, dass das Universum einen besseren Plan hatte als ich, wurde Geduld etwas

Natürliches. Ich nahm den Weg, die Heilung und den Prozess bereitwillig an. Ich vertraute darauf, dass mein eigener Zeitplan vielleicht nicht so gesund, leicht oder lückenlos war wie der des Universums. Und ich hatte recht. Ich kann jetzt zurückblicken und sagen: Danke, Universum! Ich bin zutiefst dankbar, dass ich nicht einen Tag früher schwanger wurde. Der Moment, in dem ich mein Kind empfing, war perfekt. Ich fühlte mich mehr unterstützt als je zuvor. Das Universum erfüllte meinen Traum zu einer Zeit, die nicht idealer hätte sein können, sodass ich die Schwangerschaft genießen und mich sicher fühlen konnte, als ich Mutter wurde. Dafür bin ich wirklich dankbar.

Ich weiß, wenn auch du dich vom Universum leiten lässt, wirst du diese Freiheit kennenlernen. Du wirst zurückblicken und sagen: »Gott sei Dank ist es nicht früher passiert.« Und du wirst dich gesegnet fühlen, weil dir die Gelegenheit geboten wurde zu lernen, zu wachsen und zwischendurch Spaß zu haben. Darum geht es letztendlich. Vertrau auf einen Plan, der über deinen eigenen hinausreicht, und lass das Universum deine Träume zur rechten Zeit erfüllen.

Mögen die Erläuterungen dieses Kapitels dein Vertrauen stärken, dein Bedürfnis nach Kontrolle mindern und dich dem Gefühl der Freiheit näherbringen. Nimm diese Schritte an und lass zu, dass der allgegenwärtige Fluss der Liebe dich mühelos durchströmt.

Viele Wunder werden sich einstellen. Du wirst erstaunt sein, was du empfängst, wenn du dich wirklich dem Universum überantwortest. Die Wunder sind so groß, dass du dich anfangs vielleicht sogar dagegen sträubst. Du denkst vielleicht: »Das ist zu schön, um wahr zu sein.« Oder du meinst, du verdienst es nicht, solch große Geschenke zu empfangen. Wenn du einen solchen Widerstand in dir bemerkst, sei unbesorgt. Ich stehe hinter dir. Im letzten Kapitel werde ich dich dahin führen, dass du ein für alle Mal akzeptierst, dass du groß bist. Das nächste Kapitel wird sich mit diesem Widerstand befassen und dich klar anleiten, wie du ihn loslassen kannst, um die Fülle des Lebens frei zu genießen. Halte dich an meine Anleitung und akzeptiere, dass du ein Super Attractor bist.

11 UNERSCHÜTTERLICHES VERTRAUEN IN DAS UNIVERSUM

Der Beginn des letzten Drittels meiner Schwangerschaft war eine der magischsten Zeiten meines Lebens. Ich verliebte mich noch mehr in meinen Mann, der sich unglaublich um mich kümmerte. Ich genoss meine Schwangerschaft wirklich, und ich hatte mich noch nie gesünder, sexier und lebendiger gefühlt. Mein Business florierte auch. Ich hatte großartige Partner angezogen, und mein Team hatte sich nochmals gesteigert. Ich war im Flow.

Doch eines Morgens wurde ich aus dem Strom des Wohlbefindens gerissen. Ich unterhielt mich gerade zwanglos mit einer lieben Freundin, als sie einige furchtbare Geschichten über das letzte Schwangerschaftsdrittel zur Sprache brachte. Normalerweise war ich geistesgegenwärtig genug, so ein Gespräch zu beenden oder die Person höflich zu bitten, das Thema zu wechseln. Aber in diesem Fall kam die Botschaft von einer Person, die ich liebte und der ich vertraute. Sie wollte zwar nur mein Bestes, aber ihre Hinweise zu Vorsichtsmaßnahmen bewirkten, dass ich in eine Spirale der Angst geriet. Nach dem Gespräch befasste ich mich zwanghaft damit, versuchte, alles Weitere zu kontrollieren und steigerte mich in angstvolle Projektionen hinein. Gerade als ich gedacht hatte, nun sei ich wirklich in Einklang mit dem positiven Schwung des Universums, wurde ich mit dem Widerstand meines Egos gegen all die Liebe und Positivität, die ich entwickelt hatte, konfrontiert. Aus meiner Angstspirale heraus rief ich all meine Arztfreundinnen an und bat sie um Rat, außerdem googelte ich Symptome und Berichte. Bevor ich es überhaupt gemerkt hatte, war ich wieder in die Angst vor meinem Körper verfallen und hatte meine spirituelle Verbindung geschwächt.

Zuerst war kaum zu erkennen, was wirklich vor sich ging. Die üblen Tricks des Ego vergessen wir so leicht! Ich ließ mich in das Drama und in die Ängste der Welt verstricken und koppelte mich vorübergehend von meiner Super-Attractor-Macht ab. Ich war aus meiner Ausrichtung auf die Liebe des Universums herausgeschubst worden und hatte mich vom Vertrauen abgewandt. Um die Sache noch schlimmer zu machen, glaubte ich allmählich, dass meine obsessive Beschäftigung mit diesen negativen Geschichten genau dieses Negative in meinem Leben manifestieren würde. Doch meine Furcht, ich könnte das Problem manifestieren, verschärfte es nur noch. Ich hatte mich in einem Netz aus Angst verfangen und mich von meinem Ego herunterziehen lassen.

Wie konnte das passieren? Wie war ich nur so schnell auf einen so falschen Kurs geraten?

Das war passiert: Als ich mich auf das Universum ausgerichtet hatte, wurde das Leben gut. Wirklich gut. So wie es das

Gesetz der Anziehung vorsieht, führte mich meine Fokussierung auf Liebe und Vertrauen zu dem, was ich wirklich wollte. Doch Angst – das Ego – kann in diesem Licht nicht überleben. Und obwohl ich viel dafür getan hatte, die Stimme der Angst zu schwächen, kann sie mich immer noch packen, wenn alles gut läuft. *Ein Kurs in Wundern* sagt: »Das Ego fürchtet die Freude des reinen Geistes, denn wenn du sie einmal erfahren hast, wirst du dem Ego jeden Schutz entziehen und überhaupt nichts mehr in die Angst investieren.«[17] Angesichts der Freude des Geistes fegte das Ego einmal kurz herein und überzeugte mich, dass alles eigentlich *zu schön* war, um wahr zu sein.

In dieser Angstspirale verharrte ich über zwei Wochen. Kein Tag verging ohne das Gefühl, in dem Drama in meinem Kopf gefangen zu sein. Ich brachte meine Ängste immer wieder bei meinem Mann zur Sprache und konnte nachts nicht schlafen. Schließlich erreichte ich den Tiefpunkt meines Dramas. Es war vier Uhr morgens, und Angst und Sorgen ließen mich wach im Bett liegen. Ich erhob mich und ging ins Wohnzimmer, um zu meditieren. Ich begann mit einem Gebet: *Universum, ich erkenne, dass ich nicht in Einklang bin. Ich bin bereit, von dieser Angst befreit zu werden. Ich wähle stattdessen die Liebe.* Dann schloss ich die Augen und wiederholte das Mantra *Ich wähle stattdessen die Liebe.* Ich saß in Stille und wiederholte dieses Mantra immer wieder, mehrere Minuten: *Ich wähle stattdessen die Liebe. Ich wähle stattdessen die Liebe. Ich wähle stattdessen die Liebe.* Schließlich verlor sich das Mantra, und ich fiel in einen tiefen Zustand friedlicher Stille. Recht bald war ich wieder in Einklang mit dem Universum.

Nachdem ich einige Minuten diese liebevolle Stille auf mich wirken gelassen hatte, hörte ich eine laute innere Stimme:

»Angst führt dich zurück zur Liebe.« Diese Worte brachten mir sofort Erleichterung. Mein Höheres Selbst gab mir die Erlaubnis, mir meine Angst zu vergeben und sie als Hilfsmittel einzusetzen, um zur Liebe zurückzukehren. Diese Botschaft erinnerte mich daran, dass ich jederzeit eine neue Wahl treffen kann und meine Angst nicht zu fürchten brauche. Von diesem Moment an akzeptierte ich eine neue Geschichte. Ich akzeptierte mein Vertrauen auf das Universum und traf die Wahl, mich zur Liebe zu bekennen. Ich beschloss, mich wieder vollständig in Einklang zu bringen mit dem Glauben an meine Gesundheit, an die Kraft meines Babys und die Wahrheit, von der ich wusste, dass sie real war. Ich verzieh meiner Freundin, dass sie diese Angst in mir ausgelöst hatte, und fand Dankbarkeit für diese wirkungsvolle Lektion in mir.

Wenn wir unsere Angst annehmen, wird sie dadurch ins Licht gerückt und erhellt. In dem Moment, in dem ich akzeptierte, dass meine Angst mich zur Liebe zurückführte, konnte ich mich aus ihrem Griff lösen. Ich konnte Angst als eine Gelegenheit sehen, mein Vertrauen zu stärken; als eine vorübergehende Ablenkung statt als permanente Realität. Ich akzeptierte, dass die Angst meine Entscheidung war, und dass ich jederzeit eine neue Wahl treffen konnte.

Diese Erfahrung kam genau zur richtigen Zeit, um mir zu helfen, mich noch vor dem Ende meiner Schwangerschaft wieder auf die Liebe auszurichten. Sie hat mir auch ermöglicht, dieses Buch damit abzuschließen, dass ich dir in Erinnerung rufe, wie leicht es passieren kann, dass wir uns gegen die Liebe sträuben, wenn das Leben sich zum Guten wendet. Wenn du dich nach den Methoden in diesem Buch richtest, wirst du spüren, dass die Liebe des Universums dein ganzes Leben durchdringt. Wunderbare Synchronizitäten zeigen sich, alles um dich herum unterstützt dich, und du spürst eine tiefe Verbindung zu einer höheren Macht. Es ist allerdings durchaus möglich, dass sich die Stimme der Angst im Hintergrund meldet und versucht, deinen Flow zu unterbrechen. Vielleicht merkst du, dass du deine Größe verleugnest und deine spirituelle Verbindung vergisst. Du kehrst möglicherweise zu kontrollierenden Denk- und Verhaltensmustern zurück, vergisst deine Geistführer und verlierst aus dem Blick, wie stark das Universum ist. Vielleicht hast du sogar Angst davor, dich gut zu fühlen.

Wenn das passiert und die Stimme der Angst dich davon überzeugen will, etwas sei *zu schön, um wahr zu sein*, mach dich nicht verrückt. Kehre zu diesem Kapitel zurück und folge meiner Anleitung. Du brauchst keine Angst vor deiner Angst zu haben. Du kannst sie als eine Möglichkeit nutzen, der Liebe näherzukommen. Nimm deine Angst wahr, wenn sie auftaucht, und folge der Anleitung unten, um gut ausgerichtet zu bleiben und deine positive Erwartung all des Großartigen zu stärken, das sich weiterhin für dich ergeben wird!

Deine Angst führt dich zur Liebe zurück – würdige sie

Es gibt keinen Grund, vor deiner Angst davonzulaufen oder sie zu leugnen. Tatsächlich verstärkt das nur noch ihre Dynamik. Beobachte stattdessen sanft alle angstvollen Projektionen, die deinem Super-Attractor-Glauben in die Quere kommen. Es ist möglich, dass Angst sich immer dann einklinkt und versucht, sich einzumischen, wenn das Leben wirklich in Fluss kommt oder du einen großen Traum manifestierst. Du bist auf dem Weg dahin, Wunder in deinem Leben zu akzeptieren. Jeder Weg, der mit der Veränderung tief eingewurzelter Gewohnheiten verbunden ist, ist zwischendurch auch mal steinig und uneben. Angst ist eine der schlimmsten Gewohnheiten überhaupt und verschwindet nicht einfach über Nacht. Mach dir bewusst, dass sie aufkommen wird, und triff dann die Wahl, sie anders zu sehen.

Du kannst beschließen, deine Momente der Angst als einen schönen Kontrast zu sehen. Die Angst erinnert dich sanft an das, was du *nicht* willst, und hilft dir so zu klären, was du *willst*. Wenn du merkst, dass ein angstvoller Gedanke aufkommt, kannst du dich noch einmal entscheiden. Beobachte die Gedanken und Gefühle einfach und greif auf die Methode »Eine neue Wahl treffen« zurück, um deinen Fokus neu auszurichten und umzulenken:

Schritt eins: Erkenne die Angst

Achte darauf, wann deine ängstlichen Gedanken deinen positiven Flow sabotieren, und frag dich: »Wie fühle ich mich gerade?« Lass zu, dass du spürst, was auch immer gerade aufkommt.

Schritt zwei: Vergib dir den Gedanken

Vergib dir deine angstvollen Gedanken und feiere deinen Wunsch, wieder dazu zurückzukehren, dass es dir gut geht! Du kannst dir selbst laut sagen: »Ich vergebe mir diesen Gedanken, und ich weiß, dass er nicht die Realität beschreibt.«

Schritt drei: Triff eine neue Wahl

Beantworte diese Frage: »Was ist der positivste Gedanke, den ich im Moment finden kann?« Bitte dann das Universum um Unterstützung, während du dich den Gedanken zuwendest, die sich gut anfühlen. Nimm dir Zeit und halte Ausschau nach positiven Gedanken darüber, was du willst und wie du dich fühlen willst.

Du kannst stets auf die Methode »Eine neue Wahl treffen« zurückgreifen, um deinen Gedanken eine andere Richtung zu geben. Wenn die Angst dich fest im Griff hat und es dir fast unmöglich erscheint, einen positiveren Gedanken zu wählen, dann kannst du bei Schritt zwei der Methode »Eine neue Wahl treffen« bleiben und den Gedanken einfach vergeben. Den Gedanken zu vergeben versetzt dich in eine Energie der Akzeptanz, weg von der des Widerstands. Wenn du den angsterfüllten Gedanken verzeihst, erkennst du damit an, dass deine Angst nicht deiner wahren Natur entspricht. Dir deine Angst zu vergeben gibt dir die Erlaubnis, zur Liebe zurückzukehren, sobald du bereit bist. Eine positive, stärkende Beziehung zur Angst zu akzeptieren ist der schnellste Weg, sie aufzulösen.

Sei unbesorgt: Angst kann deinem Manifestieren nicht wirklich in die Quere kommen. Du bist jetzt so sehr im Einklang mit deiner Super-Attractor-Macht, dass du deine Energie jederzeit verändern und dich wieder ausrichten kannst. Die Angst, die dich zeitweise überkommt, trennt dich niemals wirklich von deinem positiven Flow, auch dann nicht, wenn sie mehrere Tage anhält. Du brauchst dir nur in Erinnerung zu rufen, deine Angst loszulassen und dich wieder auszurichten. Mach dies zu deinem Mantra: *Ich kann jederzeit meine Angst loslassen und mich wieder auf meine Super-Attractor-Macht ausrichten.*

Eine neue Leitlinie

Wenn es dir besser geht, solltest du dich mit der Vorstellung vertraut machen, dass du eine neue Leitlinie des Glücklichseins haben kannst. Mit dieser neuen Leitlinie akzeptierst du, dass es sicher ist, sich gut zu fühlen, dass es natürlich ist, erfolgreich zu sein, und dass dir das, was du dir wünschst, leicht zufließen kann. Mit deiner neuen Leitlinie fürs Glücklichsein erteilst du dir die Erlaubnis, dich gut zu fühlen und das anzuziehen, was du willst. Du brauchst nicht mehr fortwährend zwischen Vertrauen und Zweifel zu wechseln. Du erwartest nicht mehr, dass irgendwann alles doch wieder zusammenbricht, sondern stehst kompromisslos dazu, wie gut es dir geht. Du wehrst dich nicht mehr gegen deine Größe.

Jahrelang hatte ich damit zu kämpfen, dass ich mich als Opfer meiner traumatischen Erinnerungen, Suchtmuster und Geschichten aus der Vergangenheit fühlte. Doch als ich dahin gelangte, eine neue Normalität zu akzeptieren und darauf zu vertrauen, dass es in Ordnung war, mich gut zu fühlen, brauchte ich eine neue Leitlinie des Glücklichseins. Ich musste mir die Erlaubnis erteilen, meine Opfergeschichte loszulassen und mich für ein Leben mit Wundern zu entscheiden!

Nimm dir einen Moment Zeit, um diese schöne Passage aus *Ein Kurs in Wundern* zu lesen:

> *»Kannst du dir vorstellen, was ein Geisteszustand ohne Illusionen ist? Wie er sich anfühlen würde? Versuche dich an eine Zeit zu erinnern – vielleicht war es nur eine Minute oder weniger –, als nichts kam, um deinen Frieden zu stören, als du gewiss warst, geliebt zu werden und in Sicherheit zu sein. Versuche daraufhin, dir vorzustellen, wie es wäre, wenn dieser Augenblick sich bis zum Ende der Zeit und in die Ewigkeit ausdehnte. Lass darauf das Gefühl der Ruhe, das du spürtest, hundertmal vervielfacht werden und dann nochmals weitere hundertmal.«*[18]

Das kann dein neuer Normalzustand sein. Du kannst in einer Welt ohne Illusion leben, in der nichts deinen Frieden stört. Je mehr du die Gewohnheit der Angst ablegst und dir Liebe zur Gewohnheit machst, umso normaler wird es für dich, glücklich zu sein. Lass dein Gefühl der inneren Ruhe sich täglich vervielfachen, während du deinen Glauben an die geistige Führung und die Liebe zum Universum stärkst. Sei dir dessen zunehmend gewiss, dass du jedes Mal, wenn du deine Führer oder Engel um Hilfe bittest, geliebt wirst und in Sicherheit bist. Erkenne, dass nichts deinen Frieden stören kann, wenn du deine Super-Attractor-Macht geltend machst. Akzeptiere noch heute deine neue Leitlinie.

Glücklich sein in Erwartung dessen, was kommt

Um auf das Universum eingestimmt zu bleiben, müssen wir uns immer wieder daran erinnern, fest davon auszugehen, dass unsere positive Energie stets unterstützt wird. Wenn wir glücklich sind in Erwartung dessen, was kommt, dann sind wir auf Wunder eingestellt, fühlen uns im positiven Flow wohl und sträuben uns nicht mehr gegen die Liebe des Universums. Wir sind dankbar für alles, was ist, auch wenn es vielleicht gerade mal nicht so gut läuft. In einer Al-Anon-Selbsthilfegruppe für Angehörige von Alkoholikern habe ich einmal gehört, wie jemand sagte: »Dankbarkeit bedeutet nicht, dass wir mit allem zufrieden sein müssen, sondern dass wir dankbar für die Lektionen sind.« Wir können akzeptieren, dass selbst schwierige Momente göttliche Lektionen sind, die uns zurück zur Liebe führen. Wir können uns entscheiden, das Leben insgesamt, vom Positiven bis hin zum Schwierigen, mit denselben Augen der Liebe wahrzunehmen. Eine solche Lebensauffassung entsteht, wenn wir akzeptieren, dass uns Wunder zustehen.

Wenn wir uns im Leben auf das, was kommt, freuen, ebnet das den Weg für Lösungen in allen Situationen, selbst in schwierigen. Du brauchst lediglich gut ausgerichtet zu sein, um Wunder(-bares) erwarten zu können. Wenn du dein Vertrauen in das Universum stärkst und die Dynamik hinter deinen Wünschen vervielfachst, kannst du positiven Ergebnissen entgegensehen. In einer angsterfüllten Welt ist das nicht immer leicht, aber wenn du akzeptierst, dass dadurch, dass du dich gut fühlst, noch mehr Gutes entsteht, dann kannst du die Unterstützung des Universums erwarten, die dir stets zugänglich ist.

Einmal habe ich ein Poster gesehen, auf dem stand: »Glauben bedeutet nicht zu hoffen, dass Gott dir hilft. Glauben bedeutet zu wissen, dass Hilfe unterwegs ist.« Wenn wir unsere Wünsche geltend machen, müssen wir darauf vertrauen, dass das Universum das aufnimmt, was von uns ausgeht. Wir brauchen nicht darauf zu hoffen, dass Unterstützung kommt, sondern wir können *sicher* sein, dass sie unterwegs ist. Hoffentlich hast du inzwischen erlebt, wie schnell sich das Universum unterstützend bemerkbar macht. Vielleicht hast du ein Zeichen von einem Geistführer erhalten, hast nach einem Gebet sofort Erleichterung empfunden oder sogar gesehen, dass dein Wunsch vollständig erfüllt wurde. Feiere die Unterstützung des Universums und erwarte mehr davon. Wir alle haben die Fähigkeit, Wunder zu empfangen, wenn wir uns dafür entscheiden, ein positives Signal auszusenden.

Vertrau darauf, dass deine positive Energie genügt, damit sich das, was du dir wünschst, in deinem Leben zeigen kann. Wenn du Vertrauen in deine Kraft der Anziehung hast, kannst du dich auf das, was kommt, freuen. Statt dich um die Zukunft zu sorgen, erkennst du, dass alles in Ordnung ist, wenn du mit der Gegenwart in Einklang bist. Eben diese Momente des Einklangs fokussieren deinen Anziehungspunkt genau auf das, was du dir wünschst. Erteile dir die Erlaubnis, dich für deine Wünsche zu begeistern, und bring dich mithilfe deiner Gefühle in den energetischen Zustand all dessen, was du kreierst. Mach dir bewusst, dass es an sich schon ein radikaler Akt des Kreierens ist, wenn du dich gut fühlst.

Achte darauf, wie du dich fühlst

Allem voran sollte es dir wichtig sein, wie du dich fühlst. Natürlich wollen wir alle, dass es uns gut geht, aber wir denken und handeln nicht bewusst so, dass es uns gute Gefühle vermittelt. Oft tun wir sogar das Gegenteil. Dich darum zu kümmern, wie du dich fühlst, bedeutet, dass du deine Worte, Gedanken und Handlungen bewusster wählst. Es bedeutet, dass du alles daransetzt, um deine Energie wieder mit der Liebe in Einklang zu bringen.

Wenn du bewusst darauf achtest, wie du dich fühlst, bewahrst du dir eine Energie der offenen Empfänglichkeit. Aus diesem empfänglichen Zustand heraus brauchst du nur an das zu denken, was du dir wünschst, und das Universum wird es dir liefern. Achte darauf, was passiert, wenn du dich gut fühlst: Wie reagieren andere auf dich? Wie schnell werden Probleme gelöst? Und wie einfach ist es für dich, das anzuziehen, was du dir wünschst?

Meine Lieblingsmethode, meine Gefühle so zu steuern, dass es mir gut geht, habe ich »Tagesgestaltung« genannt. Sie ist ganz einfach. Schlag jeden Morgen nach dem Aufwachen dein Super-Attractor-Tagebuch auf und beantworte diese vier Fragen:

Wie will ich mich heute fühlen?
Wer will ich heute sein?
Was will ich heute empfangen?
Was will ich heute geben?

Nimm dir Zeit, alle Fragen so genau wie möglich in deinem Tagebuch zu beantworten. Es ist ein Prozess, in dessen Verlauf du gemeinsam mit dem Universum deinen Tag gestaltest. Sieh dich selbst, wie du eine Aufgabe, vor der du dich gedrückt hast, gern erledigst. Stell dir vor, wie du mit allen, von deiner Familie bis hin zu deinen Kollegen, positive Begegnungen hast. Mal dir aus, wie deine morgendliche Fahrt zur Arbeit reibungslos verläuft. Gestalte deinen Tag genau so, wie du es dir wünschst, und schreib mit Spaß darüber.

Deinen Tag so zu planen und es aufzuschreiben ist eine wirkungsvolle Methode, dich genau auf das zu konzentrieren, was du fühlen willst. Mach die »Tagesgestaltung« zu einer morgendlichen Gewohnheit, und du wirst feststellen, dass mit der Zeit alles genau so läuft, wie du es geplant hast – oder dass etwas noch Besseres passiert. Andere reagieren positiver auf dich. Indem du dich darum kümmerst, wie du dich fühlst, und deinen Fokus auf positive Visualisierungen richtest, erlaubst du dem Universum, dich zu unterstützen. Je mehr du übst, Gedanken zu haben, die sich gut anfühlen, desto mehr wächst deine Fähigkeit zu empfangen.

Sei dir deiner Energie bewusst

Eine weitere Möglichkeit, dich bewusst darum zu kümmern, wie es dir geht, besteht darin, auf deine Interaktionen mit anderen zu achten. Denk daran, dass wir alle auf Schwingungen reagieren und leicht das aufnehmen, was andere aussenden. Vielleicht merkst du es nicht einmal, wenn jemand einen energetischen Einfluss auf dich hat. Du kannst dir jedoch viel mehr bewusst machen, wie die Energie anderer Menschen auf dich wirkt. Achte darauf, wie du dich in Gegenwart bestimmter Menschen fühlst, und tu deinen Teil, um dir deiner eigenen Energie bewusst zu sein. Du brauchst niemanden zu meiden oder zu verurteilen, weil er eine niedrige Schwingung ausstrahlt. Entscheide dich stattdessen dafür, dich klar abzugrenzen, das Gesprächsthema zu wechseln oder sogar höflich eine Situation zu verlassen, die bewirkt, dass deine Schwingung niedriger wird und sich deine Einstellung entsprechend verändert. Es liegt in deiner Verantwortung, für deine Energie zu sorgen. Und vergiss nicht: Die Energie anderer Menschen liegt *nicht* in deiner Verantwortung. Du bist nicht dafür verantwortlich, dass andere glücklich sind. Jeder hat die Macht, sein Leben zu verändern, niemand sonst kann es für ihn tun. Wenn du versuchst, jemandem eine positive Einstellung aufzuzwingen, bist du bald ausgelaugt. Das Beste, was man für einen anderen Menschen tun kann, ist, sich selbst gut zu fühlen. Wenn es dir gut geht, erhöhst du die Energie um dich herum, und andere nehmen sie auf. Du kannst dir dessen gewiss sein, dass deine positiven Gefühle auch anderen eine Lösung bringen werden.

Die Situation entspannen, statt nach einer Lösung zu suchen

Als Super Attractor weißt du, dass Schwingungen, die dir gute Gefühle vermitteln, auch zu positiven Erfahrungen führen. Das solltest du allmählich akzeptieren und dich darauf einstellen:

Je mehr Positivität du in dein Leben bringst, umso mehr fühlst du dich unterstützt. Diese positive Erwartung vermittelt dir ein Gefühl der Freiheit und Leichtigkeit in all deinen Alltagserfahrungen. So hast du vielleicht eine Auseinandersetzung mit einer Freundin und möchtest die Angelegenheit gern sofort lösen, indem du dich wehrst oder versuchst, das Problem zu beheben. Doch stattdessen kannst du die Weisung von Abraham-Hicks befolgen und nicht nach einer Lösung suchen, sondern die Situation entspannen. Dadurch gelangst du in eine positive Schwingung, sodass sich auch die Lösung bald zeigt.

Wie erreicht man eine solche Linderung oder Entspannung der Situation? Das geht, indem man betet, eine positive Affirmation wiederholt oder sich mit irgendeiner Aktivität ablenkt, die einem Spaß macht. Es liegt in deiner Macht, deinen Fokus wegzulenken von der Notwendigkeit, eine Lösung zu finden. Manchmal frage ich mich sogar: »Will ich lieber recht haben oder glücklich sein?« Diese Frage hilft mir immer, zu dem zurückzukehren, was ich wahrhaftig will: mich gut fühlen! Wenn ich Glücklichsein zu meiner Priorität mache und nicht das Rechthaben und Nach-Lösungen-Suchen, dann kann ich sofort zu einer Energie der Leichtigkeit zurückkehren. Verfahre so jedes Mal, wenn du versucht bist, eine Situation zu regeln, und entspanne die Situation stattdessen. In dem Moment, in dem dir das gelingt, finden dich die Lösungen von allein.

Die Praxis des Nichteingreifens

Die Praxis des Nichteingreifens ist entscheidend, wenn man als Super Attractor lebt. Wir können so viel mehr anziehen, wenn wir den Weg frei machen. Bemüh dich nach besten Kräften, deine Umstände nicht zu kontrollieren, sondern zuzulassen, dass sie sich auf natürliche Weise entfalten. Du hast großartige Arbeit geleistet, als du deine Energie gut ausgerichtet hast. Vertrau nun darauf, dass deine Ausrichtung genügt, um zu empfangen. Wenn du mit deiner wahren Natur übereinstimmst, kannst du dich entspannen, in Frieden sein und dich von der Fülle und Freude des Universums durchströmen lassen. Lass zu, dass andere dich unterstützen. Lass zu, dass Wunder geschehen.

Wie zu erwarten, wird sich das Ego dem widersetzen wollen. Wenn etwas, das dir wichtig ist, auf dem Spiel steht, willst du natürlich eingreifen, Gott spielen und versuchen, dass alles nach deinem Willen läuft. Es ist jedoch notwendig, dass du ganz bewusst keinen Widerstand entgegensetzt, um im Fluss mit dem Universum zu bleiben. Mach es jeden Tag zu einer Priorität, den Widerstand etwas mehr loszulassen. Wenn du merkst, dass du etwas im Nachhinein anzweifelst, überantworte es in einem Gebet dem Universum. Wenn du dich dabei ertappst, dass du andere verurteilst, geh schnell zu einem liebevolleren Thema über. Wenn du beim Aufwachen das Gefühl hast, falsch ausgerichtet zu sein, nimm dir dein Tagebuch und wende die Methode »Tagesgestaltung« an. Oder kehre zur Praxis aus dem zehnten Kapitel zurück: Tu nichts von dir aus und lass dir vom Universum zeigen, was zu tun ist. Alle diese Praktiken helfen dir, beiseitezutreten und Widerstand loszulassen. Jede Methode in diesem Buch ist so konzipiert, dass sie dir hilft, in einen Zustand des Zulassens zu gelangen.

Achte auf deine Emotionen und erkenne durch sie den Grad deines Widerstands. Wenn du merkst, dass deine emotionale Haltung nicht mehr mit der Liebe übereinstimmt, zeigt dir das, dass du den Fluss des Wohlbefindens nicht zulässt. Erlaube nicht, dass deine Gefühle fehlgeleitet werden. Nimm die Emotionsskala und führe dich sanft zurück zur Freude. Nimm dir immer wieder vor, zur Liebe zurückzukehren, und du kannst darauf vertrauen, dass du sie zu- bzw. geschehen lässt. Finde einen Weg, stets in Harmonie mit den Gefühlen des Wohlbefindens zu bleiben, damit die Unterstützung und die Liebe des Universums ohne jeglichen Widerstand durch dich fließen können.

Abraham-Hicks bezeichnen das als die Kunst, das einzulassen, was man will, und es zuzulassen: Gesundheit, Reichtum, Wohlbefinden, Liebe. Sie betonen, dass es keine Ursache für Krankheit gibt, vielmehr wird das Wohlergehen nicht eingelassen. Es gibt keine Ursache für Mangel, doch es gibt das Nichteinlassen der Fülle. Verlagere deine Wahrnehmung, weg von dem, was dir deinem Empfinden nach fehlt, hin zu dem, was du nicht zulässt. Du wirst mit der Zeit erkennen, dass der Mangel, den du wahrnimmst, in Wirklichkeit deinen Widerstand gegen die Liebe des Universums widerspiegelt. Tu jeden Tag ein kleines bisschen, um deinen Widerstand loszulassen und alles einzulassen, was du dir wünschst.

Es ist an der Zeit, die überbordende Liebe des Universums fließen zu lassen. Erlaube dir, dich gut zu fühlen, und hab große Träume. Unterminiere deine Wünsche und Visionen nicht durch einschränkende Überzeugungen und Worte. Besinne dich darauf, dass du sein und haben kannst, was du willst. Liebe steht dir jetzt zur Verfügung. Du kannst dich gegen sie wehren oder sie zulassen. Jetzt ist die Zeit des Zulassens.

Bekenne dich dazu, ein Super Attractor zu sein

Fast am Ende des Buches angelangt stehe ich nur wenige Tage davor, mein Kind zur Welt zu bringen. Beim Aufwachen heute Morgen wusste ich, dass dies der perfekte Zeitpunkt ist, um unsere gemeinsame Reise abzuschließen. Hier bin ich nun, mitten in der größten Ungewissheit, mit der ich je konfrontiert war. Wehen und Geburt liegen weitgehend außerhalb meiner Kontrolle, mein Arzt weist mich gern darauf hin, dass ich bei der Entbindung »neununddreißig Jahre jung« bin und mein Leben dabei ist, sich für immer zu ändern.

Statt mich von den Ängsten wegen meines Alters oder der Geburt aufzehren zu lassen, habe ich mich meiner spirituellen Praxis zugewandt und um ein klares Zeichen gebeten, das mir die Sicherheit gibt, dass ich die richtigen Entscheidungen treffe. Als Zeichen habe ich einen Kardinalvogel gewählt, weil ich Anfang dieser Woche bemerkt hatte, dass diese Vögel auf der Krawatte meines Arztes abgebildet waren. Ich fragte ihn danach, und er sagte: »Ich liebe Vögel, und Kardinäle sind mit meine Lieblingsvögel.« Da ich um Führung im Zusammenhang mit meinem Arzt und der Geburt bitten wollte, wählte ich den Kardinalvogel als Zeichen aus. In den nächsten Tagen wurde ich ermutigt, wichtige Entscheidungen über die Geburt zu treffen –

während ich die ganze Zeit darauf wartete, dass mein Kardinal erschien, um mir die Sicherheit zu geben, dass ich auf dem richtigen Weg war. Ich blieb geduldig und empfänglich und informierte mich über meine Optionen. Schließlich gelangte ich, ohne mein Zeichen erhalten zu haben, zu einem Plan, der mir trotz allem ein gutes Gefühl gab. Ich schrieb meiner Freundin und spirituellen Laufpartnerin MaryAnn eine SMS und erzählte ihr von meinem Plan. Eine Stunde später schrieb sie mir zurück: »Das klingt toll. Und als ich deine Nachricht gelesen habe, war ein Kardinalvogel direkt neben meiner Autoscheibe. Das war bestimmt ein Zeichen für dich.« Erstaunlicherweise hatte MaryAnn keine Ahnung, dass der Kardinal mein Zeichen war oder dass ich überhaupt nach einem Zeichen gesucht hatte! *Spirit* wirkte durch sie, um mir zu bestätigen, dass ich auf dem richtigen Weg war. In klarer Kommunikation mit dem Universum zu sein, ist eine atemberaubende Erfahrung. Es ist ein Geschenk zu wissen, dass ich geführt werde.

Inmitten von solcher Unsicherheit, gesellschaftlichem Druck und Angstgeschichten habe ich zwei Möglichkeiten: Ich kann entweder zulassen, dass mein Ego sich durchsetzt, oder mich daran erinnern, dass ich ein Super Attractor bin. Heute kommt für mich nur eine Möglichkeit infrage: Ich treffe die Wahl, ein Super Attractor zu sein, und vertraue unerschütterlich auf das Universum. Ich wähle das Glücklichsein als meine Leitlinie; ich wähle die positive Erwartung dessen, was kommt; ich wähle, darauf zu achten, wie ich mich fühle; ich wähle, die Situation zu entspannen, statt auf eine Lösung aus zu sein, und vor allem wähle ich, das Nichteingreifen zu praktizieren. Ich übergebe meinen Willen der Obhut der geistigen Führung, auf die ich mich verlassen kann, und überantworte mich heute noch mehr.

Vielleicht bedeutet die Geburt eines Kindes die größtmögliche Hingabe überhaupt. Dafür bin ich dankbar. Diese neue Erfahrung, die nun vor mir liegt, ist für mich eine hervorragende Gelegenheit, mein Vertrauen in das Universum zu stärken. Dies ist meine Chance, die Kontrolle ganz loszulassen und das, was ich mir wünsche, zu visualisieren. Es ist meine Chance, mich gut zu fühlen, zu vertrauen und geschehen zu lassen. Ich habe die Gelegenheit, die in diesem Buch vorgestellten Übungen auf ganz neue Weise zu leben.

Während ich in die Ungewissheit der Geburt und die ehrfurchtgebietende Erfahrung, Mutter zu werden, hineinspüre, kehre ich noch einmal zu den Botschaften dieses Buches zurück. Es ist ein gutes Gefühl zu wissen, dass es eine Welt ohne Einschränkungen und Zweifel gibt. Es ist beruhigend zu wissen, dass ich den Geburtsverlauf der Obhut des Universums, der Engel und meiner Führer überlassen kann. Und es vermittelt ein Gefühl der Sicherheit, meine Pläne zu überantworten und auf ein spirituelles Führungssystem zu vertrauen. Heute gebe ich euch, meine Freunde, dieses Versprechen: Ich verpflichte mich, dem Universum zu erlauben, mir zu zeigen, was zu tun ist. Ich verpflichte mich, im Fluss positiver Gedanken zu bleiben und die Dynamik der Freude zu bewahren. Und ich verpflichte mich, mein Kind mit furchtloser Gelassenheit und Leichtigkeit in dieser Welt willkommen zu heißen, in dem Wissen, dass ich ein Super Attractor bin.

Verpflichte auch du dich heute noch. Sag laut: »Ich verpflichte mich, ein Super Attractor zu sein.« Lass zu, dass dich deine Angst zurück zur Liebe führt. Wenn du mit Schwierigkeiten konfrontiert wirst, mach dir bewusst, dass es einen Plan gibt, der über deinen hinausreicht. Erlaube dir, dich unterstützt zu fühlen und geführt zu werden. Und erkenne, dass du einen großen Beitrag für die Welt leistest, wenn du dich entscheidest, im Licht zu leben. Jedes Mal, wenn du den Schleier lüftest und ins Licht trittst, leuchtet die Welt heller. Mach weiterhin die Liebe zu deiner Priorität, vertrau auf das Universum und richte dich nach der Führung, die du empfängst. Es ist deine Entscheidung, ein neues Leben voller Freude, Gelassenheit, Leichtigkeit und Kraft zu führen. Es ist deine Entscheidung, Spaß zu haben, gesund zu sein und das anzuziehen, was du dir wünschst. Es ist deine Entscheidung, ein Super Attractor zu sein.

Nachwort

Laut Plan wollte ich dieses Manuskript eigentlich am 18. Dezember 2018 an den Verlag schicken, einen Tag vor dem vorgesehenen Termin der Geburtseinleitung. Unzählige Stunden hatte mein Arzt damit zugebracht, mich zu überzeugen, ich solle mein Baby wegen meines Alters in der vierzigsten Schwangerschaftswoche zur Welt bringen. Zuerst sträubte ich mich gegen seine Empfehlungen, aber am Ende überantwortete ich den Plan dem Universum und bat um ein Zeichen. Sobald ich das Zeichen des Kardinalvogels erhalten hatte, wusste ich, dass es sicher war, dem Plan der Geburtseinleitung grünes Licht zu geben.

Am Abend des 17. Dezember lag ich mit meinem dicken Bauch, Rückenschmerzen und geschwollenen Beinen im Bett. Ich sah das Manuskript dieses Buches noch einmal durch und brachte letzte Änderungen an. Es tat so gut, diese Seiten zu lesen! Abermals führte mich dieses Buch zurück zur Liebe und stärkte mein Vertrauen in das Universum. Tage vor dem festgelegten Termin für die Geburtseinleitung hatte ich meine Angst losgelassen und vertraute seitdem wieder darauf, dass ich geführt wurde.

Nach einer Stunde Lesen stand ich auf, um mir etwas zu trinken zu holen. Zu meiner großen Überraschung platzte die Fruchtblase, als ich mich erhob. Ich war begeistert! Ich rief zu Zach hinunter, es sei Zeit loszufahren, und schnappte mir meine Kliniktasche. Mein Baby war unterwegs!

Der Unterschied zwischen der mir zugedachten Entbindung, auf die ich mich eingestellt hatte, und dem Wunder, das ich dann empfing, hätte nicht größer sein können. Ich wollte, dass mein Sohn zu seiner eigenen Zeit kam – und wieder einmal lieferte das Universum. Monatelang hatte ich eine Vision der Geburtswehen, die ich haben wollte: Ich sah mich selbst angstfrei, wie ich jede Wehenwelle leicht durch mich hindurchfließen ließ und mein Kind friedlich zur Welt brachte. Diese Vision hatte ich an das Universum abgegeben.

An jenem Abend fuhren wir in aller Ruhe ins Krankenhaus, voller freudiger Erwartung, aber auch mit einem großartigen Gefühl des Friedens. Am nächsten Morgen setzten die Wehen ein. Ich wohne in einer ländlichen Stadt mit einem kleinen regionalen Krankenhaus. Wie ich es mir in meinen Visionen vorgestellt hatte, war ich die einzige Gebärende auf der Entbindungsstation. Ich hatte zwei fantastische Doulas – Geburtshelferinnen –, sechs liebevolle Krankenschwestern, einen fürsorglichen Arzt und meinen unglaublichen Mann dort, die mich unterstützten.

Von meinem Fenster aus hatte ich einen Blick auf den strahlend blauen Himmel und die sanft geschwungenen ländlichen Hügel. Ich spielte meine Mantra-Musik und zündete Votivkerzen an, um eine ruhige Atmosphäre im Raum herzustellen. Während jeder Welle sang ich die Silbe »Ahhh«. »Ahh«, der Universelle Klang für Gott, war das, was instinktiv aus mir herausströmte. Ich richtete einen Schrein gegenüber meinem Bett ein, mit Bildern des Babys in der perfekten Position für die Geburt und dem Foto einer sich entfaltenden Blüte, die für einen zehn Zentimeter geöffneten Muttermund stand. Jede Stunde meditierte ich mit meinen Doulas, hörte die Mantras und betrachtete die Bilder. Ich visualisierte immer wieder, wie mein Muttermund sich öffnete, und blieb bei jeder Wehenwelle gelassen. Jedes Mal, wenn der Arzt meinen Muttermund prüfte, nahm ich mir vor, vor den nächsten Wehen zu meditieren, um meinem Körper zu helfen, sich noch mehr zu öffnen. Der Arzt kehrte stündlich zurück, dann hatte ich einen weiteren Zentimeter geschafft und war der Geburt meines Babys wieder nähergekommen. Meine Meditationen, Affirmationen und Visualisierungen leiteten mich durch vierzehn Stunden Wehen hindurch. Um ein Uhr nachts des folgenden Tages erblickte mein Sohn Oliver das Licht der Welt, leicht und problemlos. Als der Arzt ihn behutsam auf meine Brust legte, blickte ich mein Baby an und sagte: »Ich kenne dich.« Es war, als wären wir schon viele Leben lang zusammen gewesen. Es war der schönste Tag meines Lebens und meine größte Manifestation.

Während ich dieses Nachwort schreibe, schläft Oliver neben mir auf dem Sofa. Er ist sieben Wochen alt und hat sich bereits als mein größter spiritueller Lehrer erwiesen. Er hat mir ein neues Gefühl des Gegenwärtigseins und der Geduld vermittelt und mir vor allem die Gelegenheit gegeben, mein Vertrauen in das Universum zu vertiefen. Er ist mein größter Wunsch, den ich je manifestiert habe. Ich weiß, dass die Geburt dieser Seele meine Bereitschaft, mich führen zu lassen, und mein Vertrauen in einen Plan widerspiegelt, der über meinen hinausreicht.

Das Universum hat immer einen viel besseren Plan als wir. Die drei Jahre, in denen ich versuchte, schwanger zu werden, haben mich die Fähigkeit gelehrt, mich zu überantworten. Ich konzentrierte mich darauf, mich gut zu fühlen, und stärkte mein Vertrauen in das Universum, um meinen Sohn zur perfekten Zeit zur Welt zu bringen. Rückblickend ist mir klar, dass es nie einen besseren Zeitpunkt für mich gab als jetzt, um Mutter zu werden. Jeden Tag kehre ich aufs Neue zu den Übungen dieses Buches zurück, um mir in Erinnerung zu rufen, dass alles möglich ist, wenn ich mit meiner Super-Attractor-Macht verbunden bin. Ich habe mir fest vorgenommen, diese Wahrheiten zu leben und sie an meinen Sohn weiterzugeben. Die großartigste Lehre, die ich ihm vermitteln kann, ist die, dass er ein Leben voller Wunder führen wird, wenn er mit der Macht der Liebe in Einklang ist.

Durch die Bereitschaft, uns dem Universum zu überantworten, lassen wir eine unsichtbare Macht die Führung übernehmen. Wenn wir uns überantworten, richten wir uns wieder auf Vertrauen aus, und mit dieser Ausrichtung wird uns gezeigt, wohin wir gehen und was wir tun sollen. Wir können uns entspannen und auf die weitere Entwicklung vertrauen. Sei stolz darauf, dass du dich diesen Übungen verschrieben hast, und feiere deine inneren Veränderungen. Mögen diese Seiten dir die Richtung weisen und den Weg ebnen, damit das Universum »Geburtshilfe leistet«, wenn du deine Träume zur Welt bringst.

Dank

Ich möchte dem Team menschlicher Engel, die mir geholfen haben, dieses Buch zum Leben zu erwecken, danken. Meinen Agenten Scott Hoffman und Steve Troha danke ich dafür, dass sie mich durch den gesamten Veröffentlichungsprozess geleitet haben. Ich danke Reid Tracy, Patty Gift, Michelle Pilley, Anne Barthel und der gesamten Hay-House-Familie, weil sie an mich und meine Arbeit glauben. Ich bin dankbar für die neueste Zusammenarbeit mit Stacy Creamer von Audible. Möge das Hörbuch vielen Seelen dienlich sein. Und nie könnte ich ein Buch ohne mein engagiertes PR-Team, Sarah Hall PR, auf den Markt bringen – danke, Jessica Reda und Sarah Hall, dass ihr stets dafür gesorgt habt, dass die Botschaft weit und breit bekannt wird. Mein tiefempfundener Dank gilt der Arbeit von Esther Hicks und Abraham – danke für die Inspiration. Ich danke meiner Lektorin Katie Karas. Katie, du bist meine literarische Partnerin und liebe Freundin, es ist mir eine Ehre, dich an meiner Seite zu haben. Ich danke meinem Team, dass ihr mir den Rücken freihaltet, sodass ich kreativ sein kann und mich unterstützt fühle. Ich danke meiner Eventplanerin Anette Sharvit, die dafür sorgt, dass jedes einzelne Buch während der Tour signiert wird. Und ich danke meinem Team der Persönlichkeitsentwicklung und meinen Freunden Kachina Myers, Tammy Valicenti, Aviva Romm, Teri Goetz, Aimee Raupp, MaryAnn DiMarco, Alexandra Sacks und Lori Leyden. Mein Dank gilt euch allen, weil ihr mir geholfen habt, heil zu werden und wiederaufzustehen. Zum Schluss danke ich meinem Mann und besten Freund Zach. Z, du bist der tollste Geschäftspartner, Ehemann, Freund und Vater. Oliver ist gesegnet, dich Dad nennen zu dürfen.

Anmerkungen

1 Ein Kurs in Wundern. Textbuch, Übungsbuch, Handbuch für Lehrer; Lektion 91, Greuthof, Gutach i. Br., 6. Auflage 2004, Seite 156 im Teil: Übungsbuch.
2 Ein Kurs in Wundern. Textbuch, Übungsbuch, Handbuch für Lehrer; Kapitel 2, VI, 9, Greuthof, Gutach i. Br., 6. Auflage 2004, Seite 31 im Teil: Textbuch.
3 Ein Kurs in Wundern. Textbuch, Übungsbuch, Handbuch für Lehrer; Lektion 91, 1, Greuthof, Gutach i. Br., 6. Auflage 2004, Seite 156 im Teil: Übungsbuch.
4 Ein Kurs in Wundern. Textbuch, Übungsbuch, Handbuch für Lehrer; Kapitel 27, VIII, 6, Greuthof, Gutach i. Br., 6. Auflage 2004, Seite 589 im Teil: Textbuch.
5 Ein Kurs in Wundern. Textbuch, Übungsbuch, Handbuch für Lehrer; Lektion 199, Greuthof, Gutach i. Br., 6. Auflage 2004, Seite 382 im Teil: Übungsbuch.
6 Ein Kurs in Wundern. Textbuch, Übungsbuch, Handbuch für Lehrer; Lektion 91, 3, Greuthof, Gutach i. Br., 6. Auflage 2004, Seite 156 im Teil: Übungsbuch.
7 Ein Kurs in Wundern. Textbuch, Übungsbuch, Handbuch für Lehrer; Lektion 15, 3, Greuthof, Gutach i. Br., 6. Auflage 2004, Seite 25 im Teil: Übungsbuch.
8 Ein Kurs in Wundern. Textbuch, Übungsbuch, Handbuch für Lehrer; Lektion 15, 2f., Greuthof, Gutach i. Br., 6. Auflage 2004, Seite 25 im Teil: Übungsbuch.
9 Ein Kurs in Wundern. Textbuch, Übungsbuch, Handbuch für Lehrer; Lektion 91, Greuthof, Gutach i. Br., 6. Auflage 2004, Seite 156 im Teil: Übungsbuch.
10 Die kostenlose Audioversion dieser Meditation findest du unter www.gabbybernstein.com/superattractor zum Herunterladen.
11 Ein Kurs in Wundern. Textbuch, Übungsbuch, Handbuch für Lehrer; Kapitel 1, I, 11, Greuthof, Gutach i. Br., 6. Auflage 2004, Seite 3 im Teil: Textbuch.

12 Ein Kurs in Wundern. Textbuch, Übungsbuch, Handbuch für Lehrer; Lektion 48, 3, Greuthof, Gutach i. Br., 6. Auflage 2004, Seite 77 im Teil: Übungsbuch.

13 Du kannst die geführte Meditation in englischer Sprache auf der Seite »Resources« unter www.gabbybernstein.com/superattractor hören.

14 Ein Kurs in Wundern. Textbuch, Übungsbuch, Handbuch für Lehrer; Lektion 38, Greuthof, Gutach i. Br., 6. Auflage 2004, Seite 58 im Teil: Übungsbuch.

15 Ein Kurs in Wundern. Textbuch, Übungsbuch, Handbuch für Lehrer; H 4, VIII, Greuthof, Gutach i. Br., 6. Auflage 2004, Seite 15 im Teil: Handbuch für Lehrer.

16 Auf www.gabbybernstein.com/superattractor kannst du die geführte Audio-Version dieser Meditation (in englischer Sprache) herunterladen.

17 Ein Kurs in Wundern. Textbuch, Übungsbuch, Handbuch für Lehrer; Kapitel 4, I, 10, Greuthof, Gutach i. Br., 6. Auflage 2004, Seite 55 im Teil: Textbuch.

18 Ein Kurs in Wundern. Textbuch, Übungsbuch, Handbuch für Lehrer; Lektion 107, 2, Greuthof, Gutach i. Br., 6. Auflage 2004, Seite 192 im Teil: Übungsbuch.